파리는 날마다 축제

A Moveable Feast

파리는 날마다 축제

어니스트 헤밍웨이 지음
주순애 옮김

1부. 움직이는 축제

1. 생미셸 광장의 기분 좋은 카페	9
2. 스타인 여사의 가르침	17
3. 셰익스피어 & 컴퍼니 서점	32
4. 센 강변 사람들	39
5. 덧없는 봄	47
6. 경마에 대한 집착의 끝	62
7. "잃어버린 세대"	69
8. 배고픔은 훌륭한 교훈이다	78
9. 포드 매독스 포드와 악마의 제자	90
10. 파생과 카페 돔에서	100
11. 에즈라 파운드와 자벌레	109
12. 정말 이상한 결별	114
13. 죽음과 맞선 흔적이 있는 남자	118
14. 릴라에 온 에반 쉬프맨	128
15. 악의 대리인	139
16. 쉬룬스의 겨울	145
17. 스콧 피츠제럴드	160
18. 매는 나누지 않는다	196
19. 젤다의 불만	206
역주	213

2부. 파리 스케치

1. 새로운 유파의 탄생   227
2. 에즈라 파운드와 그의 '벨 에스프리'   237
3. 일인칭 글쓰기에 관하여   240
4. 은밀한 즐거움   242
5. 이상한 파이트 클럽   253
6. 매캐한 거짓말 냄새   262
7. 범비 군의 교육   267
8. 스콧과 그의 프랑스인 운전기사   275
9. 파일럿 피시와 부자들   280
10. 나다 이 뿌에스 나다   291

역주   299

어니스트 헤밍웨이 연대기   302
사진으로 보는 어니스트 헤밍웨이   307
옮긴이의 말   361

1부. 움직이는 축제

1. 생미셸 광장의 기분 좋은 카페

가을이 저물어 가던 어느 날, 어김없이 고약한 날씨가 찾아왔다. 밤이면 언제 비가 들이칠지 몰라 창문을 꼭 닫고 자야 했다. 찬바람은 콩트르 에스카르프 광장Pl. de la Contre Escarpe의 가로수 잎들을 세차게 날려 버렸다. 잎들이 비에 흠뻑 젖어 바닥에 뒹굴고, 빗줄기가 바람에 날려 버스 종점에 서 있는 커다란 녹색 버스를 후려쳤다. 그럴 때면 카페 데자마퇴르Café des Amateurs는 사람들로 붐볐고, 유리창은 실내의 후끈한 열기와 담배 연기로 김이 뿌옇게 서렸다. 동네 술꾼들이 모여드는 이 지저분하고 허름한 카페는 잘 씻지 않는 사람들에게서 나는 냄새와 시큼한 술 냄새에 절어 있었다. 나는 이 술집 단골은 아니었지만, 이 집에 드나드는 사람들을 보면 남자든 여자든 늘 취해 있었다. 아니, 그들은 이 카페에서는 일 리터 혹은 반 리터짜리 싸구려 와인을 마실 수 있었기에 늘 취했을 것이다. 벽에는 여러 가지 낯선 상표의 아페리티프 광고 전단이 붙어 있었지만, 만취 상태가 아니라면 그런 비싼 술을 마시는 사람은 거의 없었다. 그곳에서는 여자 술꾼들을 '고주망태'라는 뜻의 '푸아브로트poivrotte'라는 별명으로 불렀다.

카페 데자마퇴르는 비좁지만 늘 사람들로 붐비는 매력적인 시장 골목 무프타르 거리R. Mouffetard에서 콩트르 에스카르프 광장으로 이어지는 곳에

있는, 말하자면 시궁창 같은 곳이었다. 파리의 오래된 아파트 건물에는 층마다 계단 근처에 쪼그리고 앉아서 일을 보는 화장실이 설치되어 있다. 변기 구멍 양쪽에는 사용 중에 발이 미끄러지지 않도록 신발 밑창 모양이 새겨진 시멘트 발판이 있다. 이 화장실에서 나오는 오수는 하수구로 곧바로 들어가서 밤이 되면 원통 모양의 오수 탱크를 실은 마차가 그 더러운 물을 실어 갔다. 창문을 열어 놓는 여름철이면 그 오수를 퍼 담는 소리가 들리고, 악취가 진동했다. 갈색과 짙은 황색 페인트가 칠해진 수레가 원통 모양의 오수 탱크들을 싣고 달빛 아래서 카르디날 르무안 거리R. Cardinal Le Moine를 지나가는 광경은 마치 브라크[1] 그림의 한 장면 같았다. 그러나 이 오수를 치우듯이 카페 데자마퇴르의 손님들을 치우는 사람은 아무도 없었다. 술손님들이 악취를 풍기며 끊임없이 드나드는 카페 벽에는 공공장소에서 술주정하는 사람을 처벌한다는 정부의 경고문이 누렇게 변색된 채 지저분하게 붙어 있었지만, 거기 신경 쓰는 사람은 아무도 없었다.

　겨울 들어 처음으로 찬비가 내리면서 도시의 온갖 서글픔이 느닷없이 모습을 드러냈다. 거리를 산책하며 바라봐도 이제는 높고 산뜻한 건물의 지붕이 눈에 잘 들어오지 않았고, 보이는 것이라고는 비에 젖은 음울한 거리와 작은 상점들, 약초 가게, 문구점, 신문판매점, 조산원, 그리고 베를렌이 숨을 거둔 곳이며 내가 꼭대기 층에 방 하나를 빌려 작업실로 쓰고 있는 호텔의 굳게 닫힌 대문뿐이었다.
　꼭대기 층의 내 작업실에 가려면 여섯 개인지 여덟 개인지 계단을 올라가야 했다. 실내는 몹시 추웠다. 그러나 잔가지 한 다발과 연필 반 토막 길이의 관솔 불쏘시개 세 묶음, 그리고 방을 데울 만큼 불을 피우는 데 필요한 장작 한 단을 사려면 꽤 많은 돈이 필요했다. 나는 호텔 앞길 건너편에 서서 어느 방 굴뚝에서 연기가 나는지, 또 그 연기가 어느 쪽으로 날리는지 보려고 빗속에서 지붕을 올려다보았다. 그러나 연기가 올라오는 굴뚝은 없었다. 굴뚝은 무척 차가울 테고, 그 차가운 굴뚝이 연기를 제대로 빨아들이지 못하면 방은 연기로 가득 차서 땔감과 돈만 낭비하리라 생각하며 나는 쏟아지는 빗속에서 발길을 돌렸다. 앙리 4세 고등학교Lycée Henri IV와 오래된 생테티엔 뒤 몽 교회Eglise Saint-Etienne-du-Mont, 그리고 바람이 휘몰아치는 팡테옹 광장Pl. du Panthéon을 지나 오른쪽으로 돌아 마침내 생미셸 대로Bd Saint Michel로 나갔다. 그리고 클뤼니[2]와 생제르맹 대로Bd Saint Germain를 지나 마침내 내가 잘 아는 생미셸 광장Pl. Saint Michel의 멋진 카페로 들어갔다.

그곳은 따뜻하고 깨끗하고 친절하고 기분 좋은 카페였다. 나는 비에 젖은 내 낡은 외투를 말리려고 옷걸이에 걸어 놓고, 역시 비에 젖은 오래된 내 중절모를 긴 의자 위의 있는 모자걸이에 걸어 놓은 다음, 웨이터에게 카페오레[3] 한 잔을 주문했다. 그리고 상의 주머니에서 공책과 연필을 꺼내 글을 쓰기 시작했다. 미시간에서 있었던 일에 대한 글이었는데, 그날도 황량하고 춥고 바람 불던, 꼭 오늘처럼 고약한 날씨였다. 나는 소년기와 청년기를 거치면서 이런 늦가을 험한 날씨를 여러 차례 겪었다. 그런 경험을 글로 옮기기에 다른 어떤 곳보다도 적합한 장소가 따로 있다는 것을, 나는 알고 있었다. 그것은 일종의 '옮겨심기'였다. 식물과 마찬가지로 인간에게도 그런 옮겨심기가 필요할지도 모른다. 어쨌든, 소년들이 술을 마시는 대목을 쓰다 보니 나도 한잔하고 싶은 마음이 생겨서 결국 세인트 제임스 럼주를 주문했다. 추운 날 마시는 럼주는 맛이 그만이다. 기분이 좋아진 나는 그 마르티니크산 고급 럼주가 내 몸과 마음을 따뜻하게 녹여 주는 것을 느끼며 글쓰기를 계속했다.

한 여인이 카페로 들어와 창가의 테이블에 홀로 앉았다. 그녀는 무척 아름다웠다. 빗물에 씻긴 듯 해맑은 피부에 얼굴은 방금 찍어낸 동전처럼 산뜻했고, 단정하게 자른 머리카락이 새까만 까마귀 날개처럼 뺨을 비스듬히 덮고 있었다.

나는 그녀를 바라보았다. 그녀의 존재는 내 집중력을 흩어 놓고 마음을 설레게 했다. 내가 지금 쓰고 있는 글에, 혹은 다른 글에라도 그녀를 등장시키고 싶었지만, 거리와 카페 입구가 잘 보이는 방향으로 앉아 있는 것으로 보아 누군가를 기다리고 있음이 분명했다. 나는 다시 글쓰기를 계속했다.

연필이 저절로 종이 위에 글을 써나가고 있었고, 나는 그 흐름을 따라잡느라 애를 먹었다. 럼주를 한 잔 더 주문하고 이따금 고개를 들 때마다, 혹은 받침 접시에 대고 연필을 깎을 때마다 나는 그녀를 바라보았다.

아름다운 여인이여, 그대는 내 시선을 사로잡았습니다. 당신이 누구를 기다리고 있든, 그리고 내가 당신을 다시는 보지 못한다 해도, 지금 이 순간 당신은 나의 것입니다, 라고 나는 생각했다. 당신은 내 것이고, 파리도 내 것이고, 나는 이 공책과 이 연필의 것입니다…

나는 다시 글쓰기로 돌아가서 온전히 몰입했다. 이제 글은 스스로 나아가지 않았고, 내가 글을 쓰고 있었다. 고개 한 번 쳐들지 않고, 지금이 몇 시인지, 내가 어디에 있는지조차 잊어버렸다. 럼주를 더 주문하지도 않았다. 게다가 럼주를 마시고 싶은 마음조차 사라졌다. 마침내 글이 완성되었고, 나는 갑자기 엄청난 피로를 느꼈다. 마지막 단락을 다시 읽고 나서 눈을 들어 여인을 찾아보았지만, 그녀는 자리에 없었다. 어쨌든, 나는 그녀가 아주 멋진 남자와 함께 카페를 나갔기를 바랐다. 하지만, 왠지 슬퍼졌다.

나는 공책을 상의 안주머니에 넣고 나서 웨이터를 불러 생굴 한 접시와

달지 않은 백포도주 반병을 주문했다. 글을 끝내고 나면, 마치 사랑을 나누고 난 것처럼 언제나 공허하고, 슬프면서도 행복했다. 이번 글은 잘된 것 같다는 확신이 들었다. 다음 날 다시 읽어 봐야 얼마나 좋은 글인지 알게 되겠지만.

약한 금속 맛과 함께 바다 냄새가 물씬 풍기는 생굴을 먹으면서 금속 맛이 차가운 백포도주에 씻겨 나가고, 혀끝에 남는 바다 향기와 물기를 많이 머금은 굴의 질감이 주는 여운을 즐기는 동안, 그리고 굴 껍데기에 담긴 신선한 즙을 마시고 나서 상쾌한 백포도주로 입을 헹구는 동안, 나는 공허감을 털어 버리고 다시 기분이 좋아져서 계획을 세우기 시작했다.

이제 날씨가 고약한 계절이 돌아왔으니, 우리는 잠시 파리를 떠나 다른 곳, 이 정떨어지는 찬비 대신에 소나무 사이로 내리는 눈이 거리와 언덕과 높은 산을 덮어서 우리가 저녁 산책에서 돌아올 즈음이면 발밑에서 뽀드득거리는 소리를 들을 수 있는 곳으로 떠나야 했다. 알프스의 레자방 근처에 우리가 함께 책도 읽고 밤에는 창문을 열어둔 채 따뜻한 침대에 들어가 하늘의 반짝이는 별을 올려다볼 수 있는 통나무집이 하나 있었다. 나는 바로 그곳으로 가려는 계획을 세우고 있었다.

호텔에 얻어둔 작업실에서 철수하고 나면 카르디날 르무안 거리 74번지에 있는 아파트의 얼마 안 되는 집세만 내면 될 것이다. 나는 토론토 신문사에 보낸 기사의 원고료가 오기를 기다리고 있었다. 기사는 어디서든, 어떤 상황에서든 쓸 수 있으니 우리가 여행 중에 쓸 돈을 마련할 수 있었다. 내가 파리에서 미시간에 대한 글을 썼듯이, 파리를 떠나서도 파리에 대한 글을 쓸 수 있으리라 생각했다. 그러나 내가 파리에 대해 아직 충분히 알지 못하는 상태여서 그것은 너무 성급한 판단일 수도 있었지만, 나는 모든 일이 잘 풀리리라 믿었다. 어쨌든 아내만 좋다면 우리는 떠날 것이다. 굴 요리에 백포도주를 곁들인 식사를 마치고 밖으로 나온 나는 파리의 이 고약한 날씨가 그저 다른 지역과 다를 바 없는 어느 지역의 날씨일 뿐, 내 인생을 바꿔 놓을 만한 사건은 아니라고 생각했다. 나는 파리의 찬비를 맞으며 몽타뉴 생트 쥬느비에브Montagne Sainte Geneviève 언덕에 있는 내 아파트를 향해 걸어갔다.

"정말 멋진 계획이에요, 타티.[4]" 아내가 말했다. 내 계획을 들은 아내는 마치 값비싼 선물이라도 받은 것처럼 그 사랑스러운 얼굴에 활짝 미소를 지으며 눈을 빛냈다. "우리 언제 떠나요?"

"당신이 원하면 언제든지."

"아, 난 당장 떠나고 싶어. 내가 이렇게 말할 줄 몰랐죠?"

"우리가 돌아올 즈음이면 파리 날씨도 맑고 쾌청해지겠지. 비만 오지 않는다면, 추위도 견딜 만하겠는데."

"그렇게 될 거예요." 그녀가 말했다. "그런 계획을 세우다니, 당신 정말 멋져요."

2. 스타인 여사의 가르침

우리가 파리로 돌아왔을 때 날씨는 맑고, 차고, 감미로웠다. 그리고 도시는 이미 겨울에 익숙해져 있었다. 우리 집 길 건너편 땔감 가게에서는 잘 말린 질 좋은 장작을 팔고 있었고, 좋은 카페에서는 손님들이 몸을 녹일 수 있게 테라스에 난로를 내다 놓았다. 우리 아파트는 따뜻하고 쾌적했다. 우리는 벽난로에 석탄 가루를 달걀 모양으로 빚어서 만든 조개탄을 땠고, 거리에는 겨울 불빛이 화려했다. 맑은 하늘을 배경으로 그림처럼 보이는 벌거벗은 나무들의 모습에 익숙해진 파리 시민은 살을 에는 듯 매서운 바람을 맞으며 뤽상부르 공원Parc de Luxembourg의 깨끗하게 씻긴 자갈길을 산책했다. 잎이 다 떨어진 나무들은 겨울 풍경에 익숙해진 사람들의 눈에 애처롭도록 아름다워 보였고, 겨울바람은 연못의 수면을 쓸고 지나갔으며, 분수대에서 뿜어 나오는 물줄기는 반짝이는 불빛 속에서 이리저리 흩날렸다. 알프스에서 막 돌아온 우리에게 아주 먼 거리도 가깝게만 느껴졌다.

워낙 높은 지대에 적응되어 있었던 내게는 경사진 언덕을 올라가는 것도 전혀 힘들지 않았고, 동네의 모든 굴뚝과 지붕이 내려다보이는, 높은 언덕 위 호텔 꼭대기 층에 있는 작업실까지 올라가는 것 역시 상쾌할 뿐이었다. 작업실에서는 벽난로가 연기를 잘 빨아 내서 실내가 따뜻하고 일하기에도 쾌적했다. 나는 종이 봉투에 넣은 귤과 군밤을 사 와서, 탕헤르 오렌지처럼 생긴 그 조그만 귤을 먹으면서 벽난로에 껍질도 던져 넣고 씨도 뱉었다. 그러다가 배가 고파지면 군밤을 먹었다. 산책과 추위와 작업 탓에 나는 늘 배가 고팠다. 그리고 알프스에서 가져온 체리주 한 병을 작업실에 가져다 두고 글이 완성되거나 작업을 마치면 한 잔씩 마셨다. 하루 일이 끝나면 공책이나 자료를 정리해 책상 서랍에 넣고, 남은 귤들을 호주머니에 넣고 나왔다. 그대로 두고 가면 밤사이에 얼어버릴 테니까.

운 좋게 그날 작업이 잘되었다는 생각이 들면, 줄줄이 이어지는 계단을 내려오면서 가슴이 뿌듯해지는 것을 느꼈다. 나는 글을 쓸 때면 언제나 한 대목을 완성하기 전에는 중간에 일을 멈추지 않았고, 또 다음번에 쓸 내용을 미리 생각해둔 다음에야 하루 일을 끝냈다. 그런 식으로 다음 날도 무난히 글쓰기를 이어갈 수 있었다. 그러나 때로 새로 시작한 글이 전혀 진척되지 않을 때도 있었다. 그럴 때면 벽난로 앞에 앉아 귤 껍질을 손가락으로 눌러 짜서 그 즙을 벌건 불덩이에 떨어뜨리며 타닥타닥 튀는 파란 불꽃을 물끄러미 바라보곤 했다. 그렇지 않으면 창가에서 파리의 지붕들을 내려다보며 마음속으로 말했다. '걱정하지 마, 넌 전에도 늘 잘 썼으니, 이번에도 잘 쓸 수 있을 거야. 네가 할 일은 진실한 문장을 딱 한 줄만 쓰는 거야. 네가 알고 있는 가장 진실한 문장 한 줄을 써봐.' 그렇게 한 줄의 진실한 문장을 찾으면, 거기서부터 시작해서 계속 글을 써나갈 수 있었다. 그것은 어렵지 않은 일이었다. 왜냐면 언제나 내가 알고 있거나, 어디에선가 읽었거나, 혹은 누군가에게서 들은 적이 있는 몇몇 진실한 문장이 있게 마련이었으니까. 만약 내가 미사여구를 동원하여 글을 쓰거나, 혹은 뭔가를 알리거나 소개하려는 사람처럼 글을 쓰기 시작했다면, 그 수사적인 표현이나 과장된 문장들을 다 지워 버리고, 내가 쓴 첫 번째의 간결하고 진솔하며 사실에 바탕을 둔 문장을 출발점으로 삼아 다시 썼다. 나는 경험을 통해 알고 있는 주제에 대해서만 글을 쓰기로 작정했다. 나는 작업실에서 글을 쓰는 동안 언제나 그 결심을 지키려고 애썼다. 그리고 그것은 엄격하고 유용한 나만의 글쓰기 원칙이 되었다.

　글쓰기를 일단 멈춘 시점에서부터 그 다음 날 다시 시작하는 시점 사이에는 내가 쓰는 글에 대해 생각하지 말아야 한다는 사실을 깨달은 것도 내 작업실에서였다. 그렇게 함으로써 나는 내 잠재의식이 나도 모르는 사이에 내가 쓰고 있는 글에 집중하고 있는 동안에도 다른 사람들이 하는 이야기를 들을 수 있었고, 내가 원하는 모든 것을 볼 수 있었으며, 내가 원하는 것들을 배울 수 있었다. 그래서 나는 내 글에 대해 생각하지 않기 위해, 스스로 그 생각을 지워 버리려고 책을 읽었다. 원칙뿐 아니라 행운도 필요했지만, 그날의 작업을 무사히 마치고 계단을 내려올 때면 나는 날아갈 듯 기분이 좋아져서 파리의 어디라도 홀가분한 마음으로 산책할 수 있었다.

　오후에는 매번 다른 길로 뤽상부르 공원으로 갔으므로 여러 산책로를 걸을 수 있었고, 뤽상부르 공원에 도착하면 으레 안에 있는 뤽상부르 박물관에 들어가곤 했다. 그곳 박물관에 있던 그림이 이제는 대부분 루브르나 죄드폼[5]으로 옮겨졌지만, 당시 나는 시카고의 미술학교에서 처음 알게 된 세잔, 마네, 모네의 작품들, 그리고 다른 인상주의 화가들의 작품을 보러 그 박물관에 거의 매일 가다시피 했다. 세잔의 그림들은 내가 원하는 수준의 작품을 쓰려면 간결하고 진솔한 문장을 구사하는 정도로는 충분하지 않다는 것을 깨닫게 해주었다. 세잔의 작품들을 감상하면서 나는 많은 것을 배웠지만, 다른 사람에게 그것을 잘 설명하기에는 내 표현력이 부족했다. 당시에 나는 남들에게 알리지 않았지만, 해가 지고 박물관에서 그림을 감상하기에 너무 어두

워지면 공원을 가로질러 플뢰뤼스 거리R. de Fleurus 27번지에 있는 거트루드 스타인 여사[6]의 아파트에 들르곤 했다.

이전에 나는 아내를 데리고 스타인 여사가 그녀의 친구와 함께 사는 아파트를 방문한 적이 있었다. 두 사람은 우리를 아주 따뜻하고 친절하게 맞아 주었다. 우리는 그들의 넓은 아파트와 벽에 걸린 멋진 그림들을 무척 좋아했다. 여사의 아파트는 마치 어느 아름다운 미술관의 가장 훌륭한 전시실 같았다. 한 가지 다른 점이 있다면 큰 벽난로가 있어서 실내가 따뜻하고 아늑하고, 온갖 종류의 맛있는 음식과 차, 그리고 빨간 자두, 노란 자두, 혹은 산딸기로 만든 과일주를 대접받을 수 있다는 점이었다. 과실주는 정교하게 세공된 크리스털 병에 담겨서 앙증맞은 잔과 함께 나왔다. 오얏, 자두, 산딸기 등으로 만든 그 과실주들은 무색이었지만, 향이 무척 짙었고 과실 맛이 났다. 한 잔 마시면 몸이 훈훈해졌고, 불처럼 뜨겁게 톡 쏘는 맛이 혀에 오래 남았다.

스타인 여사는 키가 그다지 크지 않았으나 시골 여인네처럼 골격이 튼실해 보였다. 얼굴은 독일계 유대인답게 투박했지만, 눈이 아름다웠다. 그녀의 옷차림이나 풍부한 표정, 대학 시절 이래 그대로 유지해 왔음이 분명한 이국적인 머리 모양으로 틀어 올린 숱 많고 윤기 있는 머리카락은 북부 이탈리아 프리울리 지방의 농부 아낙네를 떠올리게 했다. 여사는 말이 많았다. 처음에는 주로 그녀가 만났던 사람이나 가봤던 곳에 대해 이야기를 쉴 새 없이 늘어놓았다.

여사의 친구는 듣기 좋은 목소리에 가무스름한 피부, 콧대가 심하게 휜 작은 체구의 여인이었다. 머리는 부테 드 몽벨[7]의 그림에 나오는 잔 다르크 같은 모양을 하고 있었다. 우리가 처음 그 집에 갔을 때 그녀는 무명천에 수를 놓고 있다가 우리에게 음식과 음료수를 내왔고, 이따금 내 아내와 이야기를 나누기도 했다. 그녀는 한 사람과 대화하면서도 한쪽 귀로는 다른 사람의 말을 듣고 있다가 불쑥 그 사람의 대화에 끼어들곤 했다. 나중에 그녀는 내게 자기는 결혼한 여자들과만 대화한다고 말했다. 아마도 유부녀들은 남의 대화에 끼어드는 그녀의 버릇을 너그럽게 이해해 주기 때문이었을 것이다. 어쨌든 우리는 스타인 여사와 그녀의 유별난 구석이 있는 친구를 좋아했다. 그리고 그 집에 걸려 있는 그림들과 케이크, 오드비[8]는 정말 최고였다. 그녀들도 우리를 착실하고 예의 바르고 전도유망한 젊은이들이라고 판단한 듯, 호의적으로 대해 주었다. 그리고 우리가 서로 깊이 사랑하는 다정한 부부라고 생각하는 듯했다. 아내가 차를 마시러 우리 집에 오라고 초대했을 때 그녀들은 기꺼이 승낙했다.

우리 아파트에 온 그녀들은 -어쩌면 실내가 너무 비좁아서 우리가 더 가까워질 수 있었는지도 모르지만- 우리에게 한층 더 친밀감을 느끼는 것 같았다. 바닥에 놓인 침대 매트리스에 걸터앉아 있던 스타인 여사는 내가 쓴 글들을 보여 달라고 했다. 그리고 그중에서 〈미시간 북쪽에서〉[9]를 제외하고는 모두 좋다고 평했다.

"이 작품도 좋아." 그녀가 말했다. "그 점에 대해서는 의문의 여지가 없지. 하지만 '전시할 수 없는inaccrochable' 글이야. 무슨 말이냐면, 화가가 전시회를 하더라도 거기에 걸 수는 없는 그림 같다는 거야. 물론, 그 그림을 사는 사람도 없겠지. 왜냐면 그 그림을 사더라도 걸어둘 만한 장소를 찾을 수 없을 테니까."

"하지만, 내용이 천박한 것도 아니고, 단순히 사람들의 일상적인 언어를 사용해서 작품을 쓴 것뿐인데도 그럴까요? 만약 그런 언어가 글에 진실을 담을 수 있는 유일한 수단이라면, 그리고 정말 꼭 필요하다면, 그런 표현들을 사용해야 하지 않을까요? 여사님이라면 물론 그런 표현을 사용하시겠죠?"

"자네는 내 말의 요점을 전혀 이해하지 못했구먼." 그녀가 말했다. "어떤 것이든 '전시할 수 없는' 것을 써서는 안 돼. 그건 아무 의미 없는 짓이야. 잘못된 것이고 바보 같은 짓이야."

"알겠습니다." 내가 말했다. 나는 여사의 주장에 전혀 동의하지 않았지만, 그런 관점도 있을 수 있다고 생각했고 무엇보다도 선배 작가들과 논쟁하기를 좋아하지 않았다. 나는 그들의 말을 경청하는 편이었고, 스타인 여사의 말 중에는 대단히 유익한 내용도 많이 있었다. 그러나 조만간 내가 특파원 일을 그만두어야 한다는 그녀의 주장에는 더욱 동의할 수 없었다. 그녀는 언젠가 자신의 작품이《애틀랜틱 먼슬리》에 실리기를 바라고 있으며 꼭 그렇게 될 거라고 말한 적이 있었다. 그리고 나는《애틀랜틱 먼슬리》나《새터데이 이브닝 포스트》에 글이 실릴 정도의 훌륭한 작가는 되지 못하겠지만, 나름대로 새로운 장르를 개척한 작가가 될 수 있으리라고 했다. 하지만, 내가 반드시 기억해야 할 첫 번째 사항은 '전시할 수 없는' 글을 쓰지 말아야 한다는 것이었다. 나는 반박하지 않았다. 해명하려 들지도 않았다. 그건 순전히 내 문제였고, 뭐라고 말하기보다는 묵묵히 듣고 있는 편이 훨씬 더 재미있기 때문이었다.

그날 그녀는 우리가 어떻게 하면 그림을 살 수 있는지 가르쳐 주었다.

"누구나 옷과 그림 중 어느 한 가지는 살 수 있어." 그녀가 말했다. "방법은 간단해. 아주 부자가 아니라면 아무도 두 가지를 다 살 수는 없어. 옷차림이나 유행에 신경 쓰지 말고 편하게 오래 입을 수 있는 옷을 사는 거야. 그렇게 절약한 돈으로 그림을 살 수 있지."

"하지만 제대로 된 양복 한 벌 사지 않는다 해도 제가 갖고 싶은 피카소 그림을 살 만한 돈은 없을걸요." 내가 말했다.

"당연하지. 피카소는 자네 수준이 아니야. 자네 또래, 말하자면 군대에서 자네와 함께 복무했을 정도의 젊은 화가의 그림을 사라고. 자네는 그런 화가들이 누구인지 곧 알게 될 거야. 거리에서 마주치게 될 테니까. 젊은 화가 중에도 좋은 화가는 꼭 있게 마련이야. 하지만, 그림을 사는 데 문제가 되는 건 자네 양복이 아니라 자네 부인의 옷이야. 여자 옷은 비싸거든."

나는 야릇하게 번쩍거리는 스타인 여사의 옷에 시선을 주지 않으려고 애쓰던 아내의 노력이 결실을 보는 장면을 지켜보았다. 방문객들이 돌아갈 무렵, 나는 이들이 여전히 우리를 좋아하고 있다는 것을 알아차렸다. 실제로 우리는 플뢰뤼스 거리 27번지에 있는 그녀들의 아파트에 다시 한 번 초대되었다.

그해 겨울, 내가 오후 다섯 시 이후에는 언제든지 스타인 여사의 아파트에 들를 수 있게 된 것은 한참 후의 일이었다. 그전에는 여사를 뤽상부르 공원에서 만나곤 했다. 그때 그녀가 개를 데리고 산책했는지, 개를 기르고 있었는지는 기억나지 않는다. 단지, 그 시기에 나는 혼자 산책했고, 개는 물론이고 고양이 한 마리 기를 형편이 되지 못했다는 것만은 분명하다. 내가 아는 고양이라고는 카페나 작은 레스토랑에 있던, 혹은 경비실 창문 너머로 감탄하며 바라보던 커다란 고양이들뿐이었다. 나중에는 개를 데리고 나온 스타인 여사를 뤽상부르 공원에서 자주 만났지만, 내가 그녀의 아파트에 초대받았던 무렵은 그녀가 개를 기르기 전이었던 것 같다.

개가 있었건 없었건 간에 나는 그녀의 아파트를 방문하는 데 익숙해졌다. 그녀는 늘 각종 과일로 만든 오드비를 가져와 내 잔을 거듭 채워 주었다. 나는 그림들을 감상하고 그녀와 이야기를 나누었다. 그림들은 아주 훌륭했고 대화는 유익했다. 말은 대체로 그녀가 하는 편이었다. 그녀는 현대 미술과 화가들에 대해 -화가보다는 인간으로서 그들에 대해- 이야기하거나 자신의 글에 대해 의견을 들려주었다. 그녀가 쓰고 그녀의 친구가 매일 타자로 친 여러 편의 원고를 보여 주기도 했다. 그녀는 매일 글을 쓴다는 것 자체가 자신을 행복하게 해준다고 말했지만, 사정을 좀 더 자세히 알게 되자, 하루 작업량은 매번 다르지만 매일 꾸준히 글을 써서 꽤 많은 분량이 모여야 책으로 출간되고, 또 공식적으로 인정을 받아야만 그녀의 행복이 유지된다는 사실을 알게 되었다.

내가 그녀를 처음 알았을 때에는 상황이 그리 나쁘지 않았다. 당시 그녀는 누구라도 쉽게 이해할 수 있는 단편소설 세 편을 출간한 상태였고, 그중 《멜란크다》는 탁월한 작품이었다. 그녀의 실험적인 작품 중에서 괜찮은 몇 편은 단행본으로 출간되어 그녀가 알고 지내거나 만난 적이 있는 비평가들에게서 좋은 평을 듣고 있었다. 그녀는 자신이 원하면 누구라도 자기편으로 끌어들여야 직성이 풀리는 성격이었고, 그녀를 만난 적이 있거나 그녀가 수집한 그림을 본 적이 있는 비평가들은 설령 그녀의 글을 전혀 이해하지 못하더라도 그녀에 대한 인간적인 열정과 그녀의 판단력에 대한 신뢰로 그 글을 좋게 평가했다. 그녀가 글의 리듬이라든가, 같은 단어의 반복적인 사용과 관련해서 발견한 몇 가지 중요한 사실은 아주 가치 있고 유용했다. 그녀는 내게도 그 내용을 매우 설득력 있게 들려주곤 했다.

그러나 그녀는 자기 작품에 대해 공식적인 호평을 듣고 싶어 하는 강렬한 욕망과 비교할 때 노력을 기울여 원고를 수정한다든가, 독자가 이해하기 쉬운 문장으로 글을 다듬는 일은 썩 좋아하지 않았다. 특히, 엄청나게 긴 《미국인의 형성》이라는 작품을 쓸 때에는 더욱 그랬다.

이 책의 도입부는 놀랄 만큼 훌륭하고 뛰어나지만, 어느 지점에 이르면 똑같은 내용이 계속 반복되었다. 조금 더 성실하고 부지런한 작가라면 아마도 원고를 휴지통에 던져 버렸을 것이다. 내가 이런 사정을 훤히 알고 있던 데에는 그럴 만한 이유가 있었다. 교열자가 따라잡기 벅찰 정도로 여사가 원고를 빠르게 집필하고 있던 것을 알고 있던 나는 포드 매독스 포드[10]에게 그 작품을 《트랜스애틀랜틱 리뷰》[11]에 연재하도록 부탁 – 강요라는 표현이 더 정확하겠지만 – 하면서 잡지사가 교열자를 고용하는 데 돈이 많이 든다는 사실을 너무도 잘 알고 있었기에 여사가 만족하지 못하는 교정 원고를 모두 내가 읽고 교열했던 것이다.

이 모든 것이 몇 년 전에 있었던 일이다. 어느 날 오후, 쌀쌀한 날씨에 나는 스타인 여사의 따뜻한 아파트에 찾아간 적이 있었다. 그날 여사는 내게 성 문제에 관해 이런저런 이야기를 들려주었다. 우리가 허물없는 사이가 되었던 이 무렵에 나는 내가 이해하지 못하는 모든 것이 틀림없이 성적인 문제와 연관 있다고 믿고 있었다. 스타인 여사는 내가 성에 대해 너무 고지식하다고 생각했고, 나 역시 동성애에 대해 아주 기본적인 상식조차 없으면서도 선입견을 품고 있음을 인정하고 있었다. 당시 나는 '늑대'라는 속어가 이제는 단순히 '여자를 탐하는 남자'만을 의미하지 않는 시대를 살아 가는 청년이라면 적어도 부랑자들과 어울리게 되었을 때 자신을 보호하기 위해 칼 정도는 지니고 다녀야 한다는 것을 알고 있었다. 또한, 캔자스시티나 시카고의 특정 지역, 혹은 오대호의 선상에서 흔히 통용되던, 차마 '전시할 수 없는' 온갖 용어와 표현들도 알고 있었다.

이날 성 문제에 대해 여사와 토론하던 중에 나는 혹시라도 길을 잘못 들어 그런 사내들과 맞닥뜨린 청년이라면 살인마저도 저지를 수 있다는 점을 고려해야 하며, 그런 상황이 어떻게 전개되는지, 또 그런 상황에 몰렸을 때 실제로 어떻게 행동해야 하는지도 알아야 한다는 것을 그녀에게 설명하려고 애썼다. 그 논리는 '전시할 수 있을' 만했다. 만약 누군가를 죽일 각오가 되어 있다면, 상대는 재빨리 그것을 간파하고 건드리지 않으리라는 것, 그래도 절대적으로 피해야 할 몇 가지 상황이 있다는 것 등을 그녀에게 열심히 설명했다. 나는 "계집도 좋지만, 사내놈이 내 취향이야!"라는 표현처럼 오대호 선상에서 그 '늑대'들이 사용하던 '전시할 수 없는' 말투를 그대로 흉내 내면서 그녀에게 좀 더 명확하게 내 생각을 전달할 수도 있었을 것이다. 그렇게 사실적인 말투를 사용하면 내 생각을 분명하게, 조금 더 잘 설명할 수 있었겠지만, 당시 나는 스타인 여사와 대화할 때 어휘 선택에 늘 조심하고 있었다.

"그래, 그래, 헤밍웨이. 그런데 자네는 살인범들과 성도착증 환자들 틈에 살고 있었구먼." 그녀가 말했다.

나는 내가 하찮은 세상에서 살고 있고, 세상에는 온갖 부류의 사람들이 있으며, 나는 그들을 이해하려고 노력했지만, 그중에는 절대로 호감을 품을 수 없는 사람들이 있었고, 심지어 몇몇은 아직도 증오하고 있었지만, 그 문제로 여사와 왈가왈부하고 싶지는 않았다.

"제가 이탈리아의 한 병원에 입원했을 때 마르실라산인지, 캉파리산인지, 포도주 한 병을 들고 저를 병문안하러 왔던 무척 예의 바르고 사회적 명성도 있는 노신사가 있었어요. 그분은 제 앞에서 흠잡을 데 없이 처신하다가, 어느 날 갑자기 본색을 드러내는 바람에 결국 제가 간호사에게 다시는 그분을 제 병실에 들이지 말라고 요구했던 적이 있습니다. 그런 사람에 대해서 어떻게 생각하세요?" 내가 물었다.

"그런 사람들은 자신을 통제하지 못하는 환자일 뿐이야. 자네는 그런 사람들을 가엾게 여겨야 해."

"그럼, 저는 아무개 씨 같은 사람도 가엾게 여겨야 하는 겁니까?" 내가 물었다. (이날 나는 스타인 여사에게 이 사람의 이름을 밝혔지만, 그는 스스로 자신의 이야기라는 것을 알 테니, 여기서 그의 이름을 밝힐 필요는 없을 것이다)

"아니야, 그는 질이 나쁜 사람이지. 다른 사람들을 타락시키는 정말 나쁜 인간이야."

"그렇지만, 사람들은 그를 아주 훌륭한 작가로 여기잖아요."

"아니야. 그는 광대 같은 사람이야. 그리고 남을 타락시키면서 기쁨을 느끼는 부류의 인간이지. 게다가 다른 사람들을 또 다른 악의 길로 이끌잖아. 이를테면 마약 같은 것 말이야." 그녀가 말했다.

"제가 동정해야 한다는 그 밀라노 노신사도 나를 타락시키려던 것이 아닌가요?"

"어리석게 굴지 마. 그 사람이 어떻게 자네를 타락시킬 수 있겠어? 자네처럼 술을 좋아하는 젊은이를 마르실라산 포도주 한 병 정도로 유혹할 수 있겠어? 아니야, 그 사람은 자기 행동을 자제하지 못하는 가엾은 늙은이일 뿐이야. 스스로 어떻게 해볼 수 없는 정신병자니까 동정해야 한다는 거지."

"당시에 저는 그분을 동정했지만, 그토록 훌륭히 예의를 갖추던 사람이 느닷없이 그런 짓을 했기 때문에 실망했던 거지요." 내가 말했다.

나는 다시금 그 노신사에게 연민을 느끼며 오드비를 한 모금 마시고 나서 고개를 들어 피카소의 누드화 〈꽃바구니를 든 소녀〉를 올려다보았다. 이런 대화를 시작한 쪽은 내가 아니었지만, 화제가 위험 수위에 이르고 있었다. 스타인 여사와는 대화가 끊긴 적이 거의 없었는데, 이번만큼은 간간이 침묵이 흘렀고, 그녀는 뭔가 내게 해줄 말이 있는 눈치여서 나는 말없이 술잔을 가득 채웠다.

"자네는 정말 이런 일에 대해 아무것도 모르는군, 헤밍웨이." 그녀가 다시 입을 열었다. "자네가 만났던 사람들은 소문난 범죄자나 정신병자, 아니면 악당들인 것 같아. 중요한 건 남자 동성애자들은 추악하고 혐오스러운 행위를 한다는 점이고, 또 시간이 지나면 그들은 서로 혐오하게 된다는 거야. 그걸 잊으려고 술을 마시거나 마약을 하지만, 그들은 동성애 행위 자체에 혐오감을 느끼고, 그래서 계속 파트너를 바꾸지만, 결코 진정한 행복을 찾을 수 없어."

"알겠습니다."

"여자들은 그 반대야. 그녀들은 추악하거나 혐오스러운 행동을 하지 않아. 그러니까, 각자 행복하고, 둘이 오랫동안 함께 행복하게 살 수 있어."

"알겠습니다. 그렇지만 아무개 씨에 대해서는 어떻게 생각하세요?" 내가 물었다.

"질이 나쁜 여자야." 스타인 여사가 말했다. "끊임없이 상대를 갈아 치우지 않으면 결코 행복해질 수 없는 부류의 여자지. 그런 여자는 다른 사람들을 타락시켜."

"이해할 것 같아요."

"확실히 이해했어?"

그날은 내가 이해해야 하는 것이 그토록 많았지만, 화제가 바뀌자 나는 한결 마음이 가벼워졌다. 집으로 돌아갈 무렵, 공원이 문을 닫아서 나는 철책을 따라 보지라르 거리R. Vaugirard를 한 바퀴 돌아야 했다. 문이 잠긴 공원은 황량해 보였고, 카르디날 르무안 거리에 있는 집으로 가려면 공원을 가로지

르는 대신 에둘러 가야 하는 처량한 상황이어서 나는 걸음을 재촉했다.

어쨌든, 그날 하루도 대단히 기분 좋게 시작되었다. 내일도 열심히 글을 쓰리라. 글쓰기는 내게서 거의 모든 것을 치유해 주었고, 그것이야말로 내가 당시에도 믿었고, 지금도 믿는 일이다. 스타인 여사는 내가 고쳐야 할 점이 있다면, 나의 젊음과 내가 아내를 사랑하는 방식이라고 생각하는 것 같았다. 아파트에 도착할 즈음에는 처량한 기분이 완전히 사라졌기에 나는 쾌활하게 그날 새로 알게 된 성에 대한 지식을 아내에게 들려주었다. 그렇지만, 그날 밤 우리 두 사람이 행복했던 것은 이미 전부터 알고 있던 지식과 알프스에서 터득한 새로운 지식 덕분이었다.

27

GERTRUDE STEIN

1874–1946

ÉCRIVAIN AMÉRICAIN

Vécut ici avec son frère LÉO STEIN
puis avec ALICE B. TOKLAS
elle y reçut de nombreux
artistes et écrivains
de 1903 à 1938

3. 셰익스피어 & 컴퍼니 서점

그 무렵, 무척 가난했던 나는 오데옹 거리R. de l'Odéon 12번지에 있는 실비아 비치[12]의 대여점 셰익스피어 & 컴퍼니에서 책을 빌리곤 했다. 겨울이 되면 찬바람이 휘몰아치는 쌀쌀한 거리에 있는 그 서점에서는 지나가는 사람들을 위해 입구에 커다란 난로를 피워 놓았다. 따뜻하고, 쾌적하고, 멋진 곳이었다. 실내에는 탁자들이 놓여 있고, 선반에는 책들이 가득 차 있었으며, 유리 진열장에는 신간 서적들을 전시해 놓았다. 벽에는 생존해 있거나 이미 작고한 유명한 작가들의 사진이 걸려 있었다. 사진은 모두 스냅 사진인 듯했는데, 작고한 작가들도 한창나이의 사진에서는 여전히 살아 있는 사람들처럼 보였다. 실비아는 생기 있는 갸름한 얼굴에 작은 동물들에게서 볼 수 있는 활기와 어린 소녀 같은 명랑함이 깃든 갈색 눈동자가 매우 인상적이었다. 그리고 아름다운 이마가 돋보이게 뒤로 빗어 넘긴 숱 많은 갈색 곱슬머리는 갈색 벨벳 상의 깃을 스칠 정도의 길이로 귀밑에서 단정하게 잘려 있었다. 그녀는 다리도 예쁘고, 친절하고, 상냥하고, 모든 이에게 관심을 보였고, 유머가 있고, 사람들과 수다 떨기를 좋아했다. 그녀는 그때까지 알고 지내던 누구보다도 내게 친절했다.

처음 그 서점에 들어갔을 때 나는 몹시 기가 죽어 있었다. 당시 내 수중에 있는 돈으로는 그곳에 등록할 보증금조차 낼 수 없는 형편이었다. 실비아는 내게 도서카드를 건네주면서 보증금은 언제든 돈이 생길 때 내면 된다고 했다. 그리고 그 전에라도 내가 원하는 책이 있으면 얼마든지 빌려 가도 된다고 했다.

그녀가 나를 믿을 이유는 전혀 없었다. 그녀는 나와 생면부지였고, 내가 그녀에게 준 주소, 즉 카르디날 르무안 거리 74번지보다 더 가난한 동네는 찾기는 어려울 터였다. 그럼에도, 실비아는 나를 더할 나위 없이 유쾌하고, 매력적이고, 호의적으로 대했다. 그녀가 앉아 있는 자리 뒤편 벽면에는 천장까지 선반이 설치되어 있었고, 안마당으로 통하는 서점 내부 깊숙한 복도에도 선반이 설치되어 멋진 장서들이 빼곡히 들어차 있었다.

내가 투르게네프의 《사냥꾼의 수기》와 D. H. 로렌스의 초기 작품 《아들과 연인》을 집어 들었을 때 실비아는 내가 원한다면 다른 책을 더 빌려 가도 된다고 했다. 그래서 나는 콘스탄스 가네트(Constance Garnett, 1861~1946)가 번역한 톨스토이의 《전쟁과 평화》와 도스토옙스키의 《도박꾼과 그 외 단편들》을 추가로 골랐다.

"이 책들을 모두 읽으시려면, 당분간은 뵙기 어렵겠어요." 실비아가 내게 말했다.

"등록비 내러 조만간 들르겠습니다." 내가 말했다. "돈이 집에 있어요."

"그런 뜻이 아니에요." 그녀가 말했다. "돈은 편하실 때 내시면 돼요."

"제임스 조이스[13] 씨는 언제 오십니까?" 내가 물었다.

"그분은 대체로 아주 늦은 오후에 나오시죠." 그녀가 대답했다. "선생님은 그분을 아직 못 보셨나요?"

"레스토랑 미쇼Michaud에서 가족과 식사하시는 모습을 본 적이 있습니

다." 내가 대답했다. "하지만 식사 중인 분과 인사를 나누는 건 예의에 어긋난 일이지요. 게다가 미쇼는 아주 고급스러운 레스토랑이잖아요."

"선생님은 댁에서 식사하세요?"

"요즘엔 자주 그렇게 합니다. 집에 훌륭한 요리사가 있거든요."

"선생님이 사시는 동네 근처에는 식당이 없지요?"

"없습니다만, 그걸 어떻게 아십니까?"

"라르보[14] 씨가 그 동네에 사셨죠." 그녀가 대답했다. "그분은 그 점만 빼고는 그 동네를 무척 좋아하셨어요."

"그리 비싸지 않으면서도 음식이 괜찮은 식당을 찾으려면 팡테옹까지 가야 해요."

"전 그 동네를 잘 몰라요. 주로 집에서 식사하거든요. 언제 한번 부인과 함께 나오세요."

"돈을 가져올 때까지 조금만 기다려 주세요." 내가 말했다. "아무튼, 고맙습니다."

"너무 서둘러 책을 읽고 돌려주실 필요는 없어요." 그녀가 말했다.

카르디날 르무안 거리에 있는 방 두 칸짜리 우리 아파트는 온수도 안 나오고 제대로 된 화장실 시설도 없이 간단한 변기통만 있었지만, 그래도 미시간의 오막살이에 익숙해진 사람에게는 그리 불편하지 않았다. 전망도 좋고, 바닥에는 훌륭한 매트리스와 스프링이 있는 편안한 침대가 놓여 있으며, 벽에는 우리가 좋아하는 그림들이 걸려 있는, 쾌적하고 기분 좋은 집이었다.

그날 책 꾸러미를 들고 집으로 돌아온 나는 아내에게 내가 발견한 그 놀라운 장소에 대해 말해 주었다.

"타티. 그러지 말고 오후에 다시 가서 돈을 내고 와요." 아내가 말했다.

"그래야지." 내가 말했다. "우리 같이 나가서 그 서점에 들렀다가 강변로를 산책하자."

"화랑과 상점 진열장도 볼 수 있게 센 거리R. de Seine 쪽으로 내려가요."

"그러지. 어느 쪽으로 가든 상관없어. 그리고 우리를 알아보는 사람도 없고, 우리가 아는 사람도 없는 카페에 들러 한 잔씩 하자."

"두 잔 마실 수도 있죠."

"그리고 어디 좋은 곳에 가서 식사도 하자."

"그건 안 돼요. 서점에 돈을 갚아야 하잖아요."

"좋아. 그럼, 식사는 집에 와서 하기로 하고, 건너편 협동조합에서 본산 질 좋은 포도주를 한 병 사고, 괜찮은 요리를 만들어 먹기로 하자. 창문을 통해 여기서도 진열대에 표시된 가격을 볼 수 있잖아. 그리고 나서 책을 좀 읽다가 잠자리에 들어 사랑을 나누자."

"우리, 한눈팔지 말고 우리만 사랑하기로 약속해요."

"물론이지."

"아주 멋진 저녁이 되겠네! 그럼, 일단 점심부터 먹는 게 좋겠어요."

"배고파." 내가 말했다. "카페에서 작업하면서 크림커피café crème 한 잔 마신 것밖에 없거든."

"글은 잘되고 있어요, 타티?"

"그런 것 같아. 그러길 바라지. 점심으로는 뭘 먹을까?"

"으깬 감자, 야채샐러드, 맛있는 송아지 간과 삶은 무 요리를 먹을 거예요. 후식으로는 애플파이를 먹죠."

"이제 우리는 이 세상 모든 책을 읽을 수 있고, 또 여행을 떠날 때에도 그

책들을 가져갈 수 있어."

"정말, 그래도 된대요?"

"그렇다니까."

"실비아의 가게에는 헨리 제임스의 책도 있나요?"

"물론이지."

"정말이에요?" 아내가 말했다. "당신이 그런 곳을 발견하다니. 우리에겐 정말 행운이에요."

"우린 언제나 운이 좋잖아." 나는 이렇게 말하고 나서 어리석게도 나무를 두드리지 않았다.[15] 아파트 안에는 나무가 여기저기 널려 있었는데도.

4. 센 강변 사람들

우리가 살던 카르디날 르무안 거리에서 센 강으로 내려가는 길은 여러 갈래였다. 그중 가장 가까운 길은 경사가 좀 가파르지만, 직선거리였는데 그리로 내려가다 보면 평지가 나오고, 이어서 사람들로 붐비는 생제르맹 대로를 가로지르면 오른쪽에 포도주 시장이 있었다. 바람이 스산한 강둑에 있는 이 포도주 시장은 파리의 다른 시장들과는 전혀 달랐다. 그곳은 면세 포도주를 쌓아 놓은 일종의 보세창고로, 밖에서 보면 마치 무기고나 포로수용소처럼 칙칙했다.

센 강의 지류 건너편에는 좁은 골목길과 아름답고 오래된 집들이 높이 들어선 생 루이 섬Ile Saint-Louis이 있다. 그곳으로 곧바로 가는 길도 있고, 왼쪽으로 돌아서 생 루이 섬 맞은편에 있는 노트르담 대성당Cathédrale Notre-Dame과 시테 섬Ile de la Cité을 마주 보며 강을 따라서 가는 길도 있다.

강변의 노점 책방에서는 최근 미국에서 간행된 책들을 가끔 터무니없이 싼 값으로 구할 수 있었다. 레스토랑 투르 다르장Tour d'Argent 위층에는 관광객들에게 빌려 주는 방이 몇 개 있었는데 레스토랑 주인은 그 방에 투숙하는 손님들에게 음식값을 할인해 주곤 했다. 그곳에 머물던 손님이 책을 남겨 두고 떠나면 객실 담당은 호텔 근처에 있는 어느 여자 책 장수에게 그 책을 내다 팔았다. 그래서 그런 책들을 헐값에 구할 수 있었던 것이다. 그녀는 영어로 된 책의 가치를 전혀 인정하지 않았기에 아주 형편없는 가격으로 사들여서 최소한의 이익만 남기고 서둘러 팔아 치웠다.

"도대체 이런 책들이 읽을 만한 가치가 있기는 한 거예요?" 서로 친해지고 나서 어느 날 그녀가 내게 물었다.

"가끔 괜찮은 책도 있죠."

"그걸 어떻게 알 수 있죠?"

"읽어 봐야 알 수 있죠."

"그럼, 이건 도박이나 마찬가지네. 영어를 읽을 줄 아는 사람이 몇이나 되겠어요?"

"그 책들을 잘 보관해 두었다가 제가 대충 훑어보게 해주시죠."

"댁을 기다리느라고 책을 안 팔고 놔둘 수는 없어요. 댁은 여기 정기적으로 들르지도 않고, 어떨 때는 오랫동안 멀리 가 있잖아요. 난 되도록 빨리 팔아야 해요. 설령 그 책들이 가치가 있다고 해도 누가 그걸 알겠어요? 혹시라도 그 책들이 전혀 가치가 없다는 것이 밝혀지면, 절대로 안 팔리겠죠."

"그럼, 프랑스어로 된 책이 가치가 있는지는 어떻게 알아보죠?"

"우선, 좋은 책에는 그림이 들어 있어요. 그다음으로 중요한 건 그 그림의 질이에요. 그리고 제본 상태. 좋은 책은 제본이 제대로 되어 있어요. 영어책들은 전부 제본이 형편없어요. 그래서 좋은 책인지 아닌지 금세 알아볼 수 없어요."

투르 다르장 근처에 있는 이 여자의 노천 책방을 지나면 그랑 토귀스탱 강변길Quai des Grands Augustins까지 영국 책이나 미국 책을 파는 노점상이 전혀 없었다. 그러나 조금 더 내려가면 볼테르 강변길Quai Voltaire까지는 노천 책방

이 꽤 많았는데, 그곳 책 장수들은 센 강 좌안에 있는 여러 호텔의 종업원들에게서 책을 사들이거나, 특별히 손님이 많은 볼테르 호텔에서 나온 책들을 팔고 있었다.

하루는 나와 친구가 된 또 다른 여자 책 장수에게 혹시 책 주인에게서 직접 책을 산 적은 없느냐고 물어 보았다.

"없어요." 그녀가 대답했다. "모두 버린 책들이에요. 그래서 사람들이 그 책들이 별로 가치가 없다고 생각하는 거죠."

"하지만, 호텔 손님들이 미국에서 여기까지 오는 동안 배 안에서 읽으라고 친구들이 그 책들을 주었을 텐데요."

"그렇겠군요." 그녀가 말했다. "틀림없이 손님들이 배에 남겨둔 책도 많을 거예요."

"그렇겠죠." 내가 말했다. "여객선 선주들이 책들을 잘 보관하고 있다가 다시 제본해서 배에 훌륭한 도서관을 만들 수도 있을 텐데."

"그거 아주 좋은 생각이군요." 그녀가 말했다. "적어도 그 책들은 훌륭하게 제본되겠죠. 요즘은 그런 좋은 책들만 값이 나간답니다."

글을 한 편 완성했을 때, 혹은 뭔가 참신한 아이디어를 얻고자 할 때, 나는 센 강변을 거닐곤 했다. 산책하거나, 뭔가에 열중하거나, 자기 일에 몰두한 사람들을 지켜보고 있노라면, 생각이 훨씬 잘 떠올랐다.

앙리 4세 동상이 있는 다리 퐁뇌프Pont Neuf 아래 시테 섬 끝자락이 뾰족한 뱃머리 모양으로 끝나는 지점 강변에는 커다랗고 아름다운 마로니에 나무들이 서 있는 작은 공원이 있다. 그 옆에서 급류를 이루거나 역류를 만들며 유유히 흐르는 센 강변에는 낚시하기에 좋은 장소가 여럿 있었다. 사람들은 계단을 통해 공원으로 내려가서 낚시꾼들이 그곳이나 다리 아래 자리를 잡고 앉아 낚시질하는 모습을 구경하곤 했다. 수심에 따라 물고기가 많이 모이는 장소가 있었는데, 낚시꾼들은 접이식 낚싯대와 가느다란 낚싯줄, 조명등, 동물 뼈로 만든 찌를 가지고 용케도 고기가 잘 무는 지점을 골라 낚싯대를 드리웠다. 그들은 언제나 뭔가를 잡아 올렸다. '모샘치'라는 물고기를 꽤 많이 잡은 솜씨 좋은 낚시꾼들도 종종 보였다. 모샘치는 통째로 튀기면 맛이 아주 좋아서 나는 한꺼번에 몇 접시나 먹어 치우기도 했다. 살이 많고 단맛이 나며 정어리보다 훨씬 맛있는 모샘치는 전혀 느끼하지 않아서 아내와 나는 아무것도 버리지 않고 통째로 먹곤 했다.

모샘치 튀김을 맛보기에 좋은 장소 중 하나는 바 뫼동Bas Meudon 근처 강변에 있는 한 노천 식당이었다. 우리 동네를 벗어나 조금 멀리 갈 만한 돈이 생기면 우리는 그 식당에 들르곤 했다. 사람들은 그곳을 '기적의 낚시'라고 불렀다. 거기서 우리는 기가 막히게 맛이 좋은 뮈스카데 백포도주를 마실 수 있었다. 그 식당은 모파상의 소설에 나올 법한 곳이었고, 강 쪽으로는 알프레드 시슬레[16]의 그림에서 본 듯한 풍경이 펼쳐졌다. 그러나 모샘치 튀김을 맛보려고 꼭 그 먼 곳까지 갈 필요는 없었다. 생 루이 섬에도 모샘치를 맛있게 튀겨 내는 식당이 여럿 있었기 때문이다.

나는 생 루이 섬과 베르갈랑 광장Pl. du Vert Galant 사이에 있는 센 강변에서도 특히 물고기가 많이 모이는 곳을 찾아 낚시질하는 사람들을 많이 알고 있었다. 날씨가 맑은 날이면 나는 포도주 한 병과 빵 한 조각, 그리고 소시지를 사 들고 강변으로 나가 햇볕을 쬐면서 얼마 전에 산 책을 읽으며 낚시꾼들을 구경하곤 했다.

여행 작가들은 센 강의 낚시꾼들을 온종일 허탕만 치면서 낚싯대를 드리우고 있는 얼빠진 사람들로 자주 묘사하지만, 그들은 진지하게 낚시질을 하고 실제로 꽤 많은 물고기를 잡았다. 그들은 대부분 인플레 때문에 연금의 실질 가치가 형편없이 떨어지는 줄도 모르고 있는 소액 연금 생활자들이거나, 휴가의 한나절이나 반나절을 그곳에서 보내는 낚시광들이었다. 물고기들은 센 강과 마른Marne 강의 합류 지점인 샤랑통Charenton이나 파리의 양쪽 끝 지점에서 많이 잡혔으나, 파리 시내에서도 낚시가 꽤 잘되었다. 나는 낚시 장비가 없었기에 직접 할 수도 없었지만, 그보다는 에스파냐에서 낚시를 하며 즐기기 위해 돈을 모으는 쪽을 택했다. 그뿐 아니라, 당시 나는 언제 파리 근무를 끝낼지, 그리고 언제 파리를 떠나게 될지도 알 수 없었기에 좋고 나쁜 시기가 있는 낚시에 취미를 붙이고 싶지 않았다. 그럼에도, 나는 낚시꾼들을 주의 깊게 관찰했다. 낚시질은 흥미롭고 유익한 취미였으며, 한편으로는 도시에서 열심히, 그리고 진지하게 낚시질을 하여 맛있는 튀김 거리를 가지고 집으로 돌아가서 가족과 함께 먹는 사람이 있다는 사실을 아는 것만으로도 기분이 흐뭇했다.

물가에서 온종일 시간을 보내는 낚시꾼들, 강을 오가는 아름다운 바지선들, 화통으로 연기를 길게 뿜으며 그 바지선을 끌고 다리 밑을 지나가는 예인선들, 돌로 쌓은 제방에 죽 늘어선 키 큰 플라타너스와 느릅나무들, 그리고 군데군데 서 있는 미루나무들을 쳐다보며 센 강을 따라 산책하노라면 나는 결코 혼자라는 느낌이 들지 않았다. 그토록 많은 나무가 있는 파리에서 우리는 하루하루 가까워지는 봄을 눈으로 확인할 수 있었으며, 어느 날 밤 따뜻한 바람이 불더니 다음 날 아침 봄이 갑자기 눈앞에 와 있음을 실감하곤 했다. 그러나 가끔 엄청나게 내리는 찬비가 오는 봄을 막아서 봄이 결코 오지 않을 같은 기분이 들기도 했고, 그래서 우리가 인생에서 한 계절을 잃어버리는 듯

한 아픔을 느끼기도 했다. 그것은 자연을 거스르는 일이었고, 이 시기가 파리에서 정말 유일하게 서글픈 때였다. 우리는 흔히 가을이 슬픈 계절이라고 한다. 나뭇잎이 떨어지고 헐벗은 나뭇가지가 차가운 겨울 햇볕 아래 앙상한 모습으로 바람에 휘둘릴 때면 마치 우리 몸의 일부가 죽어 가는 것처럼 느껴지기 때문이다. 그러나 강을 덮은 얼음이 녹으면 다시 강물이 흐르리라는 것을 알고 있듯이, 우리는 결국 봄이 오리란 것을 알고 있었다. 만약 차가운 비가 고집스럽게 계속 내려서 봄이 오지 못하게 밀쳐 낸다면, 우리에게 그것은 마치 한 젊은이가 아무 이유 없이 죽임을 당하는 것과 마찬가지였다. 당시에도 언제나 봄은 끝내 찾아오고야 말았지만, 봄이 오지 못할 뻔했다는 생각만으로도 끔찍한 기분이 들곤 했다.

5. 덧없는 봄

　비록 덧없는 봄이라도 일단 오기만 하면 어디서 그 행복을 가장 잘 누릴 것이냐는 것이 내 유일한 관심사였다. 하루를 허송세월하는 것은 오로지 사람들 때문이어서 누구와도 만날 약속을 하지 않고 지낼 수만 있다면 모든 것이 순조로웠다. 봄처럼 좋은 몇몇 사람을 제외하면 나머지 사람들은 대체로 내 행복에 걸림돌이 되었다.
　봄날 아침에 나는 아내가 아직 잠에서 깨지 않은 새벽부터 일찌감치 일을 시작했다. 활짝 열린 창을 통해 밖을 내다보면, 비에 젖었던 도로의 포석들이 서서히 마르고, 떠오르는 해가 건너편 집의 축축한 벽면을 비추는 광경이 보였다. 가게들은 아직 덧문이 내려진 상태였다.
　염소 몰이꾼이 피리를 불면서 언덕길을 올라오자, 우리 집 바로 위층에 사는 여자가 큰 항아리를 들고 밖으로 나갔다. 몰고 가던 검은 염소 중에서 젖통이 가장 묵직한 녀석을 고른 몰이꾼은 개가 염소들을 길 한쪽으로 몰아붙이는 동안 여자의 항아리에 젖을 짜 넣었다. 나머지 염소들은 관광객들처럼 목을 길게 빼고 주변을 이리저리 둘러보았다. 몰이꾼은 돈을 받고 나서 여자에게 인사한 다음, 피리를 불며 다시 언덕길을 올라갔고 개는 뿔을 휘두르는 염소 떼를 몰고 멀어져 갔다. 나는 다시 글을 쓰기 시작했고, 여자는 염소

젖이 담긴 항아리를 들고 계단을 올라왔다. 그녀는 밑창에 펠트가 달린 신발을 신고 있어서, 계단을 올라와 우리 집 현관문 앞을 지나갈 때 거친 숨소리와 자기 집 현관문 닫는 소리만 들릴 뿐, 발걸음 소리는 들리지 않았다. 그녀는 우리 아파트 건물에서 유일하게 염소 젖을 사 먹는 고객이었다.

나는 아침에 나오는 경마신문을 사러 아래로 내려갔다. 내가 사는 곳이 경마신문 한 부를 구할 수 없을 만큼 가난한 동네는 아니었지만, 그래도 이런 날에는 서둘러 사두는 편이 좋았다. 내가 콩트르 에스카르프 광장 모퉁이 근처의 데카르트 거리R. Descartes에서 신문을 사고 있을 때 그 길을 따라 내려오는 염소 떼가 보였다. 나는 집으로 돌아가기보다는 염소 떼를 뒤쫓으며 거리를 산책하고 싶은 유혹을 느꼈지만, 신선한 아침 공기를 한번 들이마시고는 쓰던 글을 제때 마치려고 서둘러 아파트 계단을 올라왔다. 그러나 작업을 다시 시작하기 전에 신문부터 훑어보았다. 거기에는 작지만 매력적인 엥기엥 Enghien 경마장에서 오늘 열리는 경기 소식이 나와 있었다. 그래서 아내와 나는 오늘 치 글 작업이 끝나면 경마장에 가기로 했다. 내가 특파원으로 일하는 토론토 신문사에서 약간의 원고료를 보내왔기에 우리는 경마장에서 운을 시험해 보기로 했다. 한번은 아내가 오퇴이유Auteuil 경마장에서 '황금 염소'라는 멋진 이름의 말에 돈을 걸어서 120대 1의 배당금을 받을 뻔한 적이 있었다. 다른 말보다 20마신[17])이나 앞서 가던 그 말은 마지막 장애물을 넘다가 쓰러졌고, 그 순간 우리의 배당금도 몽땅 날아갔다. 그때 우리는 정말 어쩔 줄 몰랐다. 그해에 우리가 경마에서 돈을 좀 벌긴 했지만, 만약 황금 염소가 넘어지지만 않았어도…. 하지만, 우리는 두 번 다시 황금 염소에 대해 생각하지 않기로 했다.

"우리가 경마장에 갈 만한 돈이 있나요, 타티?" 아내가 물었다.

"아니. 하지만 잘 연구해서 일전에 받은 원고료를 걸어 볼까 해. 당신 혹시 어디 다른 데 돈 쓸 일이라도 있어?"

"글쎄요." 그녀가 말했다.

"알고 있어, 당신 요즘 몹시 힘들다는 걸. 그리고 내가 돈 문제에는 무척 까다롭고 고약하게 군다는 것도 잘 알아."

"그런 건 아니에요, 하지만…" 그녀가 말했다.

나는 그동안 내가 얼마나 인색하게 굴었으며, 우리 집 형편이 얼마나 어려웠는지 잘 알고 있었다. 나처럼 자기 일에 만족하는 사람은 가난을 그다지 힘겨워하지 않는다. 나는 우리보다 형편이 못한 사람들에게도 있지만, 우리는 가끔 여행 다닐 때에나 겨우 한 번씩 사용하는 욕조, 샤워기, 양변기 같은 것들을 떠올렸다. 물론, 저기 길 아래 공중목욕탕이 있기는 하다. 어쨌든, 아내는 이런 것들에 대해서는 황금 염소가 넘어졌을 때처럼 울거나 불평을 늘어놓은 적이 없었다. 내가 기억하기로 황금 염소가 넘어졌을 때에도 아내는 말이 불쌍해서 울었지, 날아간 우리 돈이 아까워서 울지는 않았다. 아내가 사고 싶어 했던 회색 양가죽 재킷에 대해서도 나는 쓸데없이 까탈을 부렸지만, 일단 그 옷을 사고 난 뒤에는 오히려 내가 더 좋아했다. 나는 다른 여러 가지 일에 대해서도 그처럼 어리석게 굴었다. 그러나 그 모든 것은 절약하지 않고는 이길 수 없는 가난과의 싸움에서 비롯된 것이었다. 특히, 옷을 사는 대신 그림을 살 때에는 상황이 더욱 심했다. 그래도 당시 우리는 스스로 가난하다고 생각한 적이 없었다. 그런 사실을 인정하지 않았던 것이다. 우리는 다른 사람들보다 우월하다고 스스로 자부했으며, 부자들을 경멸하고 불신했다. 몸을 따뜻하게 하려고 속옷 대신 스웨터를 입는 것이 내게는 전혀 이상하게 여겨지지 않았다. 그런 것을 이상하게 생각하는 사람들은 부자들뿐이라고 생각했다. 우리는 값싼 음식으로 잘 먹고, 값싼 술로 잘 마셨으며, 둘이서 따뜻하게 잘 잤고, 서로 사랑하고 있었다.

"당신 말대로 우리 경마장에 가요." 아내가 말했다. "생각해 보니 거기 가본 지도 무척 오래됐네요. 점심과 포도주를 싸 가지고 가요. 맛있는 샌드위치를 준비할게요."

"기차를 타고 가면 돈이 그리 많이 들지 않을 거야. 하지만, 당신이 찬성하지 않는다면 안 가도 돼. 우리가 무엇을 하든 오늘은 즐거울 거야. 멋진 날이잖아."

"경마장에 가고 싶어요."

"당신은 그 돈을 다른 데 쓰고 싶지 않아?"

"아뇨." 아내가 당당하게 말했다. 그 당당함이 그녀의 높은 광대뼈를 더욱 사랑스럽게 보이게 했다. "우리가 어떤 사람들이에요?"

그렇게 우리는 이 도시의 가장 지저분하고 서글픈 지역을 통과하여 북역 Gare du Nord에서 기차를 탔고, 도착역에서 경마장까지는 걸었다. 경마장에 도착했을 때에는 시간이 아직 일러서, 우리는 깨끗하게 다듬어진 잔디에 내 레인코트를 깔고 앉아 점심을 먹고 와인을 마시며 주위를 찬찬히 둘러보았다. 오래된 특별 관람석, 갈색 목재로 지은 마권 매표소, 녹색 트랙, 짙은 녹색 장애물, 갈색으로 빛나는 물웅덩이, 흰색으로 칠한 벽, 하얀 푯말과 울타리, 이제 막 성성한 이파리가 나오기 시작한 나무 아래 펼쳐진 방목장, 그리고 그 방목장 쪽으로 걸어가는 멋진 경주마들이 시야에 들어왔다. 우리는 포도주를 조금 더 마시고 나서 신문에 나와 있는 말들의 명단을 살펴보았다. 아내는 잠깐 눈을 붙이려고 해를 마주하고 레인코트 위에 누웠다. 나는 이리저리 둘

러보다가 전에 밀라노의 산시로 경마장에서 알게 된 사람을 만났다. 그는 내게 경주마 두 마리를 찍어 주었다.

"큰돈은 안 될 거요. 명심하시오. 그렇다고, 포기할 필요는 없어요."

우리는 첫 번째 말에 우리가 가진 돈의 절반을 걸었는데, 그 말은 놀랄 만큼 잘 뛰었고, 트랙 밖에서 쏟아지는 응원에 보답하듯이 다른 말보다 4마신이나 앞서 들어오면서 우승하여 우리에게 12대 1의 배당을 타게 해주었다. 우리는 그 돈의 절반을 따로 떼어 남겨 두고 나머지를 두 번째 말에 걸었다. 그 말은 제일 먼저 뛰어나가더니 일등으로 장애물을 모두 통과했고, 평지에서 우승 후보였던 다른 말이 기수의 채찍질에 가속도를 붙여 점점 따라왔지만 결국 결승선에 선두로 들어왔다.

우리는 관람석 아래에 있는 술집으로 들어가서 샴페인을 한 잔씩 마시며 배당금을 기다렸다.

"아휴, 경마는 사람을 너무 조바심 나게 해요." 아내가 말했다. "당신도 다른 말이 우리 말을 추격하는 걸 봤죠?"

"나는 아직도 가슴이 조마조마해."

"배당금이 얼마나 될까요?"

"예상 배당률은 18대 1이었어. 하지만, 마지막 순간에 베팅한 사람도 있을 테니 계산이 끝나야 알겠지."

방금 경주를 마친 말들이 우리 옆을 지나갔다. 그중에서 우리가 돈을 걸었던 말은 땀에 흠뻑 젖어 숨을 고르느라 콧구멍을 벌름거렸고, 기수가 말 등을 토닥거리고 있었다.

"불쌍해라." 아내가 말했다. "우리는 가만히 앉아서 그저 돈만 걸었을 뿐인데."

우리는 그 경주마들의 뒷모습을 바라보다가 샴페인을 한 잔씩 더 마셨다. 마침내 최종 배당률이 발표되었다. '85', 다시 말해 10프랑의 투자액에 대해 85프랑을 지급한다는 뜻이었다.

"막판에 사람들이 그 말에 많이 걸었나 봐." 내가 말했다.

어쨌든, 우리로서는 아주 큰돈을 땄으므로, 봄과 돈을 동시에 갖게 된 셈이었고, 이제 더 바랄 것이 없다는 생각마저 들었다. 이렇게 운이 좋은 날이면 우리는 그날 딴 돈을 각자의 개인 지출을 위해 4분의 1씩 나누어 가졌고 나머지 절반은 경마를 위한 특별 자금으로 남겨 두었다가 내가 별도의 계좌로 관리하면서 경마에 투자했다. 어느 경마장에서든 하루도 빠짐없이 경마가 있었다.

그해 말 어느 날 우리가 여행에서 돌아오는 길에 어느 경마장에서 다시 한 번 행운을 잡았을 때에는 집으로 가는 길에 레스토랑 프뤼니에Pruniers에 들러 진열대에 놓인 온갖 훌륭한 요리와 가격표를 살펴보고 나서 바에 앉았다. 그리고 백포도주 상세르를 곁들인 굴 요리와 멕시코식 게 요리를 주문했다. 식사를 마치고 어둠에 잠긴 튈르리 공원Jardin des Tuileries을 가로질러 걷다가 걸음을 멈추고 카루젤 개선문Arc de Triomphe du Carrousel 사이로 컴컴한 정원 너머 저 멀리 보이는 콩코르드 광장Pl. de la Concorde의 불빛과 더 멀리 개선문을 밝히는 기다란 조명 광선을 바라보았다. 나는 뒤돌아서서 어둠에 묻혀 시커멓게 보이는 루브르 건물을 바라보며 아내에게 물었다. "당신은 아치형 문 세 개가 정말 직선상에 있다고 믿어? 저것 두 개와 밀라노의 세르미온 개선문의 아치형 문이 모두 직선상에 있다고 믿느냐고."

"모르겠어요, 타티. 사람들이 그렇게 말하지만, 증명되지는 않았잖아요.

당신, 우리가 생베르나르에서 설산을 등반하고 나서 이탈리아 쪽 산비탈에서 한창인 봄을 만났을 때를 기억하세요? 그때 당신, 나, 칭크, 셋이서 그 봄날에 아오스타까지 온종일 걸었잖아요.”

“칭크는 그걸 '도시화를 신고 완주한 생베르나르 횡단'이라고 불렀지. 당신은 그때 신었던 신발이 기억나?”

“물론, 기억하죠. 내 가엾은 신발. 당신은 우리가 갈르리아의 비피에서 먹었던 아이스크림 파르페 기억해요? 커다란 유리잔에 산딸기하고 복숭아가 얹혀서 나왔죠.”

“바로 그날 처음으로 이 아치형 문 세 개에 대한 의문을 품었지.”

“세르미온 생각나요. 바로 이 아치형 문과 닮았어요.”

“에글르의 시골 여인숙에 묵었을 때 내가 낚시하는 동안 당신은 칭크와 정원에 앉아서 책을 읽었지. 그 여인숙도 기억나?”

“그럼요, 타티.”

스톡칼퍼와 론 운하 양쪽에서 허연 눈덩이가 녹아 떠내려가던 폭이 좁은 론 강, 그리고 그 격류에서 송어가 뛰어오르던 광경이 떠올랐다. 그날 스톡칼퍼는 정말 깨끗했고 운하는 여전히 어두웠다.

“당신 기억나? 마로니에 꽃이 만발했을 때, 짐 갬블[18]이 내게 말해준 등나무 이야기가 도무지 생각나지 않아서 기억해 내느라고 얼마나 애썼는지.”

“그럼요, 타티. 그때 당신은 대상을 설명하지 않고 정확하게 표현하는 진실한 서술 방법에 대해 칭크와 자주 토론했죠. 난 전부 기억해요. 어떤 때는 칭크 말이 옳았고, 또 어떤 때는 당신 말이 옳았어요. 빛이나 질감, 형태 같은 것을 어떻게 표현해야 하는지 둘이 열심히 토론하던 것도 기억해요.”

우리는 루브르를 통해 공원 정문 밖으로 나와 안쪽과 바깥쪽 마당을 연결하는 아치형 통로들을 지나고 길을 건넌 다음, 다리에 서서 난간에 몸을 숙이고 강물을 내려다보았다.

"우리 셋은 여러 가지 주제를 두고 아주 구체적으로 토론도 하고, 농담도 했죠. 난 그 여행 중에 우리가 했던 모든 일, 우리가 나누었던 모든 이야기를 모두 기억해요." 아내가 말했다. "정말이에요. 난 모든 걸 기억하고 있어요. 칭크와 당신이 이야기할 때 나도 늘 그 대화에 끼었죠. 스타인 여사 댁에서처럼 그저 한 남자의 아내로만 취급되지 않았죠."

"난 그 등나무 이야기를 기억해 내고 싶어."

"중요한 건 등나무 이야기가 아니라, 그 등나무였어요, 타티."

"내가 통나무집에 가져왔던 에글르산 포도주 기억나? 난 그걸 시골 여인숙에서 샀지. 그 포도주가 송어 요리와 잘 어울린다고 했어. 그 포도주를 《가제트 드 로잔》[19] 신문지로 쌌던 것 같아."

"그보다는 시옹산 포도주가 더 좋았어요. 우리가 통나무집으로 돌아왔을 때 강즈비슈 부인이 포도주와 후추로 만든 소스를 뿌려서 송어를 얼마나 맛있게 요리했는지 기억나죠? 맛이 정말 환상적이었어요, 타티. 우리가 앉아 있던 테라스에선 모든 게 보였어요. 아주 먼 곳까지 뻗어 내린 산등성이도 보이고, 건너편 호수도 보이고, 눈에 반쯤 덮여 있는 당 뒤 미디 산봉우리들도 보이고, 호수로 흘러들어 가던 론 강 하구도 보이고, 심지어 거기에 서 있는 나무들도 보였어요. 그 테라스에서 우리는 시옹산 포도주를 마시면서 식사했어요."

"겨울이 끝나고 봄이 올 때면 늘 칭크가 그리워져."

"난 항상 그래요. 이미 오래전에 그 계절이 지나가 버린 지금도 그 사람이 없어서 서운한걸요."

칭크는 샌드허스트 육군사관학교를 졸업하고 곧바로 벨기에 몽스에 임관한 직업군인이었다. 이탈리아에서 처음 만난 이래 그는 나의 가장 친한 친구가 되었으며, 우리 부부와 절친한 관계가 되었다. 그는 늘 우리와 함께 휴가를 보내곤 했다.

"이번 봄에 휴가를 얻으려고 애쓰고 있다죠? 지난주에 쾰른에서 편지를 보냈더군요."

"알고 있어. 하지만 우리는 지금 이 순간에 충실해야 해. 한순간도 허비해서는 안 되지."

"여기, 우리 눈앞에서 다리 기둥에 부딪히며 흘러가는 이 강물이 어디서 오는지 한번 봐요."

눈을 들어 먼 곳을 바라보니, 모든 것이 거기 있었다. 우리가 바라보는 강물과 이 도시와 이 도시의 섬이 모두 거기 있었다.

"우린 정말 운이 좋아요." 그녀가 말했다. "어서 칭크가 왔으면 좋겠어요. 그이는 친절하게 우리를 많이 배려하잖아요."

"그 친구는 그렇게 생각하지 않을걸?"

"물론, 그러겠죠."

"그 친구는 우리와 함께 무엇을 하든 같은 팀이 되어 탐험한다고 생각하고 있을 거야."

"우리도 그렇게 생각하잖아요. 그런데 문제는 무엇을 탐험하는가에 달렸겠죠."

우리는 다리를 건너 강 건너편에 와 있었다.

"배고프지 않아?" 내가 물었다. "계속 이야기하면서 걸었잖아!"

"그래요, 타티. 당신도 시장하죠?"

"어디 근사한 곳으로 가서 멋진 저녁을 먹자."

"어디서요?"

"미쇼가 어때?"

"좋아요. 게다가 가깝잖아요."

우리는 그렇게 유리 진열장의 가구와 그림들을 구경하면서 생 페르 거리R. des Saint-Pères를 천천히 걸어 자콥 거리R. Jacob 모퉁이까지 갔다. 그리고 레스토랑 미쇼 앞에 멈춰서 입구에 게시된 가격표를 훑어보았다. 식당은 만원이었고, 우리는 식사를 끝내고 커피를 마시는 사람들이 있는지 테이블을 살피면서 자리가 날 때까지 밖에서 기다렸다.

오래 걸어서 배가 고팠고, 미쇼는 우리가 늘 가고 싶어 하던, 우리에게는 너무 비싼 레스토랑이었다. 그곳에 제임스 조이스가 가족들과 함께 식사하러 와 있었다. 벽에 등을 기대고 앉은 조이스가 한 손으로 메뉴판을 뒤적이며 두꺼운 안경 너머로 식단을 살펴보고 있었고, 그 옆에는 늘 왕성하게, 그러나 품위 있게 식사하는 부인 노라가 앉아 있었다. 섬세하고 맵시 있고 말끔하게 머리를 손질한 아들 조지오와 숱이 많은 곱슬머리 어린 딸 루시아의 뒷모습도 보였다. 그들은 이탈리아어로 이야기를 나누고 있었다.

식당 앞에 서 있으면서 나는 갑자기 우리가 조금 전 다리 위에서 느꼈던 감각 중에서 순수한 허기는 얼마나 되는지 궁금해졌다. 아내에게 그렇게 묻자 그녀가 대답했다. "모르겠어요, 타티. 허기에도 여러 종류가 있잖아요. 그리고 봄에는 더 허기가 지죠. 하지만, 이제 봄은 갔어요. 기억도 일종의 허기라고 할 수 있겠죠."

나는 어리석게 굴었다는 생각이 들었다. 테이블에 놓인 얇게 저민 쇠고기 요리 두 접시가 유리문을 통해 보이자 나는 지금 내가 가장 단순한 의미에서의 허기를 느끼고 있음을 알았다.

"당신은 오늘 우리 운이 좋았다고 말했지. 그건 맞는 말이야. 우리는 좋은 충고와 정보를 얻었잖아."

아내가 웃었다.

"난 경마에 대해서만 말한 게 아니에요. 당신은 너무 단순해요. 난 모든 종류의 행운에 대해 말하고 싶었던 거예요."

"칭크는 경마에 관심이 없을걸?" 나는 더 어리석게 굴면서 말했다.

"물론 그렇겠죠. 만약 칭크가 경마장에서 직접 말을 타고 달린다면 관심을 보이겠지만."

"당신은 이제 경마장에 가고 싶지 않은 거야?"

"물론 가고 싶죠. 그리고 이젠 우리가 원하면 언제든지 갈 수 있잖아요."

"당신, 정말이야?"

"그럼요. 당신도 그렇죠, 안 그래요?"

마침내 자리가 나서 우리는 미쇼에서 아주 훌륭한 식사를 했다. 그러나 배를 채우고서도 우리가 다리 위에서 느꼈던 허기와 비슷한 감각은 여전히 남아 있었다. 그 느낌은 우리가 집에 돌아가는 버스를 탔을 때에도 남아 있었고, 우리가 방에 들어갔을 때에도, 자리에 누웠을 때에도, 우리가 어둠 속에서 사랑을 나누었을 때에도 여전히 남아 있었다. 내가 한밤중에 깨어 일어나 창문을 열고 서서 높은 집들의 지붕 위로 떠오른 환한 달을 바라보았을 때에도 그 느낌은 줄곧 남아 있었다. 나는 얼굴에 쏟아지는 달빛을 가렸지만, 좀처럼 잠을 이룰 수 없었고 그 느낌에 집착하며 깨어 있었다. 밤새 우리는 각자 두 차례나 잠에서 깨었지만, 이제 아내는 달빛을 받으며 평온하게 단잠에 빠져 있었다. 나는 이 강박관념에서 벗어나려고 애썼지만, 소용없는 일이었다. 아침 일찍 일어나 덧없는 봄이 찾아왔음을 발견하고, 염소 몰이꾼의 피리 소리를 듣고, 경마신문을 사려고 밖으로 나갈 때만 해도 인생은 더없이 단순한 것 같았는데….

그러나 파리는 아주 오래된 도시였고 우리는 너무 젊었으며 이 세상에 그 무엇도 단순한 것은 없었다. 가난도, 갑자기 생긴 돈도, 달빛도, 옳고 그름도, 달빛을 받으며 곁에 잠들어 있는 한 사람의 고른 숨소리마저도….

6. 경마에 대한 집착의 끝

그해에도, 이듬해에도 아침나절에 글쓰기가 일찍 끝나는 날이면 우리는 경마장에 갔다. 아내는 경마장 나들이를 즐겼으며, 때로 경마에 열광하기도 했다. 그러나 경마장 나들이는 숲 지대가 끝나고 초원이 펼쳐지는 고산지대를 등반한다거나, 밤에 산책을 마치고 통나무집으로 돌아온다거나, 우리의 절친한 친구 칭크와 함께 새로운 경관을 찾아 높은 산 골짜기를 헤매는 것과는 달랐다. 게다가 그것은 진정한 의미의 경마와도 달랐다. 그것은 말을 이용한 도박이었다. 그럼에도, 사람들은 그것을 '경마'라고 부르고 있었다.

경마는 결코 우리 사이를 갈라놓을 수 없었다. 우리를 갈라놓는 존재가 있다면, 그것은 오로지 사람뿐이었다. 경마는 마치 요구가 많은 친구처럼 오랜 세월 우리 곁에 있었다. 이것은 경마에 대한 관대한 표현일 것이다. 사람에게서, 혹은 사람 때문에 입을 수 있는 피해를 그토록 완강히 피하려 했던 나였지만, 경제적인 이득을 볼 수 있다는 구실로 가장 부질없지만 가장 매력적이고 가장 흥미진진한 이 고약하고 까다로운 경마라는 친구에게만은 너그러웠다. 그러나 경마에서 이득을 보려면 하루를 온통 투자해야 했지만, 내게는 그럴 시간적 여유가 없었다. 그러면서도 나는 경마장 출입이 경마에 대해 글을 쓰기 위해서라고 스스로 정당화했다. 그리고 실제로 후일 내가 썼던 원고를 모두 잃어버렸을 때 결국 나는 우체국에 보관되어 있던 경마에 대한 글 한 편밖에 건질 수 없었다.

어쨌든, 그때부터 나는 더 자주 혼자서 경마장에 갔고 지나치리만치 경마에 몰두했다. 그리고 되도록 오퇴이유와 엥기엥에서 열리는 경마에는 빠지지 않으려 했다. 제대로 정보를 분석하여 돈을 걸려면 온종일 경마에 매달려야 했고, 때로는 그 모든 노력이 물거품이 되기도 했다. 계산은 단지 종이 위에서만 정확했다. 정보를 얻기 위해 내가 할 수 있는 일은 경마신문을 사는 것뿐이었다.

오퇴이유 경마장에서 열리는 장애물 경기는 가장 높은 관람석에서 내려다봐야 했다. 경주에 참가한 말들이 어떻게 움직이는지, 우승 후보인 말이 왜 우승하지 못했는지, 왜 제 기량을 다 발휘하지 못했는지를 확인하려면 빨리 높은 곳으로 뛰어 올라가야 했다. 돈을 걸 때에는 우선 눈여겨봐 두었던 말의 마권 가격과 배당률 변화를 살펴야 하고, 일단 그 말이 출발하면, 잘 뛰고 있는지 지켜봐야 하며, 마지막으로 언제 다시 경기에 나오는지를 알아 둬야 했다. 그렇게까지 해도 돈을 잃을 때가 있었지만, 적어도 그 말이 이길 가능성을 가늠해 봐야 했던 것이다. 그것은 고단한 일이었지만, 오퇴이유에서 명마들이 벌이는 최고의 경기에 매번 참여하는 것은 정말 멋진 일이었고, 나는 내가 가본 적이 있는 다른 어떤 곳 못지않게 그 경마장에 대해 잘 알게 되었다. 그러다 보니 나는 마침내 기수, 조련사, 말 소유주 등 많은 사람을 알게 되었고, 너무나 많은 말과 너무나 많은 일을 알게 되었다.

원칙적으로 나는 돈을 걸 만한 가치가 있는 말이 출전할 때에만 돈을 걸었다. 가끔 조련사나 기수 외에는 아무도 믿지 않는 말을 찾아내어 돈을 걸기도 했는데 그런 말들이 계속 우승했다. 제대로 된 정보를 얻으려면 그런 쪽을 잘 알아봐야 했다. 그러나 결국, 나는 경마를 포기했다. 시간을 지나치게 빼앗긴다는 문제도 있었지만, 내가 경마에 너무 깊이 빠지고 있었으며 엥기엥과 같은 경마장에서 일어나는 일들을 너무 상세히 알게 되었기 때문이었다.

경마에 대한 관심을 버리자 홀가분했지만, 허전함은 남았다. 그즈음 나는 좋은 것이든 나쁜 것이든 사람이 포기하는 모든 일에는 허전함이 남는다는 것을 알게 되었다. 포기한 것이 나쁜 일이라면 공허감은 저절로 사라질 것이고, 포기한 것이 좋은 일이라면 더 좋은 다른 일을 찾아야 공허한 마음을 채울 수 있었다. 경마를 위해 비축했던 비밀 자금을 일반 예산으로 옮기기로 한 나는 마음이 느긋하고 편안해졌다.

경마를 포기하던 날, 나는 센 강을 건너 이탈리엥 대로Bd des Italiens와 이탈리엥 거리R. des Italiens가 교차하는 길모퉁이에 있는 개런티 트러스트 은행에서 근무하는 친구 마이크 워드를 찾아갔다. 그리고 아무도 몰래 나의 경마용 비밀 자금 전액을 그 은행에 예금했다. 나는 금액을 머릿속으로만 기억해두기로 하고 수표책에조차 기록해 놓지 않았다.

"점심이나 할까?" 내가 마이크에게 물었다.

"좋지. 그런데 어떻게 된 거야? 이제 경마장에는 안 갈 건가?"

"안 갈 거야."

질 좋은 백포도주가 나오는 루브아 광장Pl. Louvois의 한 멋진 식당에서 우리는 간단히 점심을 먹었다. 광장 건너편에는 국립도서관이 있었다.

"마이크, 자넨 경마장에 자주 안 가지?" 내가 물었다.

"안 가지. 꽤 오래됐어."

"자넨 왜 경마를 그만두었지?"

"글쎄, 그게…" 마이크가 머뭇거렸다. "그래, 이제 알겠네. 사람들이 짜릿한 쾌감을 즐기려고 돈을 거는 경주를 구경하는 것이 별로 가치 있다는 생각이 들지 않아서야."

"다시는 경마장에 안 갈 건가?"

"큰 경주가 있으면 이따금 구경하러 가야지. 명마들이 출전할 때에는."

우리는 아주 맛있는 빵에 파테[20]를 발라 먹고 백포도주를 마셨다.

"자네, 정말 경마에 흥미가 있긴 했던가, 마이크?"

"그럼, 물론이지!"

"경마를 대신할 걸 찾았나?"

"응, 경륜을 해."

"정말인가?"

"경륜에는 돈을 걸 필요가 없어. 그저 구경만 하면 되거든."

"경마에는 시간이 많이 들어."

"너무 많은 시간을 빼앗기지. 자기 시간을 모두 바쳐야 하잖아. 난 경마 하는 사람들을 좋아하지 않아."

"나도 한때 경마에 빠졌던 적이 있지."

"이젠 거기서 확실히 벗어났나?"

"그럼."

"그만두길 잘했어." 마이크가 말했다.

"잘 그만두었지."

"쉬운 일은 아니었겠지. 이봐, 우리 언제 경륜장에 함께 가지 않겠나?"

경륜은 내가 잘 모르는 새롭고 흥미로운 취미였다. 하지만 우리는 그 취미를 당장 즐길 수 없었기에 한참 뒤에야 시작했다. 경륜은 아내와 내가 파리

에서 함께 보낸 삶의 첫 장이 실패로 끝날 무렵, 새롭게 부각한 내 일상의 중요한 부분이 되었다.

그 후에 나는 꽤 오랫동안 다른 이름으로 포장한 도박으로 생활비를 쉽게 벌려 했던 경마를 멀리하고, 파리에서 사는 우리 부부의 평범한 일상으로 되돌아와서 오로지 삶과 일에 열중하고 새로 사귄 화가들과 교류하게 된 것만으로도 충분히 만족했다. 나는 경륜에 관해 많은 글을 썼지만, 실내와 실외를 불문하고 경마장에서 열리는 경마에 대한 글만큼 잘 쓰지는 못했다. 엿새 동안 두 선수가 팀을 이뤄 번갈아 경기하는 경륜에 대한 글도 그때까지는 쓰지 못했다. 하지만 나는 오후의 희뿌연 조명 아래 높이 설치된 트랙에서 선수들이 자전거와 한 몸이 되어 각자의 기량을 발휘하고, 곡주로를 오르내릴 때 바퀴가 나무 바닥과 마찰하며 윙윙거리는 소리를 내던 이베르 경륜장 Vélodrome d'Hiver에 대해 글을 쓸 것이다. 무거운 헬멧을 쓰고 무거운 가죽 유니폼을 입은 유도자들이 몸을 뒤로 젖힌 채 커다란 모터사이클을 타고 앞서 달리고, 그들 뒤에서 공기 저항을 적게 받도록 가벼운 헬멧을 쓴 선수들이 몸을 낮춘 자세로 자전거 핸들을 잡고 달리는 드미퐁 demi-fond에 대해서도 쓸 것이다. 그리고 다른 어떤 경기보다도 재미있는 2인조 경기에서 모터사이클끼리 부딪치고 선수들이 어깨를 나란히 하면서 죽음의 속도로 커브를 돌 때마다 트랙을 올라갔다 내려갔다 하다가 둘 중 한 선수가 페이스를 유지할 수 없게 되면 대열에서 떨어져 나가면서 그때까지 선수들을 보호해 주던 두꺼운 공기 벽에 부딪히는 그 아찔한 광경에 대해서도, 나는 글을 쓸 것이다.

경륜에는 여러 종목이 있었다. 예선전이나 패자부활전에서 진행되는 스프린터는 두 선수가 각자 선두를 노리며 처음 한 바퀴를 천천히 돌고 나서 돌연 경쟁적으로 치열하게 달리는 순수한 속도 경기였다. 예선전으로 이 스프린터가 끝나면 오후에는 두 팀으로 나뉘어 두 시간 동안 단체전이 열렸다.

버팔로 경기장의 500미터 트랙에서는 홀로 시계를 상대로 싸우는 독주 기록경기, 끔찍하리만치 위험하면서도 아름다운 100킬로미터 경기가 열렸고, 몽루즈Montrouge의 옥외 경기장에서는 대형 모터사이클의 유도에 따라 사이클 선수들이 달리는 드미퐁 경주가 열렸다. 특히, 이 경기장에서는 독특한 옆모습 때문에 아메리카 인디언 부족 '수Sioux'라는 별명으로 불리던 벨기에 출신 유명 선수 리나르가 결승점을 앞두고 마지막으로 속도를 올릴 때 셔츠 속에 숨긴 작은 병에 연결된 고무 튜브로 체리주를 마시려고 고개를 숙이는 모습도 볼 수 있었다. 오퇴이유 근처에 있는 프랑스 공원Parc des Princes의 660미터 시멘트 트랙은 가장 악명 높은 경륜장이었다. 거기서 프랑스의 경륜 선수권대회가 열렸을 때 유명한 사이클 선수 가네가 경기 중 넘어졌을 때 우리는 마치 소풍 가서 삶은 달걀을 먹을 때 껍데기를 벗기려고 돌에 부딪칠 때처럼 헬멧 속에서 두개골이 충돌하며 내는 소리를 들었다. 그 외에도 나는 엿새 동안 진행되는 환상적인 경기와 경이로운 산악자전거 경기에 대해서도 글을 쓰고 싶었다. 하지만, 이런 경기에 관해 제대로 된 자료는 프랑스어로만 되어 있었고, 이에 관한 전문용어 역시 모두 프랑스어여서 내게는 이 주제로 글을 쓰기가 어려웠다. 그러나 마이크의 말이 옳았다. 경륜에는 돈을 걸 필요가 없었다. 그리고 경륜은 나중에 내 파리 생활의 중요한 부분을 차지했다.

7. "잃어버린 세대"

늦은 오후가 되면 따듯함과 좋은 그림과 흥미로운 대화를 찾아 플뢰뤼스 거리 27번지에 들르는 습관이 생겼다. 그 시간에는 대부분 나 외에 다른 방문객은 없었다. 스타인 여사는 늘 친절했고, 한동안 내게 다정하게 대해 주었다. 여사는 사람, 장소, 물건, 음식 등 다양한 주제에 대해 대화하기를 좋아했다. 내가 당시 소속되어 있던 캐나다 신문사나 통신사를 위해 독일이나 근동에 출장을 다녀오거나, 여러 가지 정치 회담을 취재하고 돌아오면 그녀는 그동안 일어난 재미있는 사건들을 모두 들려 달라고 했다. 당시에 내 주변에서는 엉뚱하고 흥미로운 사건이 자주 벌어지곤 했는데 여사는 그런 이야기를 듣고 싶어 했고, 그에 대해 냉소적인 유머를 구사하곤 했다. 그러나 정말 나쁜 일이나 비극적인 사건에 대해서는 듣고 싶어 하지 않았기에 아무도 그녀에게 그런 이야기는 하지 않았다. 그녀의 태도로 봐서 진심으로 세상일에 대해 알고 싶어 하는 것 같지는 않았기에 나는 그녀에게 그런 이야기를 들려줄 필요는 없다고 생각했다. 그녀는 세상에서 일어나는 즐거운 일에 대해서만 알고 싶어 했을 뿐, 사회의 현실이나 비참한 일들에 대해서는 전혀 알고 싶어 하지 않았다.

젊고 쾌활했던 내게는 최악의 상황에서도 언제나 희한하고 우스꽝스러운 사건들이 벌어지곤 했다. 여사는 바로 그런 이야기들을 좋아했다. 나는 다른 이야기들에 대해서는 함구하고 있다가, 나중에 글의 소재로 삼곤 했다.

내 출장과 상관없이 플뢰뤼스 거리에 들를 때 나는 여사에게 문학 작품에 대해 생각을 들려 달라고 청하곤 했다. 나는 원고를 쓰는 중에는 하루 작업을 마치고 나면 내가 쓰는 글에 대한 생각을 잊어버리기 위해 책을 읽었다. 작업 시간 외에도 쓰던 글에 대한 생각을 계속하면, 다음 날 글쓰기를 시작할 때 글의 실마리를 잃어버릴 위험이 있기 때문이었다. 이럴 때 운동을 해서 몸을 피곤하게 하는 것도 좋은 방법이었고, 아내와 사랑을 나누는 것은 더 좋은 방법이었다. 아마도 그것은 다른 어떤 방법보다도 가장 좋은 방법이었을 것이다. 하지만, 그러고 나서 허탈감이 느껴지면 다시 작업을 시작할 때까지 글에 대해 생각하거나 걱정하지 않기 위해 책을 읽을 필요가 있었다. 나는 글쓰기에 필요한 내 영감의 샘이 절대로 마르지 않게 하는 방법을 알고 있었다. 그리고 영감의 깊은 샘에 아직 뭔가가 남아 있을 때 글쓰기를 멈추고 밤새 그 샘이 다시 차오르기를 기다릴 줄도 알고 있었다.

그래서 하루 작업을 마치면 글에 대한 생각에서 벗어나기 위해 나는 실비아 비치의 서점이나 센 강변의 노점 책방에서 구한, 올더스 헉슬리[21]나 D. H. 로렌스[22]처럼 당시에 활발하게 활동하던 작가들의 작품을 읽곤 했다.

"헉슬리는 송장이야. 왜 송장이 쓴 글을 읽고 싶어 하지? 그가 송장이라고 생각지 않아?" 스타인 여사가 말했다.

그 의견에 동의하지 않았던 나는 그저 그의 작품들을 읽으면 재미도 있고 잡념도 생기지 않아서 좋다고 대답했다.

"정말 훌륭하거나, 아주 형편없는 작품만 골라서 읽는 게 좋아."

"겨우내 전 정말 좋은 책만 골라 읽었어요. 내년 겨울에도 그럴 거고요.

전 아주 형편없는 책은 좋아하지 않아요."

"자네는 왜 그런 쓰레기들만 읽는 거지? 그런 것들은 겉만 번드르르한 쓰레기야, 헤밍웨이. 송장이 쓴 글이라니까."

"전 그저 다른 작가들이 어떻게 글을 쓰는지 알고 싶을 뿐이에요. 그걸 읽고 있는 동안에는 제 글에 대한 생각에서 벗어날 수 있거든요."

"요즘엔 뭘 읽고 있지?"

"D. H. 로렌스가 쓴 글을 읽고 있습니다." 내가 대답했다. "그분 단편 중에는 아주 좋은 작품이 더러 있더군요.《독일 장교》같은 작품 말이에요."

"나도 그의 소설을 읽으려고 애써 봤어. 그런데 그 사람 참 난감하더군. 한심하고 말도 안 되는 글을 쓰고 있어. 마치 환자처럼 글을 쓰더라니까."

"《아들과 연인》과《하얀 공작》같은 작품은 아주 좋던데요." 내가 말했다. "뒤의 작품은 앞의 것보다 좀 못한 것 같기도 하지만.《사랑하는 여인들》은 아직 못 읽었습니다."

"형편없는 작품은 싫고, 재미있으면서도 괜찮은 작품을 읽고 싶다면, 마리 벨록 로운즈[23]의 소설을 한번 읽어 봐."

그녀의 이름을 들어본 적이 없었던 내게 스타인 여사는 살인마 잭이 주인공으로 등장하는 놀랄 만한 작품《하숙인》과 파리 근처의 엥기엥 레뱅 Enghien les Bains이라는 곳에서 일어난 범죄 사건을 다룬 또 다른 책 한 권을 빌려 주었다. 이 책들은 오후에 읽기에 좋았다. 등장인물들도 그럴듯했고, 그들의 행동이나 그들이 느끼는 공포 역시 과장된 것 같지 않았다. 벨록 로운즈의 작품이 내가 하루의 작업을 끝내고 읽기에 완벽한 것 같아서, 나는 내가 구할 수 있는 범위에서 그녀의 작품을 모두 찾아 읽었다. 그녀의 작품은 그 외에도 많았으나 내가 처음에 읽었던 두 권이 가장 좋았고, 조르주 심농[24]의 책들이 출간되기 전에는 밤이고 낮이고 한가한 시간에 읽기에 그보다 더 좋은 책을 찾을 수 없었다.

내가 처음 읽은 조르주 심농의 작품은 《수문 1호》와 《운하의 집》이었는데, 나는 스타인 여사가 그의 작품들도 좋아하리라 생각했지만, 확신할 수는 없었다. 당시 그녀는 프랑스어로 대화하기는 무척 좋아했지만, 프랑스어로 된 책을 읽는 것은 별로 좋아하지 않았기 때문이다. 내가 읽은 심농의 책 두 권은 재닛 플래너[25]가 준 것인데, 그녀는 프랑스 책 읽기를 무척 좋아했고, 심농이 범죄 사건 담당 기자였을 때부터 그의 작품을 읽었다고 했다.

우리가 우정을 나누던 3, 4년 동안 스타인 여사는 로널드 퍼뱅크[26]와 스콧 피츠제럴드[27]를 제외하고는 자기편이 아닌 작가, 또는 자기 경력에 도움이 되지 않은 작가에 대해서 털끝만큼도 좋은 말을 한 적이 없었던 것 같다. 내가 그녀를 알게 되었을 때 그녀는 작가로서 셔우드 앤더슨[28]에 대해서 한마디도 언급하지 않았다. 단지, 그의 인간적인 품성이나 그의 크고 아름답고 따뜻해 보이는 눈, 그리고 그의 친절함과 매력 등에 대해서만 열렬한 찬사를 늘어놓았을 뿐이다. 반면에 나는 그의 아름다운 눈에 대해 아무 관심 없었지만, 그의 몇몇 단편은 좋아했다. 그는 간결하면서도 멋진 글을 썼고 자신이 묘사하는 인물의 성격을 잘 파악하고 있었으며 그들에 대해 깊은 애정을 품고 있었다. 스타인 여사는 한 번도 그의 작품에 대해 언급하지 않으려 했고, 그의 인간성에 대해서만 이야기했다.

"그분의 소설에 대해서는 어떻게 생각하십니까?" 한번은 내가 그렇게 물은 적이 있었다. 여사는 조이스에 대해서만큼이나 앤더슨의 작품에 대해 언급하기를 꺼렸다. 여사 앞에서 두 번 이상 조이스를 들먹인 사람은 다시는 그녀 집에 초대받지 못했다. 그것은 마치 어떤 장군 앞에서 다른 장군을 칭찬

하는 것과 같았다. 누구나 그런 실수를 저지르고 나면, 다시는 똑같은 실수를 하지 말아야 한다는 사실을 깨닫게 되었다. 어떤 장군이 다른 장군에게 패한 적이 있다면, 승리한 장군 앞에서는 언제라도 패한 장군에 대한 이야기를 거리낌 없이 할 수 있을 것이다. 그럴 때 승리한 장군은 패장을 칭찬할 수도 있으며 자신이 치른 전투에 대해서도 상세히 들려줄 수도 있을 것이다.

스타인 여사와의 즐거운 대화의 주제가 되기에는 앤더슨의 작품이 지나치게 좋았다. 나도 여사 앞에서 그의 작품을 혹평할 준비가 되어 있었지만, 그렇게 하면 내가 그녀의 가장 충실한 추종자 가운데 한 사람을 비판하는 셈이 되므로 그것 역시 상황을 악화시킬 수 있었다. 그가 쓴 소설 《어두운 웃음》이 형편없이 어설프고 부자연스러워 보여서 나는 내 작품 〈봄의 격류〉에서 그것을 풍자한 적이 있는데, 스타인 여사는 그 일을 두고 몹시 화를 냈다. 스타인 사단에 속하는 사람을 내가 공격했던 것이다. 그 일이 있기 전에는 여사가 내게 화를 낸 적이 한 번도 없었다. 나중에 앤더슨이 작가로서 완전히 영락하고 나자, 그녀는 오히려 그의 작품에 대해 후하게 찬사를 늘어놓았다.

한번은 에즈라 파운드[29]가 스타인 여사의 작고 섬세하고 약한 의자에 조심성 없이 털썩 앉다가 그만 의자를 부순 적이 있었다. 이 일로 여사는 그에게 몹시 화를 냈다. 앉기에 불편했을 것이 분명한 그 의자를 에즈라 파운드에게 권한 사람은 그녀 자신이었지만, 어쨌든 그 일로 에즈라는 플뢰뤼스 거리 27번지에 다시는 드나들 수 없었다. 그가 위대한 시인이라는 점과 보통 크기의 의자를 그에게 내주었더라면 아무 일도 없었으리라는 점은 전혀 고려되지 않았다. 몇 년이 지난 뒤 그녀는 자신이 에즈라를 싫어하는 이유를 악의적으로 영악스럽게 둘러댔다.

스타인 여사가 '잃어버린 세대Lost Generation'라는 용어를 처음 사용한 것은 우리 부부가 캐나다에서 돌아와 노트르담 데샹 거리R. Notre Dame des Champs에 살면서, 아직 그녀와 좋은 관계를 유지하고 있을 때였다. 당시 여사가 몰고 다니던 낡은 T자형 포드의 점화장치가 고장 났는데, 그녀 차의 수리를 맡았던 군인 출신 젊은 정비공은 솜씨가 없었는지, 혹은 정해진 순서대로 고지식하게 정비하려고 했는지 모르겠지만, 곧바로 수리를 끝내지 못했다. 어쩌면 그 젊은이는 차를 즉시 수리해서 대령하게 할 만한 영향력이 있는 그녀의 차가 얼마나 중요한지를 파악하지 못했는지도 모른다. 결론적으로 그 젊은이는 성실하지 못한 정비공이 되어 버렸다. 스타인 여사의 거친 항의를 받은 정비공장 주인은 그를 심하게 꾸짖으며 말했다. "자네들은 모두 잃어버린 세대génération perdue야."

"맞아. 그게 바로 자네들 모습이야. 자네들 모두의 모습이지." 여사가 말했다. "전쟁에 참가했던 젊은이들 모두가 바로 '잃어버린 세대'라고."

"그렇습니까?" 그 말을 전해 들은 내가 물었다.

"물론이지." 그녀가 우겼다. "자네들은 아무것도 존중하지 않잖아. 죽도록 술만 퍼마실 뿐이지…."

"그 젊은 정비공이 술에 취해 있던가요?" 내가 다시 물었다.

"물론, 그런 건 아니었지."

"제가 술에 취한 모습을 보신 적이 있나요?"

"아니, 하지만 자네 친구들은 술을 많이 마시잖아."

"저도 취한 적이 있습니다만, 술에 취해서 이곳에 온 적은 없습니다." 내가 말했다.

"물론 그렇지. 그걸 말하는 게 아니야."

"아마도 그 정비공장 주인이 아침 열한 시부터 술을 취해 있었던 모양이지요." 내가 비꼬았다. "그래서 그렇게 아름다운 표현을 사용했겠지요."

"생트집 잡지 마, 헤밍웨이." 여사가 말했다. "그래 봤자 아무 소용 없어. 자네들은 모두 '잃어버린 세대'라니까. 바로 그 정비공장 주인이 말한 그대로야."

후일 나는 내 첫 소설을 쓸 때 스타인 여사가 인용했던 그 정비공장 주인의 말을 〈전도서〉에 나오는 명언처럼 사용했다. 하지만, 그날 밤 집으로 돌아가면서 나는 그 젊은 정비공에 대해 깊이 생각했다. 어쩌면 그는 전쟁 중에 부상당해 응급차로 개조된 군용 차량에 실려 간 적이 있었을지도 몰랐다. 나는 부상자들을 가득 싣고 산길을 내려가는 차량이 브레이크가 작동하지 않자, 저속 기어를 쓰다가 마지막에 후진 기어를 넣고서야 간신히 정지했던 일이 새삼 떠올랐다. 그리고 비탈길에서 미끄러진 군용 차량이 산 중턱에 처박히기도 하여 결국 H형 신형 변속기와 금속 브레이크가 달린 커다란 피아트 차로 교체되었던 일도 떠올랐다. 나는 스타인 여사의 정신적 나태와 이기주의를 앤더슨의 규율이나 절제력과 대조하여 생각해 보았다. 도대체 누가 누구를 일컬어 '잃어버린 세대'라고 하는지 이해할 수 없었다.

내가 카페 라라클로즈리 데릴라La Closerie des Lilas[30]에 이르렀을 때 가로등 불빛이 칼을 들고 있는 나의 오랜 친구 네[31] 원수의 동상을 비추어 어른거리는 나무 그림자가 그 청동상 위에서 놀고 있었다. 워털루 전쟁을 엉망으로 만들었던 네 장군은 나중에 부하 한 명 거느리지 못하고 그곳에 완벽하게 고립되어 있었다. 어떤 의미에서는 모든 세대가 잃어버린 세대이고, 과거에도 그랬듯이 미래에도 그럴 것이라는 생각이 들었다. 나는 네 원수 청동상의 친구가 되어줄 생각으로 발걸음을 멈추고 라라클로즈리 데릴라에 들어가 제재

소 위에 있는 우리 집으로 돌아가기 전에 시원한 맥주를 한 잔 마시기로 했다. 나는 카페에 앉아 맥주잔을 앞에 놓고 동상을 바라보며 생각에 잠겼다. 나폴레옹이 러시아 원정에서 콜랭쿠르[32]와 함께 마차를 타고 속절없이 퇴각했던 반면, 네 원수는 승산 없는 전투지만, 얼마나 여러 날을 버텼던가를 되짚어 보면서 나는 스타인 여사가 내게 얼마나 따뜻하고 다정한 친구였는지 생각했다. 그리고 1918년 정전협정이 이루어지던 무렵, 군중이 내지르는 기쁨의 함성을 당시 죽음을 앞둔 기욤 아폴리네르[33]가 정신착란 상태에서 "타도하자, 기욤!"이라고 자신을 공격하는 외침으로 착각했다는 일화를 그녀가 내게 얼마나 감동적으로 들려주었는지를 기억하고는 나 역시 그녀에게 도움이 되고 그녀의 작품이 정당한 평가를 받을 수 있게 내가 할 수 있는 모든 노력을 기울이겠다고 다짐했다. 그리고 그 다짐에 대해 신과 네 원수의 가호를 빌었다. 그러나 그녀가 우리에게 붙여준 '잃어버린 세대'라는 이름처럼 사람들이 아무렇게나 쉽게 갖다 붙이는 모든 고약한 오명에 진절머리가 났다.

집에 도착하여 안마당을 지나 계단을 올라가니 벽난로에 불이 피워져 있고, 아내와 아들과 고양이 F. 푸스는 모두 행복해 보였다. 나는 아내에게 불쑥 말했다. "어쨌든 거트루드는 정말 좋은 사람이야."

"물론이에요, 타티."

"그렇지만, 그녀도 가끔 말도 안 되는 소리를 한단 말이야."

"난 그분이 그런 말을 하는 걸 한 번도 듣지 못했어요." 아내가 말했다. "그분이 보기에 나는 그저 한 남자의 아내에 불과하죠. 그래서 내게는 말도 걸지 않아요. 내게 말을 거는 사람은 그분 친구뿐인걸요."

8. 배고픔은 훌륭한 교훈이다

파리에서는 충분히 먹지 못하면 몹시 허기가 진다. 빵집 진열대에는 먹음직스러운 빵들이 그득하고 거리에는 테라스에 차려진 식탁에서 식사하는 사람이 많아서 늘 먹을 것이 눈에 보이고 음식 냄새가 코를 자극하기 때문이다. 특파원 일을 그만두고 나서 미국에서 아무도 사주지 않는 글만 쓰고 있을 무렵, 누군가와 점심을 먹으러 간다고 집에 말하고 나왔을 때 가기에 딱 좋은 장소는 뤽상부르 공원이었다. 옵세르바투아르 광장Pl. de l'Observatoire에서 보지라르 거리에 이르는 길에는 음식이 전혀 전혀 눈에 띄지 않고, 냄새도 전혀 나지 않기 때문이었다.

뤽상부르 공원에 가면 나는 으레 박물관으로 발길을 옮기곤 했는데, 배가 몹시 고플수록 벽에 걸린 그림들이 더욱 맑고, 또렷하고, 아름답게 보였다. 나는 배가 텅 비었을 때 세잔을 더 잘 이해할 수 있고, 그가 어떻게 풍경화를 그렸는지를 진정으로 꿰뚫어볼 수 있음을 깨달았다. 그림을 그릴 때 그도 역시 배가 고팠을지 궁금했지만, 어쩌면 그가 식사하는 것조차 잊어버렸으리라는 생각이 들었다. 그것은 잠이 부족하거나 허기가 질 때 느낄 수 있는, 건전하지는 않지만 엄청난 깨달음의 순간이었다. 그리고 오랜 세월이 흐른 후에야 나는 세잔이 다른 면에서 허기를 느꼈으리라고 생각하게 되었다.

뤽상부르 공원에서 나와서 역시 식당이 전혀 없는, 좁은 페루 거리R. Férou를 지나 생 쉴피스 광장Pl. Saint-Sulpice에 다다른다. 나무와 벤치가 많은 그 조용한 광장에는 사자 조각상이 있는 분수대가 있고 비둘기들이 길 위를 이리저리 걸어 다니거나 주교들의 동상에 날아가 앉곤 했다. 광장의 북쪽에는 성물과 성복을 파는 가게들이 있었다.

광장을 지나 센 강변으로 가려면 어쩔 수 없이 과일 가게, 채소 가게, 포도주 가게, 빵집 앞을 지나야 했다. 그러나 낡은 교회의 회백색 석조 건물을 끼고 오른쪽으로 돌아 오데옹 거리로 들어서서 그 길을 따라가다가 오른쪽으로 꺾어지면, 나를 괴롭게 하는 음식 가게들과 자주 마주치지 않고도 실비아 비치의 서점으로 갈 수 있었다. 일단, 오데옹 거리에 들어서면 식당 세 개가 있는 오데옹 광장에 이를 때까지는 다행히 음식점이 없었다.

오데옹 거리 12번지에 도착할 즈음이면 허기가 어느 정도 가라앉으면서 다른 모든 감각이 무척 예민해졌다. 벽에 걸린 사진들도 달리 보이고, 그때까지 미처 보지 못했던 책들도 눈에 띄었다.

"헤밍웨이 씨, 너무 해쓱해지셨네요." 실비아가 말했다. "식사는 제대로 하셨나요?"

"그럼요."

"점심때 뭘 드셨어요?"

새삼스럽게 속이 쓰려 오는 것을 느끼며 나는 이렇게 대답했다. "실은 지금 점심 먹으러 집으로 가는 길입니다."

"오후 세 시에요?"

"시간이 그렇게 됐는지 몰랐어요."

"일전에 아드리엔[34]이 선생님 부부를 저녁에 초대하고 싶다고 하던데요? 우리는 파르그³⁵⁾ 씨도 초대할 예정이거든요. 파르그 씨 좋아하시죠? 라르보 씨는요? 선생님이 라르보 씨를 좋아하시는 건 제가 알고 있죠. 선생님이 정말 좋아하는 사람이면 누구든 초대하고 싶어요. 해들리에게도 그렇게 전해 주세요."

"아내가 좋아할 겁니다."

"속달우편으로 초대장을 따로 보낼게요. 식사를 거르면서 무리하게 일하진 마세요."

"그러진 않습니다."

"점심시간에 너무 늦지 않도록 어서 집으로 가세요."

"제 몫은 남겨둘 겁니다."

"식은 음식을 드시면 안 돼요. 따듯한 식사를 하셔야죠."

"저한테 온 우편물은 없지요?"

"없는 것 같은데요. 그래도 다시 한 번 찾아볼게요."

이것저것 뒤적이던 그녀는 메모 하나를 발견하고는 마냥 기쁜 표정으로 나를 보더니 책상 서랍을 열었다.

"제가 외출한 사이에 이게 도착했다는군요." 그녀가 말하며 편지 한 장을 꺼냈다. 봉투 안에는 돈이 들어 있는 것 같았다. "웨데르코프 씨한테서 온 거네요."

"아마도 《데어 크베어슈니트》³⁶⁾에서 온 편지일 겁니다. 웨데르코프 씨를 만나신 적이 있나요?"

"아니요, 정식으로 만난 적은 없어요. 하지만 그분은 조르주와 함께 여기 들렀죠. 그쪽에서 선생님을 만나려 할 거예요. 걱정하지 마세요. 아마도 그분은 선생님께 먼저 돈부터 드리고 싶었나 봐요."

"600프랑이네요. 이건 선금이고 나중에 더 주겠다는군요."

"우편물이 있는지 다시 찾아보라고 해서서 다행이에요. '미스터 오우풀리 나이스'[37] 정말 멋있는 분이네!"

"제가 뭔가를 팔 수 있는 나라가 고작 독일뿐이라니, 정말 아이러니군요. 하필 그 사람과《프랑크푸르터 차이퉁》[38]이라니…."

"그렇군요. 그래도 너무 속상해하지는 마세요. 선생님은 단편을 포드 씨에게 팔면 되잖아요." 그녀가 나를 놀렸다.

"페이지당 30프랑. 다섯 페이지짜리 글을《트랜스애틀랜틱 리뷰》에 석 달마다 싣는다는데, 3개월 수입이 고작 150프랑, 1년에 600프랑이군요."

"하지만 헤밍웨이 씨. 지금의 수입 액수에 대해 너무 연연하진 마세요. 중요한 건 선생님께서 글을 쓸 수 있다는 사실이잖아요."

"알고 있습니다. 하지만, 제가 단편을 써도 사는 사람이 없을 거예요. 그런데 특파원 일을 그만두니까 벌이가 없어요."

"언젠가는 팔릴 거예요. 두고 보세요. 조금 전에도 한 편에 대한 원고료를 받았잖아요."

"미안해요, 실비아. 쓸데없이 넋두리를 늘어놓았군요. 용서해 주세요."

"용서할 게 뭐 있어요? 언제든 와서 하소연하세요. 다른 작가들도 모두 선생님처럼 하소연한다는 걸 모르셨나요? 선생님도 아무 걱정 하지 마시고, 식사도 거르지 마세요."

"그럴게요."

"그럼, 어서 댁으로 가셔서 점심부터 드세요."

다시 오데옹 거리로 나왔을 때, 나는 그렇게 넋두리를 늘어놓은 나 자신

이 한심하게 여겨졌다. 오늘 하루 내가 한 행동은 내 자유의지에 의한 것이었지만, 어리석었다. 식사를 거르지 말고 커다란 빵 한 덩어리라도 사 먹는 편이 나았으리라. 노르스름하고 맛있는 빵 껍질의 맛이 생생하게 떠올랐다. 그렇지만, 뭔가 마실 것이 없이 빵만 먹는다면 목이 멜 것이다…. '이런 빌어먹을 불평쟁이야!' 나는 속으로 중얼거렸다. '이 치사하고 위선적인 순교자야. 네가 자진해서 특파원 일을 그만뒀잖아. 네 신용은 아직 유지되고 있으니 실비아에게 돈을 빌릴 수 있을 거야. 그녀에게는 돈이 있으니, 물론 빌려 주겠지. 하지만 그러고 나면 다른 일에도 너 자신을 굽혀야 할 거야. 배가 고프다는 것은 네 몸이 건강하다는 뜻이고, 배고플 때는 그림이 더 잘 보이는 법이지. 하지만, 음식을 먹는다는 것 또한 대단히 멋진 일이잖아. 자, 이제 어디 가서 식사나 할까?' 나는 리프Lipp에 가서 한잔하면서 식사해야겠다고 생각했다. 그렇게 나는 빠른 걸음으로 리프로 가는 도중에 음식 파는 가게를 지날 때마다 위장이 눈만큼이나 빨리 반응했고, 코끝을 간질이는 맛있는 냄새는 즐거움을 더해 주었다.

　식당에는 사람이 거의 없었다. 내가 뒤쪽에 거울이 있는 벽면 앞 테이블을 골라 긴 의자에 자리 잡고 앉자, 웨이터가 맥주를 마시겠느냐고 물었다. 나는 꽤 괜찮은 맥주 한 병과 1리터짜리 맥주잔, 그리고 감자 샐러드를 주문했다.

　맥주는 시원하고 맛있었다. 올리브유를 뿌린 감자 샐러드는 적당히 짭짤하고, 쫀득쫀득했으며 올리브유의 향미도 감미로웠다. 나는 통후추를 가루 내어 감자에 뿌린 다음, 빵을 올리브유에 적셨다. 첫 잔을 시원하게 들이켜고 나서, 그다음부터는 천천히 마시면서 식사했다. 감자 샐러드를 다 먹고 나자, 한 접시 더 주문하면서 세르벨라를 추가했다. 세르벨라는 굵은 프랑크푸르트 소시지를 세로로 자르고 그 위에 겨자 소스를 끼얹은 요리다.

올리브유와 소스를 빵으로 깨끗하게 닦아 먹은 다음, 나는 맥주가 미지근해질 때까지 천천히 다 마시고는 반 리터짜리 맥주를 더 주문하고 웨이터가 맥주통에서 맥주를 뽑아내는 모습을 지켜보았다. 이번 것은 1리터짜리보다 더 시원했다. 나는 단숨에 잔을 반쯤 비웠다.

나는 걱정하지 말자고 다짐했다. 나는 내가 쓴 단편 작품들이 좋다는 것을 알고 있었고, 언젠가는 미국에서 내 책을 출간할 출판사를 찾을 수 있으리라 믿었다. 신문사 일을 그만둘 때 나는 내 작품을 출간하게 되리라고 확신했다. 하지만 내가 보낸 원고는 모조리 되돌아왔다. 그러나 내가 그토록 낙관적일 수 있었던 것은 에드워드 오브라이언[39]이 발행하는 《우수 단편선집》에 나의 단편 〈나의 아버지〉가 실렸고, 또 그해[40]에 그 책을 내게 헌정했기 때문이었다. 나는 쓴웃음을 지으며 다시 맥주를 한 모금 마셨다. 오브라이언은 그때까지 어느 잡지에도 실리지 못했던 내 단편을 자신의 선집에 넣기 위해 모든 규칙을 어기면서까지 나를 특별히 예우해 주었던 것이다. 내가 다시 한 번 쓴웃음을 지을 때 웨이터가 나를 힐끗 바라보았다.

당시에 일이 아주 우습게 돌아갔다. 그토록 난리법석을 떨면서 내 작품을 단편 선집에 실었던 그가 막상 내 이름의 철자를 틀리게 인쇄했던 것이다. 그 단편은 내게 남아 있던 두 편의 원고 중 하나였다. 이전에 나는 그때까지 작업했던 원고를 모두 잃어버렸다. 아내는 나를 기쁘게 해주려고 당시에 내가 머물고 있던 로잔으로 내가 그동안 썼던 모든 원고를 가져오다가 리옹 역에서 가방을 도둑맞았기 때문이었다. 그녀는 알프스에서 휴가를 보내는 동안에도 내가 틈틈이 글을 쓸 수 있게 해주려는 기특한 마음에서 내가 손으로 쓴 초고, 타자기로 친 원고, 그리고 사본들을 모두 폴더 속에 잘 정리하여 가방에 챙겨 넣었다가 사고를 당한 것이다. 그나마 〈나의 아버지〉 원고가 내 수중에 남아 있었던 것은 링컨 스테펀스[41]가 어느 출판사 편집자에게 그 원고를 보냈는데 그쪽에서 되돌려 보냈던 덕분이었다. 다른 원고를 모두 도둑맞았지만, 그 원고는 우편으로 반송되었기에 내게 남아 있었다. 그리고 내게 남겨진 또 하나의 원고 〈미시간 북쪽에서〉는 스타인 여사가 우리 아파트를 방문하기 전에 쓴 글인데, 그녀가 그것을 '전시할 수 없는 글'이라고 비판하는 바람에 사본을 따로 만들지 않고 서랍에 처박아 두었다.

그 후 로잔을 떠나 이탈리아로 갔을 때 나는 당시 라팔로 언덕 위 수도원에 묵고 있던 오브라이언을 만났다. 그는 내성적이면서도 온화한 성격에 얼굴은 창백하고 눈동자는 옅은 푸른빛을 띠고 있었다. 긴 머리를 남에게 맡기지 않고 스스로 깎는다는 오브라이언에게 나는 단편 대신 경마에 관해 쓴 글을 보여 주었다. 그때 나는 절망적인 시기를 보내고 있었으며 더는 글을 쓸 수 없으리라 생각하고 있었다. 나는 마치 망망대해에서 난파된 배의 나침반을 한심하게 들여다보고 있거나, 사고를 당해 절단한 다리로 장화를 신은 발을 자조적으로 흔들어 보듯이 일종의 심술궂은 호기심으로 그에게 내 원고를 보여 주었다. 원고를 다 읽고 난 그는 나보다도 더 괴로운 표정을 지었다.

죽어 가거나 단말마의 고통을 느끼는 사람을 제외하고, 내 원고를 모두 잃어버렸다고 말하던 아내보다 더 괴로워하는 사람을, 나는 본 적이 없다. 처음에 아내는 무슨 일이 벌어졌는지 설명조차 할 수 없을 정도로 울고 또 울었다. 나는 어떤 끔찍한 일이 일어났더라도 그것은 이미 벌어진 일이고, 세상에는 해결할 수 없을 만큼 나쁜 일은 없으며, 어떤 일이 벌어졌든 괜찮으니 걱정할 필요 없다며 그녀를 달랬다. 그리고 우리가 어떻게든 문제를 잘 해결할 수 있으리라고도 했다. 마침내 아내는 내게 자초지종을 들려주었다. 아내가 사본까지도 전부 가져올 수는 없었을 것이라 믿었던 나는 당시 상당한 수입원이었던 신문사 일을 대신해줄 사람을 구해 놓고 파리로 가는 기차를 탔다. 그녀가 사본까지 몽땅 잃어버렸다는 것은 돌이킬 수 없는 명백한 사실이었고, 아파트로 돌아가서 모든 것이 사실임을 확인하고 나서 내가 그날 밤 무슨 일을 했는지는 지금도 기억이 생생하다. 어쨌든, 이미 엎질러진 물이었고, 칭크는 우연한 사고에 대해서는 절대 다시 왈가왈부하지 말라고 내게 누누이 일러 주었다. 그래서 나는 오브라이언에게 그렇게까지 가슴 아파하지 말라고 말했다. 초기 작품들을 잃어버린 것은 나를 위해 차라리 잘된 일인지도 모르고, 나는 마치 신임 병사의 사기를 북돋아 주듯이 그를 다독였다. 나는 그에게 내가 다시 단편을 쓸 계획이라고 말했다. 처음에는 단지 그를 위로하려고 거짓말을 했지만, 그 말을 하는 순간에 그것은 진심이 되었다.

나는 리프에 앉아서 모든 것을 잃어버리고 나서 다시 단편을 썼던 때를 떠올려 보았다. 내가 다시 글을 쓰기 시작한 곳은 이탈리아의 코르티나 담페초 스키장이었다. 당시 나는 아내와 봄철 스키 여행 중이었고, 취재 때문에 잠시 독일의 라인란트와 루르 지방에 갔다가 다시 돌아와 아내와 합류했다. 그때 내가 쓴 작품은 〈계절에 뒤늦은〉이라는 아주 간단한 단편이었는데, 나는 그 작품을 쓰면서 노인이 스스로 목을 매는 결말 부분을 의도적으로 생략했다. 그것은 나의 새로운 이론에 따른 결정이었다. 생략한 부분이 글의 내용을 더욱 강화하고, 그것을 계기로 독자가 단순한 이해 이상의 뭔가를 느낄 수 있다면 어떤 부분이든 생략할 수 있다는 것이 내 지론이었다.

어쨌든, 나는 이제 그 문제를 잘 알게 되었지만, 다른 사람들은 이해하지 못하는 것 같았다. 그 점에 대해서는 의문의 여지가 없었다. 이 새로운 기법으로 쓰인 작품이 아직 환영받지 못하는 것은 사실이다. 그러나 그림도 그렇듯이 언젠가는 다른 사람들이 내 이론을 이해하게 될 것이다. 결국, 내게 필요한 것은 시간과 믿음이었다. 먹을 것을 줄여야 할 처지라면 배고픈 상태로 너무 많은 생각에 빠지지 않도록 스스로 통제할 필요가 있다. 배고픔은 좋은 훈련이자 교훈이 될 수 있다. 그러나 뭔가 해결책을 찾아야 한다. 다른 사람들이 내 생각을 이해하지 못한다면, 나는 그들보다 앞서 가고 있는 것이 분명하다. 내가 그들보다 너무 앞서 있기에 제때에 끼니를 때울 여유조차 없지만, 그들이 나를 조금만 따라와 준다면, 상황은 그리 나쁘지 않을 것이다.

　나는 장편 소설을 써야 한다. 그러나 정제된 문장으로 소설을 완성하려고 애쓰다 보니 불가능한 일처럼 여겨졌다. 장거리 달리기를 연습하듯이 우선 조금씩 조금씩 긴 글을 쓰는 훈련이 필요했다. 전에 리옹 역에서 가방과 함께 원고를 잃어버린 그 소설을 썼을 때 나는 아직 젊음 그 자체만큼이나 허망하고 변덕스러운 젊은 나이의 순진한 정서에 사로잡혀 있었다. 나는 의심할 여지 없이 그 원고를 잃어버린 것이 오히려 잘된 일이라는 것을 알고 있었지만, 새로 소설을 써야 한다는 것 역시 알고 있었다. 그러나 나는 소설을 쓰지 않을 수 없는 순간이 올 때까지 느긋하게 기다리기로 했다. 절대로 생계의 수단으로 소설을 써서는 안 될 것이다. 내가 할 수 있는 일은 그것밖에 없고, 다른 선택의 여지가 전혀 없을 때 나는 소설을 쓸 것이다. 따라서 나는 더 많은 압박이 쌓일 때까지 기다려야 한다. 기다리는 동안은 우선 내가 잘 아는 주제에 대해 긴 글을 써봐야 할 것이다.

　여기까지 생각한 나는 음식값을 계산하고 밖으로 나와서 오른쪽으로 돌아 카페 되마고Les Deux Magots에서 커피 한잔하고 싶은 유혹을 피하기 위해

렌 거리R. de Rennes를 가로질러 집으로 돌아가는 지름길인 보나파르트 거리R. Bonaparte 쪽으로 걸어갔다.

내가 썼다가 잃어버린 글의 주제가 아니면서 내가 가장 잘 다룰 수 있는 주제는 무엇일까? 내가 진정으로 잘 알고 있는 것은 무엇이며 내가 가장 좋아하는 것은 무엇일까? 선택의 여지는 전혀 없었다. 가장 빨리 내가 작업할 수 있는 곳으로 돌아가기 위해 어떤 길을 택할 것인지가 내게 주어진 유일한 선택이었다. 나는 보나파르트, 귀느메R. Guynemer, 그리고 아사스 거리R. d'Assas를 지나고 노트르담 데샹 거리를 가로질러 라라클로즈리 데릴라로 갔다.

그리고 오후 햇살이 어깨 너머로 들어오는 구석진 테이블에 자리를 잡고 앉아서 공책을 꺼내 놓고 글을 쓰기 시작했다. 웨이터가 커피 한 잔을 가져왔지만, 다 식은 뒤에야 반쯤 마셨다. 그리고 나머지 반은 글을 쓰는 동안 테이블 위에 그대로 남겨 두었다. 글쓰기를 멈추고도, 나는 강물이 다리 기둥에 부딪히고, 떠밀려 올라온 물속에서 송어가 헤엄치는 모습이 보이는 이 강변을 떠나기 싫었다. 내가 카페에서 쓴 글은 한 병사가 전쟁터에서 집으로 돌아오는 장면을 묘사한 것이었지만, 전쟁에 대한 언급은 전혀 하지 않았다.

다음 날 아침에도 강은 여전히 그곳에 있을 터이고, 나는 내 글에 그 강과 이 나라와 여기서 벌어지는 모든 일을 담아야 했다. 앞으로 며칠 동안 그 일을 계속해야 하리라. 다른 일은 아무래도 좋았다. 내 호주머니에는 독일에서 받은 돈이 들어 있었기에 아무 문제 없었다. 이 돈을 다 쓰고 나면 또 다른 돈이 들어올 것이다.

내게 당장 필요한 것은 다음 날 아침 다시 작업을 시작하는 순간까지 머리를 건강하고 맑은 상태로 유지하는 것뿐이었다. 그 당시 그런 일쯤은 전혀 힘들게 여겨지지 않았다.

9. 포드 매독스 포드와 악마의 제자

　우리가 노트르담 데샹 거리에 있는 제재소 건물 꼭대기 층 아파트에 살던 시절, 집에서 가장 가깝고 괜찮은 카페는 라라클로즈리 데릴라였다. 사실, 그곳은 파리에서 가장 좋은 카페 중 하나였다. 겨울에는 실내가 따뜻하고 봄가을에는 공원과 네 원수 동상 쪽 나무 그늘에 테이블을 내놓은 테라스가 무척 쾌적했다. 테이블들은 큰길을 따라 쳐놓은 커다란 차양 아래 가지런히 놓여 있었다. 우리는 거기서 일하는 웨이터 두 사람과 친구가 되었다. 카페 돔 Café Le Dôme이나 카페 로통드 Café La Rotonde에 드나드는 사람들은 절대로 릴라에 오지 않았다. 릴라에는 그들이 아는 사람이 전혀 없었고, 설령 그들이 온다 해도 아무도 아는 체하지 않을 것이기 때문이었다. 당시에는 많은 사람이 몽파르나스 대로Bd Montparnasse나 라스파유 대로Bd Raspail 모퉁이에 있는 카페에 들락거렸고, 어떤 의미에서 이런 장소들은 신문기자들에게 기삿거리를 제공하는 역할도 했다.

　한때 라라클로즈리 데릴라는 시인들이 크고 작은 모임을 하는 카페였고, 그런 모임을 주재한 마지막 시인은 폴 포르[42]였다. 나는 그때까지 그의 작품을 읽어 보지 못했고, 그곳에서 만난 유일한 시인은 블래즈 상드라르[43]였다. 그의 얼굴은 마치 권투 선수처럼 찌그러져 있었고, 펄럭이는 그의 한쪽

소매는 핀으로 고정되어 있었으며, 반대쪽 성한 손으로 담배를 빙빙 돌리곤 했다. 술에 취하지 않았을 때에는 좋은 말상대였는데, 거짓말을 늘어놓기 시작하면 다른 사람들의 참말을 듣는 것보다 훨씬 더 재미있었다. 어쨌든, 그는 릴라에 드나드는 유일한 시인이었는데 나는 거기서 딱 한 번 그를 만났다. 손님들은 대부분 그저 서로 눈인사나 나누는 정도의 친분이 있었고, 아내나 애인과 함께 오는, 수염을 기르고 남루한 옷차림의 노인도 여럿 있었다. 그들은 이따금 옷깃에 붉은색 리본이 달린 레지옹 도뇌르[44] 훈장을 달고 오기도 했다. 우리는 그들을 과학자나 학자로 생각했는데, 그들은 아페리티프 한 잔을 앞에 두고 한나절을 앉아 있곤 했다. 커피 한 잔을 시켜 놓고 그들만큼이나 오래 버티는, 그들보다 더 남루한 옷차림의 남자들도 있었다. 부인이나 정부와 함께 앉아 있는 그들은 프랑스 한림원Académie française과는 아무 상관 없는 교육공로훈장의 자주색 리본을 달고 있는 것으로 봐서 대학교수나 강사 출신인 듯했다. 이런 사람들은 함께 온 일행이나 마시고 있는 음료, 혹은 긴 막대기에 철해 놓은 신문이나 잡지에만 관심을 보일 뿐, 남들 앞에 나서려 하지 않았으므로 카페 릴라의 분위기는 늘 조용하고 평온했다.

　　동네 사람들도 릴라에 자주 드나들었다. 그중 몇몇은 옷깃에 무공십자 훈장을 달고 있었고, 또 다른 이들은 군사훈장의 황색과 녹색 리본을 달고 있었다. 나는 그들이 전쟁 중에 잃어버린 팔이나 다리 때문에 생기는 불편함을 얼마나 잘 극복하고 있는지, 혹은 그들의 의안(醫眼)이 얼마나 정교하며 상처 입었던 그들의 얼굴이 얼마나 잘 회복되었는지를 눈여겨보았다. 오래전에 생긴 그들 얼굴의 흉터는 마치 스키장의 매끄러운 활강로처럼 햇빛을 받는 각도에 따라 다른 색으로 빛나곤 했다. 우리는 이런 부류의 손님들을 학자나 교수보다 더 존경했다. 물론, 학자나 교수들도 신체에 손상만 입지 않았을

뿐, 전쟁터에 나가 싸웠을지도 모를 일이었다.
 그즈음 우리는 대체로 전쟁에 나가지 않은 사람들을 신뢰하지 않았지만, 아무도 완전히 믿지는 않았다. 그곳에 드나드는 유일한 시인 상드라르가 잃어버린 자신의 한쪽 팔을 너무 자랑스럽게 내세우지 않았으면 좋겠다는 느낌이 강하게 들었던 나는 그가 단골손님들이 몰려오기 전인 오후 일찍 릴라에 오는 것을 그나마 다행으로 여겼다.
 그날 저녁 무렵에도 나는 테라스의 테이블 하나를 차지하고 앉아서 나무와 건물들 위로 시시각각 변하며 빛을 뿌리며 넘어가는 해와 느린 걸음으로 큰길을 지나가는 말들을 바라보고 있었다.
 "오! 여기 계시는군요." 어떤 사람이 내게 말을 걸었다.
 '포드 매독스 포드'라고 자신을 소개한 그는 숱지고 희끗희끗한 콧수염 아래로 거칠게 숨을 내쉬며 헐떡이고 있었다. 마치 200리터들이 물통을 뒤집어 놓은 듯한 모습으로 내 앞에 서 있는 그의 옷차림은 매우 고급스러웠다.
 "좀 앉아도 되겠소?" 그가 의자에 앉으며 내게 물었다. 그는 옅은 눈썹 아래 희미한 푸른색 눈동자로 큰길 쪽을 바라보았다.
 "난 저 짐승들이 인도적으로 도살되게 하는 데 여러 해를 보냈지요." 그가 말했다.
 "그 말씀은 이미 제게 하셨습니다." 내가 말했다.
 "그럴 리가 없을 텐데?"
 "분명합니다."
 "그거 이상하군. 아무에게도 그런 말을 한 적이 없는데."
 "한잔하시겠습니까?"
 웨이터가 오자 포드는 샹베리 카시스[45]를 주문했다. 키가 크고 깡마르고 한쪽 머리카락을 끌어다가 벗어진 정수리를 감춘 머리 모양에 복고풍 콧수염을 기른 웨이터는 그의 주문을 복창했다.

"아니, 브랜디 소다로 주게." 포드가 주문을 정정했다.

"브랜디 소다 한 잔!" 웨이터가 다시 복창했다.

나는 늘 포드와 시선이 마주치는 것을 피해 왔고, 닫힌 공간에서 그와 가까이 있을 때에는 되도록 숨을 참았지만,[46] 우리는 테라스에 있었고 발밑에 떨어진 낙엽들이 포드 쪽으로 날리고 있었으므로 경계를 풀고 그를 유심히 살펴보았다. 그러나 나는 곧 후회하고 다시 큰길 쪽으로 시선을 돌렸다. 지는 해의 광선이 다시 바뀌었으나 애석하게도 나는 그 순간을 놓치고 말았다. 포드가 나타나는 바람에 혹시 내 미각이 달라진 것은 아닌지 보려고 앞에 놓여 있는 음료수를 한 모금 마셔 보았으나 맛은 여전했다.

"당신 지금 기분이 우울하군." 그가 말했다.

"아닙니다."

"침울해 보이는데, 뭘. 기분 전환을 좀 더 자주 해야 할 거요. 카르디날 르무안 거리에 있는 콩트르 에스카르프 광장 근처에 재미있는 발 뮈제트[47]가 있는데, 실은 거기서 우리가 마련한 저녁 모임에 당신을 초대하려고 들렀소."

"선생이 파리에 오시기 전에 제가 2년 정도 그 건물 위층에 살았던 적이 있습니다."

"거참 묘한 일이네. 그게 확실하오?"

"그렇습니다." 내가 말했다. "확실합니다. 그곳 주인은 택시를 한 대 소유하고 있었죠. 그래서 어느 날 제가 비행기를 타러 갈 때 그 택시로 저를 비행장에 데려다 주기로 했습니다. 그날 비행장으로 출발하기 전에 그 어두컴

컴컴한 발 뮈제트 카운터에서 백포도주를 한 잔씩 마셨습니다."

"난 비행기 타는 걸 좋아하지 않아요." 포드가 말했다. "어쨌든, 토요일 밤에 부인과 함께 그리로 오시오. 아주 신나는 곳이라오. 잘 찾아올 수 있도록 약도를 그려 드리지. 나도 우연히 그곳에 가게 되었소만."

"카르디날 르무안 거리 74번지 아닙니까? 제가 그 건물 3층에 살았다니까요."

"거긴 번지수가 없던데?" 포드가 말했다. "하지만 콩트르 에스카르프 광장을 안다면 쉽게 찾아올 수 있을 거요."

나는 잔을 들어 한 모금을 죽 들이켰다. 웨이터가 브랜디 소다를 가져오자, 그것을 본 포드가 항의했다. "나는 브랜디 소다를 주문하지 않았어." 부드러우면서도 단호하게 그가 말했다. "샹베리 베르무트[48]와 카시스를 주문했잖아."

"됐어요, 장! 그건 내가 마시도록 하지요." 내가 끼어들며 웨이터에게 말했다. "이분에게는 방금 주문하신 것으로 가져다주세요."

"방금 주문한 게 아니고 아까 주문한 거요." 포드가 내 말을 정정했다.

그때 망토를 걸친 몹시 여윈 남자 하나가 우리 테이블 옆을 지나갔다. 키가 큰 여자와 함께 가던 그 남자는 우리 테이블을 힐끗 보더니 시선을 돌리고 큰길 쪽으로 걸어갔다.

"당신, 봤소?" 포드가 물었다. "내가 저 사람을 못 본 체하는 걸 보셨느냐 말이오."

"아뇨, 대체 누구를 못 본 체하셨는데요?"

"벨록[49] 말이오." 포드가 대답했다. "내가 벨록을 무시했단 말이오."

"전 보지 못했는데요. 왜 그분을 무시하신 겁니까?"

"얼마든지 정당한 이유를 댈 수 있지." 그가 설명했다. "어쨌든, 무시한 쪽은 바로 나란 말이오."

그는 실제로 기분이 좋아서 어쩔 줄 모르고 있었다. 나는 전에 한 번도 벨록을 만난 적이 없었고, 조금 전 그 사람이 우리를 본 것 같지도 않았다. 그는 깊은 생각에 잠긴 채 무심코 우리 테이블을 흘낏 보았던 것 같았다. 이제 막 문학 수업을 시작한 젊은이로서 나는 선배 작가 벨록을 매우 존경하고 있었는데, 포드가 그에게 무례하게 굴어서 기분이 언짢았다. 요즘 사람들은 선배 작가에 대한 이런 존경심을 이해하기 어렵겠지만, 당시 젊은 작가들에게는 아주 익숙한 감정이었다.

나는 벨록이 우리 테이블 옆에 잠시라도 멈춰 서서 그와 인사를 나누었더라면 좋았겠다 싶었다. 비록 포드를 만나는 바람에 저녁 시간이 엉망이 되었지만, 벨록과 알고 지내는 사이가 되었더라면 그 잃어버린 시간을 충분히 만회할 수도 있었을 것이다.

"그런데 당신은 왜 브랜디를 마시는 거요?" 포드가 내게 물었다. "젊은 작가가 브랜디를 마시기 시작하면 치명적이라는 걸 몰라요?"

"전 술을 그다지 자주 마시지 않습니다." 내가 말했다. 나는 에즈라 파운드가 포드에 대해 했던 말을 애써 되새기고 있었다. 에즈라는 절대로 포드에게 무례하게 굴지 말라며 그는 너무 피곤하면 거짓말을 하지만, 정말 좋은 작가이고 아주 골치 아픈 집안 문제를 겪은 불쌍한 사람이라고 했다. 나는 에즈라의 조언을 따르려고 무척 애썼지만, 숨소리가 들릴 정도로 가까운 거리에 있는 포드는 우둔해 보이고 경악할 만큼 혐오스러워서 나의 노력을 더욱 힘들게 했다. 그럼에도, 나는 노력을 계속했다.

"왜 사람이 사람을 무시해야 하는지 설명해 주시죠." 내가 물었다. 그때까지 나는 그런 행동이 위다[50]의 소설에서나 나오는 이야기쯤으로 알고 있었다. 사실, 나는 위다의 소설만큼은 잘 읽게 되지 않았다. 겨울철 스위스로 스키 여행을 갔다가 후텁지근한 남쪽 바람이 불어오기 시작할 무렵, 읽을거리라고는 전쟁 전에 나온 다 떨어진 타우크니츠 문고본밖에 남아 있지 않을 때조차도 위다의 소설은 읽지 않았을 것이다. 그러나 일종의 육감으로 나는 위다의 소설에 등장하는 인물들이 서로 무시한다는 것을 알고 있었다.

"신사라면…" 포드가 말했다. "비열한 인간을 무시하게 마련이오."

나는 급히 브랜디 한 모금을 넘겼다.

"신사는 협잡꾼도 무시합니까?" 내가 물었다.

"신사가 협잡꾼과 알고 지낸다는 건 있을 수 없는 일이지요."

"그러니까 선생님 말씀은 동등하게 알고 지내던 사람들만 서로 무시할 수 있다는 거군요?" 내가 따졌다.

"당연하지요."

"그러면, 신사가 어떻게 비열한 사람을 알고 지낼 수 있다는 거죠?"

"상대가 비열한 인간이란 사실을 몰랐을 수도 있고, 그 사람이 나중에 비열해질 수도 있겠지요."

"비열한 사람이란 대체 어떤 사람입니까?" 내가 다시 따져 물었다. "죽지 않을 정도로 패주고 싶은 사람이 아닙니까?"

"꼭 그렇진 않소."

"에즈라는 신사입니까?"

"물론 아니오." 포드가 말했다. "그는 미국인이잖소."

"미국인은 신사가 될 수 없습니까?"

"존 퀸[51]이라면 혹시 신사라고 불러도 될지 모르겠소. 그리고 미국 대사들은 분명히 신사라고 할 수 있겠지요."

"마이론 헤릭[52]은?"

"어쩌면, 신사라고 불러도 좋을지 모르겠소."

"헨리 제임스는 신사였나요?"

"거의 그랬지."

"선생님은 신사입니까?"

"물론이오. 나는 폐하의 장교였소."

"참 복잡하군요." 내가 말했다. "그럼, 저는 신사입니까?"

"전혀 아니지요."

"그런데 왜 선생님은 지금 저와 술을 마시고 있는 거죠?"

"난 지금 촉망받는 젊은 작가인 당신과 술을 마시고 있는 거요. 사실상 동료 작가라고 생각하고 있지요."

"정말 고맙군요." 내가 말했다.

"여기가 이탈리아였다면, 당신은 신사로 인정받았을 거요." 그가 너그러운 표정으로 말했다.

"제가 비열한 인간은 아닌가요?"

"물론 아니오. 젊은 친구. 누가 당신이 비열하다고 그럽디까?"

"전 비열한 인간이 될 수도 있었습니다." 나는 서글프게 말했다. "브랜디 따위나 퍼마시는… 안소니 트롤럽[53]작품의 주인공 하리 하스퍼 경처럼 말입니다. 말씀해 주세요, 트롤럽은 신사였나요?"

"물론, 아니었소."

"확신하십니까?"

"그에 대해선 의견이 갈릴 수 있겠지만, 내 의견은 그렇소."

"그러면 필딩[54]은 어떻습니까? 그는 판사였지요."

"엄밀히 따지면 아마 신사였을 거요."

"말로[55]는?"

"물론 아니오."

"존 던[56]은 어떻습니까?"

"성직자였지요."

"아주 재미있는데요." 내가 말했다.

"재미있다니 다행이오." 포드가 말했다. "당신과 헤어지기 전에 브랜디 소다를 한 잔 마셔야겠소."

포드가 자리에서 일어났을 때 이미 주위가 캄캄해졌고, 나는 신문가판대로 가서 그날 오퇴이유 경마장에서 있었던 경기의 최종 결과와 다음 날 엥기엥 경마장에서 경기에 출전할 말들의 목록이 실린 경마신문 《파리 스포츠 콩플레》를 샀다. 웨이터 장과 교대해서 테라스 테이블을 담당하고 있던 에밀이 오퇴이유의 최종 결과를 알아보려고 내 테이블 쪽으로 다가왔다. 그리고 오랜만에 릴라에 들른 나의 절친한 친구 한 사람이 내 테이블에 와 앉았다. 그가 에밀에게 마실 것을 주문하고 있을 때, 망토를 걸친 그 몹시 여윈 남자가 키 큰 여자와 함께 우리 테이블 바로 옆을 지나갔다. 그의 눈길은 표류하듯 우리 테이블을 훑고 나서 다른 쪽으로 향했다.

"저 사람이 힐레어 벨록이라네." 내가 친구에게 말했다. "포드가 오늘 저녁에 여기 앉아 있었는데, 저 사람을 못 본 척하더군."

"바보 같은 소리 말게나." 친구가 말했다. "저 사람은 악마 연구가 알레이스터 크롤리[57]야. 세상에서 가장 사악한 사람이라고 불리지."

"이런, 그것참 유감이군." 내가 말했다.

10. 파생과 카페 돔에서

그날 저녁은 날씨가 아주 좋았다. 온종일 열심히 작업에 몰두했던 나는 노트르담 데샹 거리 113번지에 있는 제재소 위층의 아파트에서 내려와 목재가 쌓여 있는 안마당을 가로질러 밖으로 나와 문을 닫고, 길을 건너 정문이 몽파르나스 대로 쪽으로 나 있는 빵집의 뒷문으로 들어갔다가 맛있는 빵 냄새를 헤치며 정문으로 나갔다. 빵집 안에는 불이 밝혀져 있었고 밖에는 해가 저물고 있었다. 나는 늦은 오후의 어스름 속을 걷다가, 냅킨걸이 고리에 꽂혀 있는 흰색과 빨간색 바둑판 무늬 냅킨이 어서 들어와 식사하라고 유혹하는 네그르 드 툴루즈Nègre de Toulouse[58] 레스토랑의 테라스 앞에서 걸음을 멈췄다. 자주색으로 인쇄된 메뉴를 보니 오늘의 특별요리는 카술레[59]였다. 요리 이름을 읽는 것만으로도 군침이 돌았다.

레스토랑 주인 라비뉴 씨는 내게 글이 잘되고 있느냐고 물었고, 나는 잘 풀리고 있다고 대답했다. 그는 내가 아침 일찍 라라클로즈리 데릴라의 테라스에서 글을 쓰고 있는 모습을 보았는데 너무 열중하고 있기에 말을 걸지 않았다고 했다.

"선생은 마치 정글 속에 홀로 남은 분 같더군요." 그가 말했다.

"글 쓸 때는 눈먼 돼지가 된답니다."

"정글 속에 있던 게 아니었나요?"

"덤불 속에 있었지요." 내가 대답했다.

상점의 진열장을 구경하면서 행인들을 스치며 걸어가던 나는 봄날 저녁의 나른한 행복감에 젖었다. 늘 사람이 많이 몰리는 대형 카페 세 곳을 지나면서 나는 안면이 있거나 대화한 적이 있는 사람들이 있는지 둘러보았다. 하지만 그곳에는 늘 내가 모르는 아주 준수하게 생긴 사람들이 앉아 있었고, 그들은 등을 밝히기 시작하는 초저녁 시간이 되면 함께 술을 마시고, 저녁을 먹고, 사랑을 나눌 곳을 향해 떠나곤 했다. 이런 대형 카페에 앉아 있는 사람들은 자신이 그곳에 드나든다는 것을 다른 사람들에게 과시하거나, 뭔가를 마시거나, 수다를 떨거나, 사랑을 속삭이고 있었을 것이다. 내가 좋아하지만, 아직 만나 보지 못한 사람들은 실내를 가득 메운 손님들 속에 파묻혀서 아무도 자기를 알아보지 못한다는 장점 때문에 혼자, 혹은 여럿이 그런 카페에 갔다. 당시에는 대형 카페에서도 음료나 음식값을 비싸게 받지 않았다. 맥주 맛도 좋았고, 아페리티프도 비싸지 않았으며, 주문한 음료의 가격을 정확하게 적어 놓은 가격표가 잔 받침에 얹혀 함께 나왔다.

그날따라 나는 경마장에 무척 가고 싶었지만, 유혹을 참으며 온종일 열심히 글을 썼고, 글이 잘 풀렸기에 저녁 무렵이 되자 전에 없이 뿌듯했다. 스스로 기특한 일을 했다는 기분도 들었다. 곤궁한 시기에는 경마장 출입을 포기해야 했다. 돈을 잃을 위험을 무릅쓰기에 나는 너무 가난했기 때문이었다. 어떤 기준에서 봐도 우리 부부는 몹시 궁색했고, 나는 점심 초대를 받았다고 말하고는 두 시간 동안 뤽상부르 공원을 산책하고 나서 집으로 돌아와 아내에게 멋진 식사를 했다고 거짓말을 늘어놓아 적게나마 돈을 절약하곤 했다. 스물다섯 젊은 나이에 건장한 체구를 타고난 나는 끼니를 거르면 몹시 허기가 졌다. 하지만 배고픔은 나의 모든 감각을 예민하게 해주었다. 나중에 보니 내 소설의 주인공들은 대부분 식욕이 강하거나, 미식가이거나, 혹은 식탐이 있거나, 술을 즐기는 사람들이었다.

우리는 네그르 드 툴루즈에서 카오르산 고급 포도주를 주문할 때 4분의 1병, 반병, 혹은 한 병을 주문해서 물을 3분의 1 정도 섞어 마셨다. 제재소 위층에 있는 우리 집에는 꽤 유명하지만, 가격이 저렴한 코르시카산 포도주가 있었다. 그 포도주는 얼마나 진한지 물을 반쯤 타도 맛이 달라지지 않았다. 당시 파리에서는 가진 것이 별로 없어도 그런대로 살아갈 수 있었고, 이따금 끼니를 거르고 새 옷만 사지 않는다면 돈도 조금 저축하고 몇 가지 사치도 부릴 수 있었다. 그러나 그즈음에 마음먹고 잘만 하면 경마로 돈을 벌 수 있었지만, 나는 경마장에 갈 수가 없었다. 그 시절은 경주 전에 말을 의도적으로 흥분시켰는지 밝혀내기 위해 말의 침을 채취하여 검사하는 등의 기술이 개발되기 전이었기에 말에게 약물을 투여하는 일이 빈번했다. 그래도 가끔 초감각적인 경지를 보이는 나의 비상한 통찰력을 작동하여 방목장에 있는 말들의 움직임을 관찰하고, 흥분제가 투여된 말을 찾아내어 그 말에 절대로 잃어서는 안 되는 돈을 거는 일이 아내와 자식을 거느린 가장이며 작가로 성공하고자 습작으로 나날을 보내는 젊은이가 할 짓은 아니었다.

나는 하루의 과제를 잘 마치고 홀가분한 기분으로 길을 걸으면서 전에 엥기엥 경마장에서 보았던 흥분제 맞은 말의 모습을 떠올리고 있었다. 그렇게 카페 셀렉트Café Select 앞에 다다랐을 때 안에 앉아 있는 헤럴드 스턴스[60]의 모습이 보였다. 나는 틀림없이 그가 경주마 이야기를 꺼내리라는 것을 알고 있었으므로 곧바로 돌아서서 오던 길을 되돌아갔다.

저녁 무렵, 전에 없이 마음이 고결해진 나는 악습과 군집본능에 대해 경멸감을 느끼며 사람들로 북적이는 카페 로통드를 지나 큰길을 건너 카페 돔으로 갔다. 그곳에도 사람이 많았지만, 그들은 하루를 열심히 일한 사람들이었다.

그 카페에는 온종일 포즈를 취하느라 고단했던 모델들과 어두워질 때까지 그림을 그리다가 온 화가들이 있었고, 좋은 글이든 형편없는 글이든 창작하느라 온종일 애를 쓴 작가들도 있었으며, 술꾼과 괴짜들도 있었다. 그중에는 내가 아는 사람도 있었고, 오가며 얼굴만 아는 사람도 있었다.

나는 파생[61]이 두 자매 모델과 함께 앉아 있는 테이블로 갔다. 들랑브르 거리R. Delambre에 서서 어디 들어가 한잔할까 말까 망설이고 있는 내게 그가 들어오라고 손짓했던 것이다. 파생은 좋은 화가였는데, 그날은 많이 취해 있었다. 그는 화가로서의 감각을 유지하려고 의도적으로 끊임없이 술에 취하곤 했다. 두 모델은 젊고 아름다웠다. 그중 한 명은 검은 머리에 체구는 작지만, 몸매가 균형 잡힌 여성이었는데, 어딘지 모르게 연약한 척하는 퇴폐적인 매력이 있었다. 다른 한 명은 순진하고 지능이 조금 모자라 보였지만, 위태위태한 아이 같은 백치미가 있는 여성이었다. 동생은 비록 언니보다 못했지만, 두 사람 모두 몸매만은 그해 봄에 눈에 띄던 어떤 여성보다도 빠지지 않았다.

"착하면서도 고약한 자매일세." 파생이 말했다. "내가 살 테니, 뭘 마시겠나?"

"흑맥주 한 잔." 내가 웨이터에게 말했다.

"위스키를 드시게. 내게 돈이 있다니까."

"전 맥주를 좋아합니다."

"정말 자네가 맥주를 좋아한다면, 지금쯤 리프에 있겠지. 여태 글을 쓰다가 이제 나왔구먼."

"그렇습니다."

"잘되어 가나?"

"잘되길 바라고 있지요."

"좋아, 다행이구먼. 여전히 삶에 대해 희망이 있겠지?"

"네."

"자네 지금 몇 살인가?"

"스물다섯입니다."

"이 여자를 품에 안고 싶지 않나?" 그는 자매 중에서 검은 머리의 여자를 흘낏 바라보고 나서 웃으며 내게 물었다. "이 여자에겐 그게 필요한 것 같은데."

"오늘은 선생님이 충분히 안아 주셨을 것 같은데요?"

그녀는 내게 입을 크게 벌리며 웃어 보였다. "이분은 정말 못된 사람이에요." 그녀가 말했다. "그래도 속마음은 착해요."

"이 여자를 자네 아파트로 데려가도 좋아."

"음탕한 소리 좀 작작하세요." 금발 여자가 말했다.

"누가 음탕한 말을 했는데?" 파생이 금발에게 물었다.

"아무도 안 했죠. 난 그저 내 귀에 그렇게 들렸다고 말한 것뿐이에요." 그녀가 대답했다.

"자, 편하게 생각하자고." 파생이 너스레를 떨었다. "진지한 젊은 작가와 지혜와 호의가 넘치는 늙은 화가, 그리고 앞날이 창창한 두 미인이 여기 있으니 말일세."

두 여자는 음료수를 홀짝거리고, 나는 맥주를 마시고, 파생은 브랜디를 또 한 잔 마시며 앉아 있었다. 그러나 파생을 제외하고는 아무도 마음이 편하지 않았다. 검은 머리의 여자는 잠시도 가만히 있지 않고, 저녁 햇살이 얼굴의 윤곽을 돋보이게 하는 옆모습을 보이며 앉은 채 몸에 딱 달라붙는 검은 스웨터 밑의 탄탄한 앞가슴을 내밀며 몸매를 과시하고 있었다. 마치 동양 여성처럼 짧게 자른 그녀의 검은 머리에서 반들반들 윤이 났다.

"넌 오늘 온종일 내게 포즈를 취해 주었어." 파생이 그녀에게 말했다. "그런데 이제 카페에서조차 그런 스웨터를 입고 모델 티를 내야겠어?"

"이 옷이 맘에 들어서 입었을 뿐이에요." 그녀가 말했다.

"넌 꼭 자바 인형 같아."

"눈은 그렇지 않아요. 그보다는 좀 더 섬세하죠."

"넌 퇴폐적이야. 싸구려 인형을 닮았다니까."

"그럴지도 모르죠." 그녀는 말했다. "하지만, 난 살아 있잖아요. 어쩌면 선생님보다 더 정력적이죠."

"그건, 두고 볼 일이지."

"좋아요. 나는 언제든지 증명할 준비가 되어 있으니까."

"오늘 증명할 순 없었나?"

"아, 그건…" 그녀가 말하며 저녁의 마지막 햇살 쪽으로 얼굴을 돌렸다. "선생님은 늘 그림에 빠져 있잖아요. 이분은 캔버스와 사랑에 빠졌어요." 그녀가 나를 돌아보며 말했다. "그건 죄악이에요."

"그러니까 네 말은 내가 너를 그리고, 돈을 주고, 맑은 정신을 유지하려면 너를 안아 주고, 게다가 너를 사랑해야 한다는 거야?" 파생이 말했다. "이 한심한 인형아."

"당신도 내가 좋죠? 그렇죠?" 느닷없이 그녀가 내게 물었다.

"네. 아주."

"그렇지만, 당신은 덩치가 너무 커요." 그녀가 애석하다는 듯이 말했다.

"침대에선 키가 크든 작든 상관없죠."

"그건 그렇지 않아요." 그녀의 동생이 끼어들었다. "그리고 난 이런 얘기가 지겹더라."

"이봐." 파생이 말했다. "내가 캔버스와 사랑에 빠졌다고 생각한다면, 내일은 수채화로 그려 줄게."

"우리 식사는 언제 하죠?" 그녀의 동생이 화제를 바꿨다. "그리고 어디서 할 거예요?"

"당신도 우리랑 함께 식사하실 거죠?" 검은 머리가 물었다.

"아니요. 저는 '법적인 아내'와 식사할 거예요." 이것은 당시에 유행하던 표현이었다. 요즘은 '공인된 아내'라고 부르지만.

"자네 꼭 가야 하나?" 파생이 물었다.

"가야 하고, 또 가고 싶습니다."

"그렇다면 가시게." 파생이 말했다. "그리고 타자기하고 사랑에 빠지지는 말게나."

"그럼, 연필로 글을 쓰도록 하지요."

"내일은 수채화를 그린다." 그가 말했다. "좋아, 애들아. 한 잔만 더 하고 너희가 원하는 곳에 가서 저녁을 먹도록 하자."

"바이킹으로 가요." 대뜸, 검은 머리가 말했다.

"나도 찬성." 동생도 조르듯 말했다.

"좋아." 파생이 쾌히 승낙했다. "그럼, 젊은이. 좋은 밤 보내고 잘 자게."

"네, 또 뵙죠."

"오늘 밤은 편히 주무시지요."

"바이킹에 갔다가 말인가?" 그는 모자를 뒤통수에 얹어 놓으며 싱긋 웃었다. 매력적인 화가인 그는 그날따라 화가라기보다 19세기 브로드웨이 연극의 등장인물처럼 보였다. 나중에 그가 목을 매달아 자살한 후에 나는 그날 저녁 카페 돔에서 보았던 그의 모습을 가끔 떠올리곤 했다. 사람이 앞으로 할 어떤 행동의 씨앗은 이미 그의 몸 안에 들어 있다고들 하지만, 삶 자체를 우스개로 여기는 사람이라면 그 씨앗은 기름진 비료가 섞인 좋은 흙으로 덮여 있는 것은 아닐까.

11. 에즈라 파운드와 자벌레

항상 좋은 친구였던 에즈라 파운드는 늘 다른 사람들을 먼저 배려했다. 그가 아내 도로시와 함께 살던 노트르담 데샹 거리에 있는 아파트는 거트루드 스타인 여사의 아파트가 호화로웠던 것만큼이나 초라했다. 그러나 조명은 아주 훌륭했고 난로 덕분에 실내는 따뜻했으며 벽에는 에즈라와 알고 지내던 일본 화가들의 그림이 여기저기 걸려 있었다. 그 화가들은 일본의 귀족 출신이라고 했는데, 머리를 길게 기르고 있었서 고개를 숙일 때마다 번들거리는 검은 머리카락이 이마 위로 흘러내렸다. 그들의 모습은 인상적이었으나 그림은 마음에 들지 않았다. 난해한 그림이었지만, 별로 신비스러워 보이지도 않았고, 설령 그 그림들을 이해한다 해도 내게는 아무 의미가 없었다. 유감이지만, 어쩔 수 없었다.

나는 도로시의 그림을 아주 좋아했다. 내 눈에 비친 그녀는 매우 아름답고 몸매도 매력적이었다. 나는 또한 앙리 고디에 브르제스카[62]가 조각한 에즈라의 두상을 좋아했고, 에즈라가 브르제스카에 대해 쓴 책에 실으려고 사진을 찍어 내게 보여준 그의 조각 작품들도 좋아했다. 에즈라는 피카비아[63]의 그림도 좋아했으나, 나는 그 그림들이 가치 있다고 생각하지는 않았다. 또한, 에즈라가 무척 좋아했던 윈담 루이스[64]의 그림도 별로 좋아하지 않았다.

에즈라는 친구들의 작품이라면 무조건 높이 평가했다. 그런 반응은 그의 아름다운 우정에서 비롯했겠지만, 결과적으로 작품에 대한 형편없는 판단으로 이어질 수 있었다. 나는 마음에 들지 않는 작품에 대해서는 입을 다물었기에 그와 그런 문제로 다툰 적은 없었다. 친구의 그림이나 글을 좋아한다는 것은 가족을 사랑하는 것과 마찬가지이므로 나는 그가 좋아하는 친구의 작품을 혹평하는 것이 예의에 어긋나는 행동이라고 생각했다. 그러나 친가든 외가든 가족을 비판하는 일은 조심스러울 수밖에 없지만, 하찮은 그림을 그리는 화가에 대해서는 훨씬 수월하게 비판하게 되는 법이다. 왜냐면 비판받은 가족들은 우리에게 상처를 주거나 끔찍한 손해를 끼칠 수 있지만, 우리와 아무 상관 없는 화가들은 그럴 수 없기 때문이다. 그런 화가들은 무시하면 그만이다. 그러나 가족들을 모른 체하거나, 그들의 말을 귀담아듣지 않거나, 그들의 편지에 답장하지 않는다면, 가족 관계에서 여러 가지 좋지 않은 일이 벌어질 수 있다. 어쨌든, 에즈라는 나보다 훨씬 더 친절하고 선량하게 주변 사람들을 대했다. 그의 글은 자신이 의도했던 대로 잘 풀렸을 때 나무랄 데 없이 완벽했다. 그는 자신의 실수나 과오에 대해 몹시 엄격했던 반면, 다른 사람들에게는 더할 나위 없이 너그러웠으므로, 나는 늘 그가 성자가 아닌가 생각했다. 게다가 그는 성격이 불같았다. 아마 성자들도 그랬을 것이다.

    에즈라의 요청으로 나는 가끔 그에게 권투를 가르쳐 주곤 했다. 내가 위담 루이스를 처음 만난 것도 어느 늦은 오후 에즈라의 아파트에서 그와 스파링을 하고 있을 때였다. 에즈라가 권투를 배운 지 얼마 되지 않았을 때였으므로 나는 그가 지인 앞에서 스파링하게 되었다는 사실에 신경이 쓰였고, 될 수 있으면 그가 권투를 잘하는 것처럼 보이게 하려고 애썼다. 하지만, 그것은 생각대로 되지 않았다. 펜싱을 하는 에즈라에게 오른손이 아니라 왼손을 사용하게 한다든가, 언제나 왼발을 앞으로 내밀고 오른발을 동시에 따라 움직이는 기민한 풋워크를 가르치는 단계였기 때문이었다. 사실, 그런 것들은 초보적인 동작일 뿐, 나는 아직 에즈라에게 레프트 훅을 제대로 날리는 법을 가르쳐 주지 못했고, 더구나 레프트 잽을 짧게 끊어서 치는 법을 가르친다는 것은 한참 후에나 가능한 일이었다.

윈담 루이스는 오페라 〈라보엠〉에 등장하는 인물과 같은 옷차림에 동네 괴짜들에게나 어울릴 듯한 챙 넓은 검은 모자를 쓰고 있었다. 그의 얼굴을 보면 개구리가 연상되었다. 그것도 황소개구리가 아니라, 흔히 볼 수 있는 참개구리처럼 생긴 그에게 파리는 너무 큰 먹이라는 생각이 문득 들었다.

당시 우리는 작가든 화가든 아무 옷이나 있는 대로 걸치고 다녔고, 따로 정해진 예술가 스타일의 옷이 있는 것은 아니라고 생각했지만, 루이스는 1차대전 전의 전형적인 예술가 복장을 하고 있었다. 그는 하필 우리가 스파링하는 중에 왔기에 내가 에즈라의 레프트 펀치를 피하거나 오른쪽 글러브로 막아 내는 모습을 그가 건방진 표정으로 구경하는 것이, 나는 몹시 거북했다.

나는 스파링을 중단하려고 했지만, 루이스는 우리에게 계속하라고 고집을 부렸다. 권투에 대해 아무것도 모르는 그는 내가 에즈라에게 부상이라도 입히기를 기다리는 것 같았다. 그러나 그런 일은 일어나지 않았다. 나는 절대 반격하지 않고 에즈라가 나를 쫓아다니며 레프트와 라이트 펀치를 번갈아 날리며 마음대로 공격하게 내버려 두었기 때문이다. 한참 그렇게 스파링을 계속하고 나서 나는 이제 그만하자고 말하고, 물 한 주전자로 대충 몸에 씻고 수건으로 물기를 닦은 다음 스웨터를 입었다.

우리는 뭔가를 한 잔씩 마셨고, 나는 에즈라와 루이스가 런던과 파리 사람들에 대해 나누는 이야기를 듣고 있었다. 권투 선수들이 흔히 그러듯이 나는 다른 곳을 보는 척하면서 루이스를 주의 깊게 관찰했다. 그때까지 나는 그보다 더 못생긴 사람을 본 적이 없었다. 명마가 은연중에 자신의 혈통을 드러내듯이 어떤 사람들은 자신의 사악함을 겉으로 드러낸다. 그들은 암과 같은 존재다. 그러나 루이스는 사악함을 드러내지는 않았다. 단지, 못생겼을 뿐이었다.

집으로 돌아가는 길에 나는 그의 모습에서 연상되는 것들을 떠올려 보았다. 여러 가지가 떠올랐다. 그중 속된 말로 '발가락에 낀 때'만 제외하고는 모두 의학 용어였다. 이번에는 그의 이목구비를 하나하나 분석해 보려 했지만, 생각나는 것은 그의 눈뿐이었다. 처음 그를 보았을 때 검은 모자 밑으로 드러난 그의 두 눈은 마치 강간 미수범의 눈과 같았다.

"오늘, 구역질 나게 못생긴 남자를 만났어." 내가 아내에게 말했다.

"타티, 그만해요." 그녀가 말했다. "곧 식사할 거니까."

일주일쯤 지나 나는 스타인 여사를 만나 윈덤 루이스 이야기를 들려주며 그를 본 적이 있는지 물어보았다.

"난 그 사람을 '자벌레'라고 불러." 그녀가 말했다. "그는 런던 출신인데, 좋은 그림을 보면 호주머니에서 연필을 꺼내 들고 엄지손가락을 앞으로 쭉 내밀어서 재어 보곤 하지. 그리고 그림 주위를 오락가락하면서 마치 자로 재듯이 이리저리 살피고 뜯어보면서 그 그림이 어떻게 그려졌는지를 정확하게 알아내려고 애쓴다네. 그래서 내가 그 사람을 '자벌레'라고 부르는 거야. 그러고는 런던으로 돌아가서 그 그림을 직접 그려보려고 안간힘을 쓰지만, 절대로 성공하지 못해. 왜냐면 그 사람은 본질을 놓치고 있거든."

그래서 나도 그를 '자벌레'로 인식하게 되었다. 그를 볼 때 들었던 느낌과 비교하면 그것은 훨씬 더 너그럽고 호의적인 별명이었다. 나중에 에즈라가 자신의 모든 친구에 대해 이야기하면서 루이스에 대해서도 설명해 주었을 때 나는 그를 좋아해 보려고, 그리고 그와 친구가 되어 보려고 노력했다. 하지만 에즈라의 아파트에서 그를 처음 보았을 때 느꼈던 그의 첫인상은 끝내 지워지지 않았다.

12. 정말 이상한 결별

스타인 여사와의 결별은 참 이상했다.

처음에 우리 관계는 좋은 친구 사이로 시작되었다. 나는 여사의 장편을 연재하도록 포드에게 추천한다든가, 그녀가 손으로 쓴 원고를 타자기로 쳐 준다든가, 교정쇄를 검토해 주는 등 그녀에게 여러 가지 실질적인 도움을 주면서 우리 두 사람은 나의 기대 이상으로 가까워졌다. 남자가 유명한 여성과 친구가 될 때 그 우정이 더 깊어지거나 깨지기 전에는 아주 유쾌한 관계가 유지될지 모르지만, 두 사람 사이에 그다지 긴 미래를 기대할 수는 없는 법인데, 그 여성이 큰 야망을 품은 작가일 경우에는 더욱 그렇다.

한번은 내가 플뢰뤼스 거리 27번지에 한동안 들르지 못하다가 오랜만에 여사를 찾아간 적이 있었다. 나는 그동안 들르지 않은 것이 그녀가 집에 있는지 확실히 알 수 없어서 그랬다고 변명했다. 그러자, 그녀는 이렇게 말했다. "헤밍웨이, 자네는 편하게 생각하고 이 집에 드나들어도 돼. 아직도 그걸 모르고 있단 말이야? 내 말은 진심이야. 언제든지 여기 오면 가정부가 반겨줄 거야.(그녀는 전에 가정부 이름을 알려 주었지만, 나는 그 이름을 잊어버렸다) 내가 돌아올 때까지 자네 집처럼 편하게 생각하고 기다리면 되잖아."

나는 그녀가 내게 부여한 이 권리를 지나치게 자주 사용하지는 않았지만, 가끔 별다른 약속 없이도 그 집에 들렀고 가정부가 내오는 음료수를 마시며 그림을 감상하곤 했다. 그리고 스타인 여사가 늦게까지 돌아오지 않는 날이면 스타인 여사에게 간단한 메모를 남기고 돌아가기도 했다.

그러던 어느 날, 스타인 여사는 자기 차를 타고 누군가와 함께 프랑스 남부로 여행을 떠날 예정이라며 날더러 오전 중에 작별 인사를 하러 오라고 전갈을 보냈다. 당시 아내와 나는 호텔에 머물고 있었는데, 그날 우리에게는 다른 계획이 있었고, 다른 곳에 갈 예정이었다. 물론, 우리의 그런 사정을 스타인 여사가 일일이 알 수는 없었다. 나는 우리 계획대로 하고 싶었지만, 여사의 청을 무시할 수 없었다. 우리 부부는 이런 상황에서 처신하는 방법을 몰랐다. 상대의 초대를 기분을 상하게 하지 않게 거절하는 방법 정도는 배워 뒀어야 했다. 오랜 세월이 흐른 후에 나는 피카소에게서 이런 말을 들은 적이 있다. 그는 부자들이 초대하면 일단 초대를 받아들여서 그들을 기쁘게 한 다음, 사정이 생겨 못 가게 되었다고 통보한다고 했다. 그러나 그것은 피카소가 사람들에게 써먹는 방법일 뿐, 스타인 여사와 아무 상관 없는 이야기였다.

때는 화창한 봄날이었다. 나는 뤽상부르 공원을 통과하여 옵세르바투아르 광장 쪽으로 내려갔다. 길에는 마로니에꽃이 만발했고, 유모들이 벤치에 앉아 지켜보는 가운데 자갈이 깔린 산책로에서 뛰어노는 어린아이들이 많이 눈에 띄었다. 나무 사이로 산비둘기들이 보였고, 눈에 보이지 않을 때에도 새소리는 여전히 귓전에 들려왔다.

여사의 집에 도착하여 초인종을 누르기도 전에 가정부가 문을 열더니 들어와서 기다리면 스타인 여사가 곧 내려오리라고 했다. 점심때까지는 아직 시간이 있었지만, 그녀는 내게 브랜디 한 잔을 건네주고는 명랑한 얼굴로 윙크를 보냈다. 언제 어디서든 남의 대화를 엿들어본 적이 없는 내 귀에 누군가가 스타인 여사에게 이야기하는 소리가 들린 것은 그 무색 알코올이 내 혀끝을 감미롭게 감싸고 그 맛이 아직 입안에 남아 있을 때였다.

이어서 달래는 듯도 하고 애원하는 듯도 한 스타인 여사의 목소리가 들려왔다. "제발 그러지 마, 여보. 안 돼, 그러면 안 돼. 내가 무슨 짓이든 시키는 대로 할게, 제발 그러지 마, 여보."

나는 마시던 브랜디를 얼른 입안으로 털어 넣고는 빈 잔을 테이블 위에 놓고 문 쪽으로 향했다. 가정부가 내게 손가락을 가로저으며 속삭였다. "가지 마세요. 곧 내려오실 겁니다."

"가야겠어요." 나는 두 사람의 대화를 듣지 않으려고 서둘러 문 쪽으로 걸음을 옮겼으나 소용없었다. 듣지 않으려면 문밖으로 나가는 수밖에 없었다. 스타인 여사가 하는 말도 듣기 거북했지만, 상대의 반응은 더욱 좋지 않았다.

안마당에 선 채 나는 가정부에게 말했다. "내가 여사님을 뵈러 왔다가 여기 마당에서 당신과 마주친 것으로 해주세요. 친구가 몹시 아파서 기다릴 수 없었다고 하세요. 그리고 내가 나중에 편지를 쓰겠지만, 여사님께 여행 잘 다녀오시라고 전해 주세요."

"알겠어요, 선생님. 그래도 이렇게 그냥 돌아가시니 유감이에요."

"그래요." 내가 말했다. "나도 유감입니다."

여사와의 관계는 그렇게 끝났다. 정말 어처구니없는 결별이었다. 하지만, 그 후에도 나는 그녀가 부탁하는 잡다한 일들을 도와주었고, 필요하다면 그녀를 직접 만나기도 하고, 그녀가 초대하고 싶어 하는 사람들을 그녀의 집으로 데려가기도 하면서 그녀가 대부분 남자 친구에게 그랬듯이 때가 되어 새 친구들을 사귀고 나를 버려 주기를 기다렸다. 그녀 집의 벽을 장식한 위대한 그림들과 나란히 걸린, 별로 가치 없는 새 그림들을 본다는 것은 매우 서글픈 일이었지만, 그것은 이제 내가 애석해할 일은 아니었다.

그녀는 단 한 사람을 제외하고는 자신을 따르던 거의 모든 이와 다투었다. 그나마 유일한 예외였던 후안 그리스[65]와 다투지 않았던 이유는 그가 죽었기 때문이었다. 후안 그리스는 이미 저세상 사람이 되었으니, 그가 그녀와 다툰 적이 없다는 것을 흡족해했는지 아닌지를 확신할 수는 없지만, 그의 그림을 잘 살펴보면 거기에 대답이 나와 있을지도 모르겠다.

나중에 그녀는 심지어 새로 사귄 사람들과도 다투었지만, 우리 친구들은 이제 그런 일에 전혀 신경 쓰지 않았다. 그녀는 점점 로마 황제를 닮아 갔다. 여성 폭군을 좋아하는 사람이라면 별문제 없었을 것이다. 그러나 피카소가 그린 그녀의 초상화를 볼 때마다 나는 프리울리에서 온 시골 아낙네 같았던 스타인 여사의 모습이 떠올랐다.

결국, 융통성 없는 편협한 인간이 되지 않기 위해 우리는 모두, 아니, 모두는 아니더라도 대부분 그녀와 다시 친구가 되었다. 나 역시 마찬가지였다. 하지만, 나는 감정적으로든 이성적으로든 다시는 그녀와 진정으로 친구가 될 수 없었다.

여러 해가 지나고, 내가 자동차 정비공장 주인의 말(Lost Generation)을 인용하며 소설을 쓰고 나서야 누구나 다른 사람과 다툴 수도 있고 또 미워할 수도 있음을 깨달았다. 하지만, 당시에는 일이 훨씬 더 복잡하게 꼬여 있었다.

13. 죽음과 맞선 흔적이 있는 남자

어느 날 오후, 나는 시인 어니스트 월쉬[66]를 에즈라의 아파트에서 만났다. 그는 밍크코트를 입은 두 여자를 동반했고, 밖에는 제복을 입은 운전기사가 클라리지Claridge 호텔에서 빌린 크고 번들거리는 자동차 안에서 대기하고 있었다. 월쉬는 그 금발 여자들을 대서양을 건너오는 배 안에서 만났다고 했다. 배는 전날 도착했고, 그는 그 여자들과 함께 에즈라를 방문한 참이었다.

갈색 머리 월쉬는 열정적이고 시적인, 흠잡을 데 없는 아일랜드인이었다. 사람들은 영화에서 죽음과 맞서 싸우는 주인공처럼, 그에게도 분명히 죽음과 맞서 싸운 흔적이 있다고 했다. 그가 에즈라와 뭔가에 대해 토론을 하는 동안, 나는 두 여자와 이야기를 나누었다. 그녀들은 내게 월쉬의 시를 읽은 적이 있는지 물었다. 내가 읽은 적이 없다고 하자, 한 여자가 해리엇 먼로[67]가 편집하여 출간한 초록색 표지의 《포에트리, 버스 매거진Poetry, Verse Magazine》 한 권을 꺼내 그 잡지에 실린 월쉬의 시들을 내게 보여 주었다.

"저분은 시 한 편에 1,200달러를 받는대요." 그녀가 말했다.

"시 한 편에 말이에요." 다른 여자가 말했다.

나는 그 잡지사에서 내 원고 한 페이지에 12달러를 지급했던 일을 기억하고 있었다. "저분은 틀림없이 대단히 위대한 시인일 테지요." 내가 말했다.

"저분은 에디 게스트[68]보다도 더 많이 받아요." 첫 번째 여자가 말했다. "누구더라… 또 다른 어떤 시인보다도 더 많이 받는다던데."

"키플링."[69] 그녀의 친구가 거들었다.

"어떤 시인보다도 많이 받죠." 첫 번째 여자가 말했다.

"두 분은 파리에 오래 계실 겁니까?" 내가 두 여자에게 물었다.

"아뇨. 꼭 그렇지는 않아요. 다른 친구들과 함께 와서 일정은 언제든지 달라질 수 있어요." 한 여자가 대답했다.

"우리는 멀리서 배를 타고 와서 어제 도착했어요. 그런데 그 배엔 재미있는 사람이라곤 아무도 없더군요. 물론, 월쉬 씨를 빼고는 말이죠." 다른 여자가 덧붙여 말했다.

"저분이 카드 놀이를 하자고 제안하진 않던가요?" 내가 물었다.

그녀는 실망했다는 듯이, 그러나 이해한다는 듯이 나를 쳐다보았다.

"아니요. 저분은 말씀을 아주 재미있게 하셔서 그럴 필요까진 없었어요. 게다가 시를 쓸 수도 있었을 텐데, 항해 중에 시도 쓰지 않았어요."

"돌아가실 때에는 어떤 배를 타실 겁니까?"

"글쎄요, 그건 형편에 따라 다르겠지요. 출항 상황이라든가, 그 밖의 여러 가지 사정을 고려해야죠. 선생님도 곧 미국으로 돌아가실 건가요?"

"아닙니다. 전 여기가 아주 좋습니다."

"여긴 몹시 가난한 동네인 것 같아요, 그렇지 않아요?"

"그렇습니다. 하지만 아주 정겨운 곳이지요. 전 카페에서 글을 쓰고 가끔 경마장에도 간답니다."

"그런 차림으로 경마장에 가도 되나요?"

"아닙니다. 이건 카페에 갈 때 입는 옷이지요."

"멋진 삶인 것 같은데." 그중 한 여자가 다른 여자에게 말했다. "난 그런 카페가 어떤 곳인지 구경하고 싶어. 넌 그렇지 않니?"

"나도 그래." 다른 여자가 말했다. 나는 내 수첩에 두 여자의 이름을 적고 나서 클라리지 호텔로 전화하기로 약속했다. 여자들은 상냥한 사람들인 것 같았다. 나는 여자들과 월쉬, 그리고 에즈라에게 차례로 작별 인사를 했다. 월쉬는 여전히 에즈라와 무척 진지하게 토론하는 중이었다.

"전화, 잊지 마세요." 둘 중 키 큰 여자가 다짐을 두었다.

"어떻게 잊을 수 있겠습니까?" 나는 그녀에게 대답하고 두 여자와 차례로 악수했다.

그 후 나는 에즈라에게서 월쉬가 자신의 시와 죽음과 맞서 싸운 흔적이 있는 젊은 시인을 찬미하는 그 숙녀들의 도움으로 클라리지 호텔의 숙박비를 해결하고 체크아웃할 수 있었다는 말을 들었고, 그로부터 다시 얼마 후 그가 어딘가 다른 곳에서 재정지원을 받아 막 창간된 어느 잡지의 공동편집자가 되었다는 소식을 들었다.

그 무렵, 스코필드 세이어[70]가 편집인으로 있는 미국의 문학잡지《다이얼》[71]은 매년 뛰어난 문인을 한 사람 선정하여 2천 달러의 상금이 부상으로 지급되는 문학상을 수여하고 있었다. 신출내기 작가에게 그 상은 명성뿐 아니라, 엄청난 금액의 상금이 생기는 기회였다. 당연한 일이지만, 그 상은 충분한 자격을 갖춘 작가에게 수여되었다. 당시 유럽에서는 하루에 5달러 수입만 있으면 두 사람이 충분히 안락하게 지내고, 가끔 여행도 다닐 수 있었다. 예를 들어 나는 내 첫 번째 단편 모음집을 출간한 미국의 어느 출판사에서 받은 선금 200달러에 약간의 저축금과 융자금을 보태 오스트리아의 포알베르크에서 겨우내 스키를 즐기며 글을 쓸 수 있었다.

월쉬가 공동편집인으로 있던 그 계간지의 1호부터 4호까지에 실린 글 중에서 가장 좋은 작품이 그 큰 금액의 상을 받게 되리라는 소문이 돌았다.

그런 소문이 가십이나 루머를 통해 여러 사람 사이에 퍼진 것인지, 아니면 누군가가 자신의 생각을 그렇게 떠들고 다닌 것인지는 알 수 없었다. 수상자 선정은 언제나 공정한 방식으로 이루어진다고 믿거나 기대해야 했다. 정확히 말하면, 공정성을 문제 삼아 공동편집인 월쉬를 비난할 만한 어떤 근거도 없었다.

생미셸 대로에서 가장 비싸고 고급스러운 레스토랑에서 점심을 먹자고 월쉬가 나를 불러낸 것은 내가 이 상에 대한 소문을 들은 지 얼마 되지 않았을 때였다. 그는 평소에 내가 먹던 별로 비싸지 않은 포르투갈산과는 전혀 다른, 납작하고 옅은 구릿빛이 도는 값비싼 마렌느산 생굴과 푸이퓌세산 포도주 한 병을 주문하고 나서 아주 조심스럽게 말을 꺼냈다. 함께 배를 타고 온 여자들의 등을 쳤듯이 -그 여자들에게 얼렁뚱땅 사기를 쳐서 돈을 얻어 썼으리라는 내 짐작이 맞는다면- 내게 뭔가 사기를 치려는 것 같아서 나는 그가 내게 생굴을 한 접시 더 하겠느냐고 물었을 때 기꺼이 그러겠노라고 대답했다. 내 앞에서 그는 죽음과 맞서 싸운 적이 있음을 굳이 내세우려 하지 않았고, 그것은 다행한 일이었다. 그는 자신이 결핵에 걸린 척하고 있으며, 그것도 보통 결핵이 아니라 중증 결핵으로 죽어 가는 척한다는 사실을 내가 눈치챘음을 알고 있었으므로, 굳이 내 앞에서 발작적으로 기침하는 연기를 하지도 않았다. 우리가 식사 중이었음을 고려하면 그것은 참으로 고마운 일이었다. 죽음뿐 아니라, 그보다 더한 여러 가지 시련과 맞서 싸운 흔적이 역력한 캔자스의 창녀가 사기꾼에 대항하기 위해 특효약이라도 되는 것처럼 늘

남자의 정액을 마시고 싶어 하는 것과 같은 이치로 그가 생굴을 좋아하는 것은 아닌지 궁금했지만, 그렇게 물어보지는 않았다. 잘게 부순 얼음이 깔린 은 접시에 담겨 나온 두 번째 굴 요리를 먹기 시작한 나는 굴에 레몬즙을 뿌릴 때마다 믿을 수 없을 만큼 섬세하게 오그라드는 굴 살점의 갈색 테두리를 관찰하며 껍데기에서 굴 알맹이를 떼어 내서 입에 넣고 조심스럽게 씹었다.

"에즈라는 정말 위대한 시인이지요." 월쉬는 시인다운 우울한 눈빛으로 나를 깊숙이 바라보며 말했다.

"그렇죠." 내가 말했다. "그리고 참 좋은 사람이지요."

"귀족적이지요." 월쉬가 말했다. "진정한 의미에서 귀족적이라는 뜻입니다." 우리는 에즈라의 고결함을 찬미라도 하듯이 묵묵히 먹고 마셨다. 나는 불현듯 에즈라가 그리워졌고, 그가 이 자리에 있으면 얼마나 좋을까 하는 생각이 들었다. 그도 마렌느산 굴을 사 먹을 만한 능력은 없었다.

"조이스도 위대하지요." 월쉬가 말했다. "대단히 위대해요."

"위대하죠." 내가 말했다. "그리고 아주 좋은 친구이기도 하고요."

제임스 조이스가 《율리시즈》를 탈고하고 나서 사람들이 오랫동안 '집필 중인 작품'[72]이라고 불렀던 소설을 쓰기 시작하기까지의 그 멋진 시기에 나는 조이스와 친구가 되었다. 조이스를 생각하자, 그와 함께 나눈 수많은 추억이 머릿속을 스쳐 지나갔다.

"그분 시력이 좀 나아졌으면 좋겠어요." 월쉬가 말했다.

"그분 자신도 그렇게 바라고 있지요."

"우리 시대의 비극입니다."

"누구에게나 문제가 있게 마련이잖습니까?" 식사 분위기를 유쾌하게 유지하려고 애쓰면서 내가 말했다.

"선생에겐 그런 게 없잖습니까?" 그는 자신의 장점, 아니 그 이상을 한껏 과시하고는 '죽음과 맞서 싸운 흔적'이 있는 사람의 표정을 지으며 물었다.

"제겐 죽음과 맞서 싸운 흔적이 안 보인다는 말씀입니까?" 마침내 내가 물었다. 묻지 않고는 배길 수 없었다.

"아닙니다. 선생에겐 삶과 맞서 싸운 흔적이 있지요." 그는 '삶'이라는 단어를 강조했다.

"그런 문제엔 시간이 필요하지요." 내가 말했다.

그가 약간 덜 익힌 스테이크를 원했었기에 나는 베아르네즈 소스[73]를 친 투르느[74]도 2인분 주문했다. 나는 버터가 그의 몸에 좋으리라고 생각했다.

"와인 한잔 어떻소?" 그가 물었다. 소믈리에가 왔고 나는 샤토뇌프 뒤 파프 한 병을 주문했다. 식사를 마치고 강변을 산책하고 나면 술이 깰 것이다. 그는 잠을 자거나, 아니면 뭐 다른 방법으로 스스로 알아서 술에서 깨겠지. 나는 나대로 술에서 깨면 되리라고 생각했다.

속내를 털어놓는 이야기는 우리가 점심때 마시기에는 조금 과한 샤토뇌프 뒤 파프 한 병을 3분의 2쯤 비우면서 감자튀김을 곁들인 스테이크를 다 먹었을 즈음 나왔다.

"말을 돌릴 필요가 있겠습니까?" 그가 말했다. "선생이 상을 타게 되었다는 건 알고 계시죠?" 그가 물었다.

"제가요?" 내가 반문했다. "왜지요?"

"이번 상은 선생이 받게 될 겁니다." 그가 말했다. 그가 내 작품에 대해 말하기 시작했기에 나는 그의 말에 귀를 기울이지 않았다. 나는 당황스러웠고 내 앞에서 다른 사람이 내 작품에 대해 말하는 것을 듣기가 몹시 거북했다. '죽음과 맞서 싸운 흔적이 있는' 그의 표정을 보면서 나는 '이 사기꾼, 너는 지금 내게 사기를 치고 있는 거지?'라고 생각했다. 나는 어느 부대 전원이 길가의 흙구덩이 속에 널브러져 있는 광경을 본 적이 있었다. 그중 3분의 1은 죽음, 아니 그 이상의 것과 맞서 싸우고 있었지만, 그들의 얼굴에는 아무 흔적도 없었고 모두 그저 흙에 파묻혀 있을 뿐이었다. '그런데 너, 죽음과 맞서 싸운 흔적이 있는 표정을 짓고 있는 너, 사기꾼인 너는 너의 죽음을 팔아서 생계를 꾸려 가고 있지 않은가. 지금 너는 내게 사기를 치려고 할 테지. 네가 사기당하고 싶지 않다면, 너도 사기를 치지 마라.' 그러나 죽음은 그에게 사기를 치고 있지 않았다. 다만, 그에게 서서히 다가오고 있을 뿐이었다.

"제가 그 상을 받을 자격이 있다곤 생각지 않아요, 어니스트." 내가 증오하는 나의 이름 '어니스트'로 그를 부를 수 있다는 사실이 매우 흡족해서 나는 그렇게 말했다. "더구나, 어니스트. 그건 옳지 못한 일이에요."

"우리 이름이 같다는 사실이 참 묘하군요, 그렇지 않습니까?"

"그렇습니다, 어니스트." 내가 말했다. "우리는 평생 우리 이름에 부끄럽지 않게, 진지하게 살아야겠지요.[75] 제가 하는 말의 뜻을 이해하시겠습니까, 어니스트?"

"물론입니다, 어니스트." 그가 말했다. 그는 슬픈 아일랜드인의 이해력과 매력을 내게 완벽하게 보여 주었다.

이후로 나는 늘 그와 그의 잡지에 대해 호의적인 태도를 보였다. 실제로 결핵에 걸려 각혈하게 된 그가 자신이 편집하는 잡지와 영어를 전혀 모르는 직원들을 내게 맡기고 파리를 떠나야 했을 때에도 나는 그의 부탁을 성심껏 들어 주었다. 언젠가 그가 각혈을 할 때 나는 바로 그의 곁에 있었다. 그것은 전혀 사기가 아니었고, 나는 그가 정말 결핵으로 죽으리라는 것을 깨달았다.

당시에는 나도 삶이 고달팠지만, 그에게 최대한 친절을 베풀고, 그를 '어니스트'라고 부르는 것도 내게는 큰 기쁨이 되었다. 나는 또한 그의 공동편집인도 좋아하고 존경했다. 그녀는 내게 어떤 상도 약속하지 않았다. 그녀는 오로지 좋은 잡지를 만들고 글을 기고한 사람들에게 적절한 대가를 지급하는 일에만 신경 썼다.

여러 해가 지난 어느 날, 나는 낮 공연을 보고 나서 생제르맹 대로를 혼자 산책하는 조이스와 우연히 마주쳤다. 시력이 몹시 나빴던 그는 무대 위 배우들의 표정을 제대로 볼 수는 없었지만, 그들의 목소리만이라도 듣고 싶어 했다. 그가 내게 술 한잔하자고 청해서 우리는 카페 되마고에 들어갔다. 그는 스위스산 백포도주만 마시는 것으로 알려졌지만, 우리는 단맛 없는 셰리주를 주문했다.

"요즘 월쉬는 어떤가?" 조이스가 물었다.

"그럭저럭 살아 있는 것 같은데, 그건 그럭저럭 죽어 가는 거나 마찬가지겠지요." 내가 대답했다.

"그가 자네한테 그 상을 약속했나?" 조이스가 다시 물었다.

"그렇습니다."

"내가 그럴 줄 알았지."

"선생님께도 똑같은 약속을 했지요?"

"그랬지." 조이스가 말했다. 잠시 후 그가 다시 물었다. "그가 에즈라 파운드에게도 그 상을 주겠다고 약속했을까?"

"모르겠는데요."

"그에겐 물어보지 않는 편이 나을 것 같군." 조이스가 말했다.

우리는 그 문제에 대해서는 그쯤 해두기로 했다. 나는 월쉬가 정확히 언제 죽었는지 기억하지 못한다. 그러나 사실은 내가 조이스를 만난 그날보다 훨씬 전에 그는 이미 숨을 거두었다. 하지만 내가 에즈라의 아파트에서 밍크 코트를 입은 아가씨들과 함께 있던 월쉬를 만났을 때의 이야기를 조이스에게 들려주고, 그가 그 이야기를 아주 재미있게 들었다는 것만은 지금도 분명히 기억한다.

14. 릴라에 온 에반 쉬프맨

　실비아 비치의 서점을 발견한 이래 나는 영어로 번역된 투르게네프, 고골, 체호프의 작품, 콘스탄스 가네트가 번역한 톨스토이 작품 등을 닥치는 대로 읽었다. 우리가 파리로 오기 전 토론토에서 나는 캐서린 맨스필드[76]가 대단히 훌륭한 단편소설 작가라는 말을 자주 들었지만, 실력을 갖춘 노련한 외과의처럼 간결하고 명쾌하게 글을 쓰는 체호프와 비교하면 그녀는 억지로 머리를 짜내 이야기를 꾸며 내는 겉늙은 여류 작가일 뿐이라는 생각이 들었다. 다시 말해 맨스필드는 알코올을 뺀 맥주와 같았기에 차라리 맹물을 마시는 편이 나았다. 반면에 체호프는 투명하다는 점만 빼면 물과는 전혀 달랐다. 그의 작품 중에는 언론 기사문 같은 글도 더러 있었지만, 놀랄 만큼 뛰어난 작품도 여럿 있었다.
　도스토옙스키의 작품에는 믿기는 내용과 믿기지 않는 내용이 섞여 있었지만, 어떤 대목은 너무도 진솔하여 읽는 사람을 근본적으로 변화시킬 정도로 심오했다. 투르게네프의 작품에 나오는 풍경과 도로에 대한 묘사를 읽다 보면 인간의 나약함과 광기, 사악함과 성스러움, 그리고 도박의 무모함을 실감하게 되었다. 톨스토이의 작품에는 군대의 이동, 전장의 지형, 장교와 사병, 그리고 전투에 대한 묘사가 많았다. 톨스토이의 작품을 읽고 나니 남북전쟁에 관한 스티븐 크레인[77]의 작품이 마치 한 병약한 소년이 실제로 전쟁을 체험한 적은 없으면서 전쟁에 대한 글과 연대기를 읽고, (나도 할아버지의 집에서 본 적이 있는) 브래디[78]가 찍은 사진 작품만 보고 자신의 재기 발랄한 상상력을 발휘하여 쓴 글처럼 여겨졌다. 스탕달의 《파르므 수도원》을 읽기 전에는 톨스토이의 작품만큼 전쟁을 충실히 묘사한 글을 읽은 적이 없었는데, 사실 워털루 전투에 대한 스탕달의 멋진 묘사는 다소 지루한 그 책의 내용 중에서 단연 압권이었다. 아무리 가난한 사람도 잘 지낼 수 있고, 글도 쓸 수 있는 파리 같은 도시에서 이처럼 새로운 작품의 세계를 마음껏 엿볼 수 있다는 것은 마치 엄청난 보물을 선물로 받는 것과 같았다. 이 보물은 여행 중에도 가지고 다닐 수 있어서 이탈리아나 스위스의 산악 지방으로 겨울 스키 여행을 떠날 때면 아내와 나는 언제나 여러 권의 책을 가지고 갔다. 오스트리아 포알베르크의 깊은 골짜기에 있는 쉬룬스를 발견하고 그곳에서 겨울을 보낼 때에도 우리는 늘 책들을 곁에 두었다. 쉬룬스에서 우리는 낮에 눈과 숲과 빙하를 찾아 높은 산을 쏘다니다가 밤이 되면 산장에서 하룻밤을 보내거나 마을로 돌아와 아늑한 토브 호텔에서 쉴 수 있는, 우리가 새로 찾아낸 그 멋진 세계에서 러시아 작가들이 펼치는 또 다른 놀라운 세계를 탐험하곤 했다. 처음에는 러시아 작가들이 그런 세계로 우리를 안내했고, 그다음에는 다른 여러 나라의 작가들이 그 뒤를 이었다. 그래도 역시 러시아 작가들의 작품이 오랫동안 우리 독서의 주류를 이루었다.

　언젠가 에즈라와 함께 테니스를 하고 아라고 대로Bd Arago를 걸어 돌아오던 중에 그는 내게 자기 아파트에 가서 한잔하자고 했다. 그때 나는 그에게 도스토옙스키에 대해 어떻게 생각하느냐고 물었다.

　"헴, 솔직히 말하면…" 에즈라가 대답했다. "난 한 번도 러시아 작품을 읽어본 적이 없네."

아주 솔직하게 대답하고 나서 에즈라는 입을 다물었다. 나는 속이 상했다. 그는 내가 좋아하는 사람이었고, 당시에 내가 가장 신뢰하던 비평가였으며, 대상을 묘사할 때 가장 '적합한 단어mot juste'만을 사용해야 한다고 주장한 시인이었으며, 어떤 특정한 상황에서는 특정한 사람에게 주목해야 하듯이, 언제나 신중하게 선택한 형용사를 사용하라고 가르쳐준 사람이었으므로 나는 소위 '적합한 단어'를 거의 사용하지 않고도 작품에 등장하는 인물들을 실감 나게 묘사한 투르게네프에 대한 그의 의견을 듣고 싶었던 것이다.

"프랑스 작가들의 작품을 읽게나." 그가 말했다. "그 사람들에게도 배울 점이 많아."

"알고 있어요. 저는 누구에게나 배울 게 많지요." 내가 말했다.

잠시 후 에즈라의 아파트에서 나온 나는 양쪽으로 높은 집들이 늘어서 있는 길을 따라 걸었다. 길 끝에 있는 공터에 앙상한 나무들이 보였고, 그 뒤편으로 넓은 생미셸 대로 너머 저 멀리 뷜리에 무도회장Bal Bullier 건물이 정면으로 내려다보였다. 나는 계속 골목길을 걸어서 제재소 위에 있는 우리 집에 도착했다. 제재소 문을 열고 들어가 막 대패질을 끝낸 목재들이 가득 쌓여 있는 안마당을 가로질러 꼭대기 층으로 올라가는 계단 옆에 있는 붙박이장에 테니스 라켓을 집어넣었다. 계단에서 아내를 불렀지만, 집에는 아무도 없었다.

"아기 엄마는 가정부와 함께 외출했어요. 물론, 아기도 데리고 갔지요." 제재소 주인의 부인이 내게 일러 주었다. 천박한 노란빛이 도는 금발에 몸집이 통통한 그녀는 성격이 까다로운 사람이었다. 나는 얼른 그녀에게 고맙다고 말했다.

"어떤 젊은이가 아저씨를 만나러 왔습디다." 그녀는 사람을 지칭할 때 통상적으로 사용하는 '분'이라는 표현 대신 '이'라는 말을 사용했다 "카페 릴라에서 기다리겠다고 하던데."

"고맙습니다. 아내가 돌아오면 제가 릴라에 있을 거라고 좀 전해 주세요." 내가 말했다.

"아기 엄마는 친구들과 함께 외출했으니 금방 돌아오진 않을 거요." 말을 마친 여자는 자주색 실내복을 여미며 하이힐을 신은 발을 부지런히 움직여 문도 닫지 않은 채 건물 안으로 들어가 버렸다.

나는 지저분하고 여기저기 금이 간 흰색의 높은 집들 사이로 나 있는 골목길로 내려가서 햇볕이 내리쬐는 공터를 오른쪽으로 돌아 몇 줄기 마지막 햇살이 줄무늬를 그리고 있는 릴라의 나무 그늘로 들어섰다.

카페 안에는 아는 사람이 아무도 보이지 않았다. 나는 곧장 테라스로 나가 나를 기다리고 있는 에반 쉬프맨[79]의 테이블로 가서 앉았다. 그는 좋은 시인이었으며, 경마, 문학, 그림에 대해 두루 관심이 있었고, 또 잘 알고 있었다. 나를 알아보자 그는 얼른 자리에서 일어났다. 큰 키에 창백하고 여윈 얼굴, 목 부분이 다 닳고 때가 낀 와이셔츠와 낡고 구겨진 회색 양복, 정성스럽게 매듭을 지은 넥타이를, 나는 찬찬히 뜯어보았다. 그의 손가락에는 머리 색깔보다 더 진한 때가 묻어 있었고, 손톱 밑도 더러웠으며, 고르지 않은 치열을 보이지 않으려는 듯 언제나 꼭 다물고 있는 입 주위에는 멋쩍은 듯한, 그러나 다정한 미소가 번지고 있었다.

"반가워, 헴." 그가 말했다.

"어떻게 지내나, 에반?" 내가 물었다.

"별로 잘 지내진 못해." 그가 말했다. "최근에 마제파[80]를 대충 한번 훑어본 것이 전부인 것 같아. 자네는 잘 지내나?"

"그러기를 바라지." 내가 말했다. "에즈라와 함께 테니스를 하고 오는 길일세."

"파운드 씨는 잘 계신가?"

"잘 계시지."

"다행이야. 그런데 자네 주인집 마나님은 나를 별로 좋아하지 않는 것 같아. 내가 그 집 계단에 앉아 자네를 기다리는 것조차 못마땅해하더라고."

"내가 주인집에 한번 이야기하겠네."

"그럴 필요 없어. 여기서 기다리면 되니까. 햇살도 좋고, 아늑하잖아."

"이 친구야, 지금 때가 가을이라고." 내가 말했다. "그리고 자네 옷차림이 너무 부실한 것 같아. 좀 따뜻하게 입고 다니라고."

"저녁때만 쌀쌀하잖아. 어쨌든, 이제 외투를 입어야지." 에반이 말했다.

"자네 외투가 어디 있는지는 알고 있나?"

"아니, 하지만 어딘가 안전한 곳에 있겠지."

"그걸 어떻게 알지?"

"그 외투 주머니에 내가 쓴 시를 넣어 두었거든." 그는 이를 보이지 않으려고 입을 꼭 다문 채 사람 좋은 웃음을 지어 보였다.

"나랑 위스키나 한잔해, 헴."

"좋지."

"장." 에반이 일어나서 웨이터를 불렀다. "여기, 위스키 두 잔."

웨이터 장이 술 한 병과 술잔, 그리고 사이펀 병과 10프랑짜리 잔 받침을 가져왔다. 그는 계량컵을 사용하지 않고 잔의 4분의 3이 넘도록 술을 따랐다. 키가 크고 나이가 지긋한 장은 일을 쉬는 날이면 포르트 도를레앙La Porte d'Orléans에서 조금 떨어진 몽루즈에 있는 자기 집 정원 가꾸는 일을 도와주러 자주 찾아오는 에반과 절친한 사이였다.

"너무 많이 따르지 마요." 에반이 장에게 말했다.

"위스키 두 잔 시켰던 게 아니야?" 웨이터가 물었다.

에반은 각각의 잔에 소다수를 가득 붓고 나서 말했다. "첫 모금을 천천히 마셔봐, 헴. 아껴 마시면 오랫동안 마실 수 있어."

"자네, 건강에 신경 좀 쓰고 있나?" 내가 물었다.

"물론이지, 헴. 우리 다른 얘기나 하자고."

테라스에는 우리밖에 없었다. 나는 안에 속옷 대신 스웨터를 입고, 그 위에 긴소매 셔츠를 입고 또 그 위에 푸른색 프랑스 해군용 모직 카디건까지 걸치고 있었기에 에반보다는 훨씬 든든하게 옷을 껴입은 셈이었지만, 위스키를 마시자, 우리 두 사람 모두 몸이 훈훈해졌다.

"난 요즘 도스토옙스키에 탄복하고 있어." 내가 말했다. "어떻게 그렇게 형편없는, 정말 믿기 어려울 정도로 형편없는 글을 쓰면서도 읽는 이에게 그토록 심오한 감동을 줄 수 있을까?"

"그건 번역 문제일 수도 있어." 에반이 말했다. "콘스탄스 가네트가 번역한 톨스토이 작품이 얼마나 좋은지 한번 봐."

"그건 나도 알아. 콘스탄스 가네트 번역본을 손에 넣기 전에는 내가 도대체 몇 번이나 《전쟁과 평화》를 끝까지 읽으려고 애썼는지 몰라."

"번역은 계속 좋아질 거라고들 하지. 난 러시아어를 모르지만, 점점 더 좋은 번역이 나올 거라고 확신해. 번역가들이 어떤 사람들인지 잘 알잖아. 언젠가는 대단한 소설, 가장 훌륭한 소설이 번역되어 나올 거야. 그러면 자네는 그걸 반복해서 읽고 또 읽을 수 있겠지."

"그렇겠지." 내가 말했다. "하지만 자네라도 도스토옙스키를 반복해서 읽을 수는 없을 거야. 언젠가 내가 쉬룬스로 여행을 떠났을 때 읽을 책이 다 떨어지고《죄와 벌》만 남은 적이 있었어. 우리가 읽을 만한 책이 한 권도 없었지만, 그래도《죄와 벌》만은 못 읽겠더라고. 그래서 할 수 없이 트롤럽의 타우크니츠 문고본을 하나 찾을 때까지 오스트리아 신문을 읽으면서 독일어 공부만 했지 뭔가."

"타우크니츠 출판사는 축복받을 거야!" 에반이 말했다. 이제 톡 쏘는 맛이 사라진 위스키에 소다수를 더 타자, 그저 쓴맛밖에 나지 않았다.

"도스토옙스키는 불쾌한 인간이야, 헴." 그가 말을 이었다. "그는 불쾌한 인물과 성인군자 같은 인물을 가장 잘 묘사하지. 때로 놀랄 만큼 훌륭한 성인군자들을 만들어 낸다고. 우리가 그의 작품을 몇 차례고 반복해서 읽을 수 없다면, 그건 참 유감이지."

"난《카라마조프의 형제들》을 다시 읽어볼 생각이야. 분명히 독자로서 내 잘못도 있었을 테니까."

"그의 작품 중 일부, 아니 대부분을 다시 읽어볼 수 있겠지만, 그 작품들이 아무리 위대해도 결국 자네는 화를 내고 말 거야."

"글쎄, 우리가 그의 작품을 읽을 수 있다는 것만 해도 행운이겠지. 어쩌면 더 나은 번역본이 나올 수도 있을 테고."

"하지만, 거기 너무 빠지지는 말게, 헴."

"물론이지. 난 그저 읽어 보려고 할 뿐이야. 그러다 보면 나도 모르는 사이에 이해하게 되겠지. 더 많이 읽을수록 더 잘 이해하게 될 테고."

"좋아, 장이 덤으로 준 위스키로 우리 건배나 하세." 에반이 말했다.

"저런 식으로 하면 장한테 문제가 생길 텐데." 내가 말했다.

"이미 생겼어." 에반이 말했다.

"어떤 문제가?"

"주인이 바뀌었대." 에반이 설명했다. "새 주인이 돈 잘 쓰는 고객들을 유치하려고 미국식 바를 설치하고 싶어 한대. 웨이터들은 모두 흰 제복을 입어야 하고 콧수염도 깎으라고 했다나 봐."

"앙드레나 장에게까지 그러지는 못하겠지."

"그래서는 안 되겠지만, 주인은 그렇게 하고야 말 거야."

"장은 평생 콧수염을 길렀잖아. 그것도 전형적인 기병대 군인 수염이야. 장은 기병대 출신이거든."

"장은 결국 수염을 깎아야 할 거야."

나는 마지막 남은 위스키를 마셨다.

"위스키 한 잔 더 하겠어, 쉬프맨?" 어느새 우리 테이블로 다가온 장이 물었다. 두툼하게 늘어진 콧수염은 그의 친절하고 여윈 얼굴 일부를 이루고 있었다. 몇 가닥 안 되는 머리카락을 잘 끌어당겨 덮은 대머리의 정수리가 햇살을 받아 빛나고 있었다.

"그러지 마요, 장." 내가 말했다. "위험한 짓은 하지 마요."

"위험할 것 없어." 그가 목소리를 낮춰 우리에게 속삭였다. "여긴 지금 정신이 없거든. 사람들이 우르르 빠져나가고 있다고."

"가져오지 마세요, 장."

"네, 알겠습니다. 곧 대령합죠." 그가 갑자기 큰 소리로 외치고 안으로 들어가서 위스키 한 병과 잔 두 개, 그리고 금테를 두른 10프랑짜리 잔 받침 두 개와 셀처seltzer 광천수 한 병을 들고 나왔다.

"이러면 안 돼요, 장." 내가 말했다.

그는 받침 위에 잔을 올려놓고 위스키를 가득 채우더니 남은 위스키병을 들고 다시 안으로 들어갔다. 에반과 나는 각자의 잔에 약간의 셀처 광천수를 따랐다.

"도스토옙스키가 장을 몰랐다는 게 다행이지." 에반이 말했다. "술독이 올라 죽을 수도 있었을걸?"

"이 술을 어떻게 하지?"

"마시는 거지, 뭐." 에반이 말했다. "이건 저항의 표시야. 직접적인 행동으로 보여 주는 거야."

다음 월요일 아침, 나는 릴라로 글을 쓰러 가서 앙드레에게 물을 탄 육즙인 보브릴bovril을 주문했다. 금발에 키가 작은 그의 코 밑에서 짤막한 콧수염이 사라졌고, 성직자 같은 매끈한 입술이 보였다. 그는 미국 바텐더처럼 흰 제복을 입고 있었다.

"장은?"

"장은 내일이나 되어야 나올 걸세."

"어떻게 지낸대?"

"적응할 시간이 조금 더 필요할 거야. 장은 전쟁 중에 계속 중기병대에 있었잖아. 무공 십자훈장과 전공훈장도 받았어."

"난 장이 전공훈장을 받을 정도로 심한 부상을 당했는지는 몰랐어."

"아니, 부상당했던 건 사실이지만, 전공훈장은 부상 때문이 아니라 무공을 세워서 받은 거래."

"내가 안부 묻더라고 전해 주게나."

"그러지." 앙드레가 말했다. "장이 하루빨리 새로운 환경에 익숙해졌으면 좋겠어."

"쉬프맨도 걱정하고 있더라고 전해 주고."

"쉬프맨은 지금 장하고 함께 있어." 앙드레가 말했다. "둘이서 장의 정원을 가꾸는 중이야."

15. 악의 대리인

　노트르담 데샹 거리를 떠나 이탈리아의 라팔로로 가게 된 에즈라는 내게 마지막으로 당부했다. "헴, 자네가 이 아편 단지를 보관하다가 더닝[81]에게 꼭 필요할 때만 조금씩 주도록 하게."
　그것은 원래 콜드크림 통이었던 것 같은데 뚜껑을 열어 보니 그 안에는 생아편 냄새가 풍기는 시커멓고 끈적끈적한 액체가 들어 있었다. 에즈라는 이탈리엥 대로 근처에 있는 오페라 거리에서 어느 인도인 조직의 두목에게서 샀다며 무척 비싼 아편이라고 덧붙였다. 그것은 틀림없이 1차대전 중과 전후에 마약 밀매상이나 탈영병들의 소굴이었던 '벽 구멍Hole in the Wall'이라는 오래된 술집에서 흘러나온 것이 분명했다. 이탈리엥 거리에 있는 벽 구멍은 정면이 붉은색으로 칠해져 있고, 안으로 들어가면 실내가 복도처럼 생긴 아주 비좁은 술집이었다. 옛날에는 그 술집에 파리의 지하 배수로로 통하는 뒷문이 있었고, 그 배수로를 따라가면 지하 묘지로 이어진다고 했다. 더닝은 아편을 피우면 허기조차 잊어버리곤 했던 시인 랄프 치버 더닝이었다. 아편을 너무 많이 피울 때 그는 목구멍으로 우유밖에 넘기지 못했다.
　에즈라는 3운구법[82]으로 쓴 그의 시를 높이 평가했다. 그는 에즈라의 아파트와 안마당이 함께 붙어 있는 건물에서 살았다. 에즈라는 파리를 떠나기

몇 주 전, 거의 죽어 가던 더닝을 위해 내게 도움을 요청한 적이 있었다.

"더닝이 죽어 가고 있네. 급히 와주게." 이것이 에즈라의 전갈이었다.

침대 위에 해골 같은 모습으로 누워 있는 더닝은 영양실조로 죽을 것이 분명해 보였다. 하지만 나는 이 세상에서 그처럼 아름다운 시를 읊으면서 죽어 가는 사람은 별로 없을 것이고, 3운구법으로 시를 읊으면서 죽었다는 사람의 이야기를 들어본 적이 없으며, 단테가 그랬다고는 하지만 그것은 믿을 수 없는 소문이라고 너스레를 떨면서 에즈라를 위로했다. 에즈라는 더닝이 일상적인 대화도 3운구법으로 하지는 않았잖느냐며 내 말을 반박했다. 나는 에즈라가 내게 사람을 보냈을 때 잠에 취해서 아마도 그의 전언을 '더닝이 3운구법으로 시를 읊으면서 죽어간다.'라는 말로 잘못 들었던 모양이라고 얼버무렸다.

그날 밤 더닝이 사경을 헤매는 동안 우리는 그의 곁에서 밤을 꼬박 새우고 나서 그를 의사에게 맡기는 편이 낫겠다고 판단하여 해독 치료를 위해 어느 개인 병원으로 옮겼다. 에즈라가 병원비에 대한 보증을 섰고, 나는 얼굴도 모르는 시 애호가들에게 더닝을 위해 도움을 요청하는 일을 맡았다.

내 임무는 이 환자가 정말 위급할 때 아편을 주는 일이었다. 그것은 에즈라가 내게 부탁한 성스러운 임무였고, 나는 그의 기대에 어긋나지 않기만을 바랐으며, 그러려면 더닝이 정말 위급한 상태에 놓였을 때 상황을 제대로 파악할 수 있어야 했다. 그러던 어느 일요일 아침, 내가 경마신문을 훑어보고 있을 때 에즈라의 아파트 관리인 아주머니가 제재소 마당 안으로 뛰어들어와 우리 집 창문을 올려다보며 프랑스어로 큰 소리를 질렀다.

"더닝 씨가 지붕 위로 올라가서 죽어도 내려오지 않겠다고 해요."

더닝이 자기 방 지붕 위로 올라가서 내려오기를 거부하고 있다는 것은 내 생각에 분명히 위급한 상황이었으므로 나는 부랴부랴 아편 단지를 챙겨서 관리인 아주머니를 따라나섰다. 키가 작고 성격이 괄괄한 그녀는 벌어진 사태에 놀라 몹시 흥분한 상태였다.

"선생님, 그거 챙겨 가시는 거죠?" 그녀가 내게 물었다.

"물론이지요," 내가 말했다. "잘 해결될 겁니다."

"파운드 씨는 이런 일이 생길 걸 미리 아셨나 봐요." 그녀가 말했다. "그분은 말 그대로 친절의 화신이에요."

"정말 그래요. 저는 그분이 여기 없는 것이 늘 아쉽답니다."

"더닝 씨가 이성을 되찾아야 할 텐데."

"내가 그분에게 필요한 걸 가지고 있으니 걱정하지 마세요." 나는 그녀를 안심시켰다.

우리가 그 집 안마당에 들어섰을 때 지붕을 올려다보던 그녀가 말했다. "어? 내려오셨나 봐요."

"내가 오고 있다는 걸 틀림없이 알았을 겁니다."

나는 더닝의 방으로 통하는 외부 계단을 올라가서 그의 방문을 두드렸다. 그가 문을 열었다. 그는 몹시 마르고 이상할 정도로 키가 커 보였다.

"에즈라 씨가 파리를 떠나면서 저더러 이걸 선생에게 가져다주라고 부탁했어요." 나는 그렇게 말하고는 작은 단지를 그에게 내밀었다. "이게 뭔지는 선생이 알 거라던데요."

그는 단지를 받아들고 안을 살펴보더니 갑자기 그 단지를 내게 던졌다. 단지는 내 가슴인지 어깨인지를 강타하고 계단 아래로 굴러떨어졌다.

"치사한 놈, 빌어먹을 자식!" 그가 소리쳤다.

"에즈라 씨는 선생에게 그게 필요할 거라고 하셨는데."

대답 대신 그는 내게 우유병을 집어던졌다.

"분명히, 선생은 그게 필요 없다는 거죠?" 내가 따져 물었다.

그는 다른 우유병을 또 내게 던졌다. 나는 뒤로 돌아섰고 그는 내 등을 향해 또 한 개의 우유병을 던진 다음 문을 닫았다.

나는 조금 금이 간 그 작은 단지를 주워서 호주머니에 넣었다.

"저분은 파운드 씨의 선물이 달갑지 않은 것 같군요." 내가 관리인 아주머니에게 말했다.

"어쩌면 지금쯤 잠잠해졌을지도 모르죠." 그녀가 대답했다.

"아마 정신이 좀 들었을 겁니다."

"불쌍한 더닝 씨."

마침내 에즈라가 도움을 요청했던 시 애호가들이 더닝을 도우려고 모여들었다. 나와 관리인 아주머니의 개입은 그에게 별로 도움이 되지 못했다. 나는 집으로 돌아와 아편 단지를 밀종이에 잘 싸서 낡은 부츠 속에 숨겨 놓았다.

몇 년이 지난 후 내가 살던 아파트를 떠나게 되어 에반 쉬프맨이 이삿짐 싸는 것을 도와주러 왔을 때, 그 부츠는 그대로 있었으나, 단지는 사라지고 없었다. 나는 더닝이 언제 죽었는지, 아니 죽기는 했는지, 그리고 왜 내게 우유병을 집어던졌는지, 지금도 그 이유를 모른다. 어쩌면 그가 죽어 가고 있다고 에즈라가 내게 처음 말했던 그날 밤, 내가 그 말에 동의하지 않았던 것을 기억하고 있었는지도 모르고, 또 어쩌면 단순히 나라는 인간을 싫어했던 것인지도 모른다. 하지만, '더닝 씨가 지붕 위로 올라가서 죽어도 내려오지 않겠다고 해요.'라고 다급하게 외쳤던 관리인 아주머니의 말을 에반 쉬프맨에게 들려주었을 때 그는 거기에 뭔가 상징적인 것이 있는 것 같다고 했다. 나는 그것이 무엇인지 알 수 없었다. 어쩌면 더닝이 나를 악의 대리인이나 경찰쯤으로 착각했을 수도 있다. 나는 단지, 주위 사람들을 늘 배려했던 에즈라가 더닝에게도 친절을 베풀고 싶어 했음을 알고 있었을 뿐이며, 또한 더닝이 에즈라가 믿고 있었던 것만큼 좋은 시인이기를 바랐다. 시인치고 그는 내게 우유병을 썩 잘 던졌다. 하긴, 위대한 시인이었던 에즈라도 테니스를 아주 잘했다. 훌륭한 시인이지만, 자기 시를 출간하는 일에 별로 신경 쓰지 않았던 에반 쉬프맨은 그 수수께끼를 굳이 풀려고 애쓸 필요가 없다고 했다.

한번은 에반이 내게 이런 말을 한 적이 있다 "우리의 삶에는 진정한 수수께끼가 더 많이 필요해, 헴. 우리 시대에 무엇보다도 절실하게 필요한 것은 웅대한 야망을 품은 작가와 정말 훌륭하지만, 아직 발표되지 않은 시야. 물론, 그건 생계 문제와 관련이 있겠지만."

나는 에반 쉬프맨과 그의 파리 생활, 혹은 그의 미발표 시에 대한 어떤 글도 본 적이 없다. 바로 그것이 내가 이 책에서 그에 대한 이야기를 전하는 이유다.

16. 쉬룬스의 겨울

가족 한 사람이 더 느는 바람에 겨울철이면 우리는 추위와 고약한 날씨를 피해 파리를 떠날 수밖에 없었다. 아내와 나, 우리 둘만 있을 때에는 겨울 날씨에 익숙해져서 추위가 별로 문제 되지 않았다. 아침에 나는 카페에 가서 크림커피 한 잔을 시켜 놓고 웨이터들이 카페 안을 쓸고 닦고, 분주히 청소하는 동안 계속 글을 썼고, 그러다 보면 카페 안은 차츰 따뜻해졌다. 아내는 추운 연습실로 피아노를 치러 갈 때면 스웨터를 여러 벌 챙겨서 갔다. 하지만, 우리 아들 범비[83]가 태어나자, 아내는 피아노 연습을 서둘러 마치고 집으로 돌아와서 아기를 돌보았다. 겨울철에 아기를 데리고 카페에 가는 것은 적절치 않은 일이었다. 아무리 아기가 칭얼대지도 않고, 주위를 둘레둘레 살피면서 혼자 잘 논다고 해도 마찬가지였다. 물론, 당시에는 아기를 돌봐줄 유모도 없었다. 범비는 창살로 사방을 막아 놓은 커다란 아기 침대에서 'F. 푸스'라는 이름의 크고 사랑스러운 고양이와 함께 재미있게 놀며 엄마를 기다리곤 했다. 어떤 이들은 아기를 고양이와 단둘이 남겨 두는 것은 위험하다고 했다. 고양이가 아기의 숨결을 빨아들여서 아기가 죽을지도 모른다고 말하는, 무지하고 편견이 심한 사람도 있었고, 고양이가 아기 몸 위에 올라가면 그 무게 때문에 아기가 질식할 수 있다고 말하는 사람도 있었다. 아내와 내가 외출

하고 가정부 마리도 잠깐 자리를 비울 때 F. 푸스는 범비 곁에 누워서 그 크고 노란 눈으로 문 쪽을 지키며 아무도 접근하지 못하게 감시하곤 했다. 범비에게는 유모가 필요 없었다. F. 푸스가 바로 유모였다.

그러나 우리가 캐나다로 갔다가 막 돌아왔을 무렵 나는 특파원 일을 모두 그만두었고 내가 쓴 단편은 전혀 팔리지 않았으므로 우리는 더없이 가난했고, 가난한 부부가 아기와 함께 파리에서 겨울을 나는 것은 무척 힘든 일이었다. 범비는 생후 3개월 젖먹이였을 때 뉴욕에서 출발하여 핼리팩스를 거쳐 유럽으로 오는 작은 여객선에 실려 12일간 북대서양을 항해하는 동안 한 번도 울지 않았고, 파도가 심할 때 굴러떨어지지 않도록 온종일 아기 침대에 갇혀 지내면서도 방글방글 웃던 순둥이였지만, 그래도 달라질 것은 없었다.

그래서 우리는 오스트리아의 포알베르크에 있는 쉬룬스로 갔다. 파리에서 출발한 열차가 스위스를 지나면 오스트리아 국경 지역에 있는 펠트키르흐에 도착하고, 다시 리히텐슈타인을 지나면 블루덴츠에서 정차했다. 그리고 거기서부터 쉬룬스까지는 강을 따라 이어지는 지선 철도를 이용했다. 선로 양쪽으로 숲과 농가들이 보였고, 그 깊은 자갈 바닥 계곡을 따라 흐르는 강물 위로 가끔 송어들이 펄쩍 뛰어오르곤 했다.

우리의 목적지 쉬룬스는 활기차고 아담한 마을이었다. 가끔 장도 서고, 읍내에 제재소와 온갖 것을 파는 상점들도 있고, 여인숙과 연중 문을 여는 호텔 토브가 있었다.

넓고 편안한 토브의 객실에는 창문과 커다란 난로와 고급 담요와 양털 이불로 덮인 침대가 있었다. 간소하지만 훌륭한 식단을 제공하는 호텔 식당도 그렇고, 나무로 실내를 장식한 바 역시 무척 따뜻하고 안락한 느낌이 들었다. 호텔이 자리 잡은 넓은 계곡은 시야가 탁 트여 있어 객실에도 햇빛이 잘 들었다.

우리 세 식구 숙식비는 하루에 2달러 정도였다. 게다가 인플레이션 때문에 실링의 화폐 가치가 계속 하락하는 바람에 숙식비는 점점 더 싸졌다. 그래도 오스트리아의 인플레이션은 독일에서처럼 빈곤으로 치닫는 극심한 상태는 아니었다. 실링의 가치는 등락을 거듭했고, 전반적으로 내림세였을 뿐이다.

쉬룬스에는 높은 산꼭대기로 올라갈 때 흔히 이용하는 스키 리프트나 케이블카는 없었지만, 이리저리 뻗어 있는 산골짜기를 따라 높은 산등성이로 이어지는, 벌목꾼과 양치기들이 주로 이용하는 오솔길이 여러 갈래 나 있었다. 따라서 스키를 타려면 스키를 어깨에 메고 산길을 걸어 올라가다가, 눈이 아주 많이 쌓인 지점에 이르면 스키 밑바닥에 물개 가죽을 덧붙여 신고 올라가야 했다.[84)]

산꼭대기 쪽에는 산악회에서 여름 등산객들을 위해 지어 놓은 산장들이 있었다. 등산객은 그곳에서 하룻밤을 보내고 아침에 떠날 때 전날 사용한 나무 값을 남겨 두면 되었다. 어떤 산장에는 땔감으로 사용할 나무를 직접 들고 가야 했으므로, 여러 날 머물면서 높은 산과 빙하를 둘러보는 사람들은 일꾼을 사서 나무를 잘라 장작을 만들고 등에 지고 오르게 하여 산장에 베이스캠프를 차리기도 했다. 당시 이런 베이스캠프로 자주 사용되었던 유명한 곳으로는 린다우어 산장, 마들레너 하우스, 비스바드너 산장 등이 있었다.

토브 호텔 뒤에는 과수원과 농장들을 요리조리 피해 가며 스키를 탈 수 있는 일종의 연습용 슬로프가 있었고, 멀리 계곡 건너편 벌목꾼 마을 차군스 뒤쪽에는 아주 훌륭한 슬로프가 있었다. 차군스에는 아름다운 여인숙이 하나 있었는데, 그 안의 술집 벽에는 야생 영양의 뿔로 만든 놀랄 만큼 멋진 장식품이 여럿 걸려 있었다. 계곡의 가장 먼 끝자락에 있는 차군스부터는 장애물 없이 스키를 타기에 좋은 눈밭이 펼쳐져서 그곳에서 스키를 타고 능선을 따라 실브레타를 거쳐 스위스의 클로스터까지 갈 수 있었다. 쉬룬스에서는 검은 머리 예쁜 소녀가 범비를 작은 썰매에 태우고 햇볕 속을 산책하며 아이를 돌봐 주었기에 그사이에 아내와 나는 새로 알게 된 이 멋진 지역을 구석구석 탐색할 수 있었다. 길에서 마주치는 마을 사람들도 무척 친절했다.

고산 스키의 선구자였던 발테르 렌트 씨는 알베르크의 유명한 스키 선수 하네스 슈나이더와 동업하여 스키 왁스 제조회사를 운영한 적이 있었다. 그가 알파인 스키를 가르치는 스키 학교를 열었을 때 우리는 곧바로 등록했다. 렌트 씨는 수강생을 되도록 빨리 연습용 슬로프에서 끌어내어 산꼭대기로 데리고 올라갔다. 그 시절에는 스키 타는 방식이 요즘과 많이 달랐다. 척추에 이상을 일으키는 사람도 없었고, 다리가 부러지는 사람도 없었으며, 구조대원도 없었다. 어디서든 스키를 타려면 먼저 산꼭대기 쪽으로 올라가야 했으므로, 올라간 횟수만큼 스키를 타고 내려왔다. 따라서 올라가는 동안 누구나 스키를 타는 데 필요한 근육 운동을 충분히 할 수 있었다.

렌트 씨는 인적이 전혀 없어서 아무도 밟지 않은 순백의 눈밭이 눈앞에 펼쳐진 가장 높은 산꼭대기로 올라가 그곳에 있는 산장에서 스키를 타고 출발하여 알프스 최고의 능선과 빙하 위를 달려 다른 산장까지 가는 것을 스키 타기의 가장 큰 즐거움으로 꼽았다. 그는 스키 바인딩을 하면 넘어졌을 때 다리 골절의 원인이 되므로, 즉시 스키를 벗으려면 바인딩을 해서는 안 된다고도 했다. 렌트 씨는 무엇보다도 빙하 위에서 로프 없이 스키 타기를 좋아했지만,[85] 그러려면 크레바스가 눈으로 충분히 덮이는 봄까지 기다려야 했다.

아내와 나는 스위스에서 스키를 처음 타보고 이 스포츠를 열렬히 좋아하게 되었다. 우리가 이탈리아 돌로미테스의 코르티나 담페초 스키장에 갔을 때 아내는 임신 중이었지만, 밀라노의 의사는 아내가 넘어지지 않도록 조심한다면 스키를 타도 괜찮다고 했다. 그래서 우리는 지형과 활강로를 신중하게 선택하고 활강 속도를 세심하게 조절하면서 스키를 탔다. 아내는 다리가 미끈하면서도 아주 튼튼했고 스키를 잘 다루었으므로 한 번도 넘어지지 않았다. 그녀는 빙하 위에서 로프 없이 스키를 탈 때도 그랬지만, 이번에도 절대 넘어지지 않았다. 우리는 다양한 상태의 눈에 대해 잘 알고 있었고, 분말 같은 눈이 쌓인 곳에서 스키를 타는 방법도 숙지하고 있었다.

아내와 나는 포알베르크와 쉬룬스를 무척 좋아했기에 추수감사절을 전후하여 그곳에 가서 거의 부활절까지 머물렀다. 쉬룬스는 눈이 아주 많이 내리는 한겨울을 제외하면 스키장으로는 고도가 낮은 편이어서 스키를 타려면 더 높은 산등성이로 올라가야 했지만, 우리는 늘 그곳에서 스키를 탔다. 하지만, 우리에게는 그것도 아주 즐거운 일이었기에 전혀 불평하지 않았다. 평상시보다 속도를 조금 줄이고, 페이스를 잘 조절하여 걸으면 심장에도 무리가 가지 않았고, 등에 멘 배낭의 무게도 그리 부담되지 않았다. 마들레너 하우스까지 올라가는 도중에 몹시 가파르고 힘든 구간이 있었지만, 두 번째부터는 오르기가 조금씩 더 쉬워졌고 마침내 처음보다 두 배나 무거운 배낭을 메고도 쉽사리 올라갈 수 있었다.

언제나 배가 고팠던 우리에게 식사 시간은 매번 큰 행사였다. 우리는 흑맥주나 라거 맥주 혹은 신선한 포도주를 마셨고, 가끔 오래 묵은 고급 포도주를 마시기도 했다. 백포도주는 단연 최고였다. 그리고 우리는 골짜기에서 채

취한 버찌로 만든 브랜디와 산지에서 용담을 증류해서 만든 엔치안 슈냅스[86]를 마시기도 했다. 저녁으로는 가끔 포도주 소스를 듬뿍 넣은 산토끼고기 요리나 밤 소스를 뿌린 사슴고기 요리가 나오기도 했다. 그럴 때면 백포도주보다 훨씬 비싼, 리터당 20센트짜리 포도주를 마셨다. 보통 포도주는 그보다 훨씬 저렴했기에 마들레너 하우스로 올라갈 때 배낭에 넣어 가기도 했다.

우리는 겨울 동안 읽으려고 실비아 비치의 서점에서 빌려 온 책들을 틈틈이 읽었고, 호텔의 여름 정원 쪽에 있는 볼링장에서 마을 사람들과 볼링을 즐기기도 했다. 일주일에 한두 번은 모든 창의 덧문을 닫고, 문도 잠가 버린 호텔 식당에서 포커판이 벌어졌다. 당시 오스트리아에서는 도박이 금지되어 있었지만, 나를 포함하여 호텔 주인 넬스 씨, 알파인 스키 학교장 렌트 씨, 마을의 은행가, 법원의 검사, 그리고 경찰서장이 함께 모여 포커를 했다. 그것은 도박이 아니라 심심풀이로 하는 게임이었고, 스키 학교 수입이 신통치 않았던 탓에 판돈을 키우려는 렌트 씨를 제외하고는 모두 신사적으로 행동했다. 순찰하는 경찰들이 호텔 정문 앞에서 걸음을 멈추는 소리가 들리면, 경찰서장은 손을 귀에 대고 바깥 동정을 살피는 시늉을 했고, 우리는 그들이 멀어질 때까지 아무 소리도 내지 않았다.

아침이 되면 날이 밝자마자 우리 방으로 들어온 하녀가 창문을 닫고 커다란 화로에 불을 지폈다. 그러면 방은 이내 따뜻해졌고, 아침상에는 신선한 빵이나 갓 구운 토스트와 달콤한 과일잼, 커피, 아침에 받아 온 달걀 등이 차려져 있었으며, 우리가 원하면 맛있는 햄이 나오기도 했다.

그리고 호텔에는 늘 우리 침대 발치에서 잠을 자곤 하던 '슈나우츠'라는 개가 있었다. 우리가 스키를 타러 갈 때면 따라나서서 오르막길을 우리와 함께 뛰어 올라갔고, 내려올 때는 내가 어깨나 등에 올려놓고 스키를 탔다.

범비의 좋은 친구이기도 했던 슈나우츠는 아기가 유모와 산책하러 나갈 때면 작은 썰매 옆에 붙어서 따라다니곤 했다.

쉬룬스는 글을 쓰기에 아주 좋은 곳이었다. 1925~26년 겨울 그곳에서 내 평생 가장 힘들게 원고를 수정했으므로 나는 그것을 똑똑히 기억하고 있다. 그 원고는 내가 6주 만에 후다닥 썼던 《태양은 또다시 떠오른다》의 습작이었고, 나는 쉬룬스에서 그것을 제대로 된 한 편의 소설로 완성했다. 그 밖에 어떤 단편을 거기서 썼는지 일일이 기억하지는 못하지만, 분명히 여러 편을 그곳에서 썼고 그 작품들은 대체로 평이 좋았다.

추운 밤, 우리가 스키와 스틱을 어깨에 둘러메고 마을의 불빛을 등대 삼아 돌아올 때면 길바닥에 깔린 눈이 발밑에서 뽀드득거렸고, 도중에 만나는 사람마다 우리에게 독일어로 '안녕하세요Grüss gott'라고 인사했던 것도 기억난다. 동네 술집은 언제나 징 박힌 부츠를 신은 등산복 차림의 농부들로 북적였고, 실내에는 담배 연기가 자욱했으며, 마룻바닥은 온통 징에 긁힌 자국투성이였다. 젊은 손님들은 대부분 오스트리아 산악연대에 복무했던 사람들이었고, 그중에서 제재소에서 일하는 '한스'라는 청년은 이름난 사냥꾼이었다. 그와는 이탈리아의 어느 산에서 만난 적이 있다는 인연으로 친구처럼 지냈다. 우리는 함께 술도 마셨고, 목청 높이 산사람들 노래도 불렀다.

마을 위쪽 산허리에 있는 농장과 과수원 사이로 난 가파른 오솔길과 마당에 높이 쌓아 올린 장작더미가 흰 눈에 덮여 있고, 방 안에 커다란 난로가 놓여 있던 정겨운 농가들도 기억난다. 아낙네들은 부엌에서 양털을 정성스럽게 빗어서 회색과 검은색 실로 자아냈다. 그들은 페달을 밟아 돌리는 물레를 사용했고, 실은 염색하지 않았다. 회색 실은 회색 양털로, 검은색 실은 검은색 양털로 만들었다. 그렇게 만든 털실은 천연 상태로 기름기가 그대로 남아 있었기에 아내가 그 실로 뜨개질한 모자와 스웨터, 그리고 긴 숄은 눈을 맞아도 절대 젖지 않았다.

어느 해였던가, 크리스마스에는 마을 학교의 교장이 연출한 한스 작스[87]의 연극이 공연되었다. 아주 좋은 연극이었기에 나는 어느 지방신문에 그 연극에 대한 평을 썼고, 독일어 번역은 호텔 주인이 맡았다. 또 어떤 해에는 머리털을 완전히 밀어 버리고 얼굴은 흉터투성이던 어느 퇴역 독일 장교가 유틀란트 해전[88]에 대한 강연을 하러 온 적이 있었다. 그 장교가 가져온 슬라이드 덕분에 우리는 양국 함대의 이동 상황을 손에 잡힐 듯 실감 나게 볼 수 있었다. 그는 당구채를 지시봉으로 사용하면서 강연했고, 영국 함장 제리코의 비겁함을 언급할 때에는 너무 흥분하여 목소리가 갈라졌다. 학교장은 그 장교가 당구채로 스크린을 찢어 놓을까 봐 몹시 걱정했다. 강연을 마친 후에도 그 장교는 좀처럼 흥분을 가라앉히지 못했기에 뒤풀이를 하러 함께 술집으로 간 사람들은 모두 불편함을 느꼈다. 검사와 은행가만이 그와 건배했고, 나머지 사람들은 다른 테이블에 멀찌감치 떨어져 앉았다. 독일 라인란트 지방 출신인 렌트 씨는 이 강연회에 참석하지 않았다.

강연회에 참석했던 사람 중에 스키를 타러 빈에서 이곳으로 온 남녀가 있었다. 그들은 높은 산등성이로 올라가서 스키를 탈 엄두를 내지 못하다가 취르스로 떠났는데, 그들이 눈사태로 사망했다는 소식을 나중에 들었다. 강연을 듣고 나서 그 남자는 이 강연자 같은 사람들이 독일 패망의 원인이 된 골칫덩어리들이고, 그들은 20년 안에 또다시 그런 짓을 저지르리라고 말했다. 그 남자와 함께 있던 여자는 프랑스어로 그에게 말을 조심하라고 이르고는 이렇게 덧붙였다. "여긴 작은 마을이고, 무슨 일이 생길지 모르잖아요."

그해에는 많은 사람이 눈사태로 사망했다. 첫 번째 대형 사고는 우리가 있던 계곡 건너편 산악 지대인 알베르크 지방의 레흐에서 일어났다. 베를린에 사는 몇몇 독일인이 크리스마스 휴가에 맞춰 스키를 타러 오겠다고 렌트 씨에게 연락했다. 그해에는 늦게야 눈이 내리기 시작했고, 마침내 큰 눈이 내릴 무렵에는 햇볕을 많이 받은 산등성이와 언덕의 경사면 온도가 여전히 높은 상태였다. 가루눈이 많이 내려 쌓였으나 땅바닥에 전혀 붙지 않았다. 따라서 스키를 타기에 몹시 위험했으므로 렌트 씨는 베를린 사람들에게 오지 말라고 전보를 보냈다. 그러나 그들의 휴가는 이미 시작되었고, 그들은 무지했으며, 눈사태가 얼마나 무서운지를 전혀 몰랐다. 렌트 씨는 자신의 만류를 무시하고 레흐에 도착한 그들의 인솔자가 되기를 거부했다. 그러자, 그중 한 사람이 렌트 씨를 겁쟁이 취급하면서 자기끼리 스키를 타러 가겠다고 나섰다. 결국, 렌트 씨는 그나마 안전하다고 판단되는 슬로프로 그들을 데려갔다. 렌트 씨가 먼저 시범을 보였고 그들이 뒤따라 출발했는데, 그 순간 산허리에 쌓여 있던 눈 전체가 순식간에 주저앉으면서 마치 해일처럼 그들을 덮쳤다. 마을 사람들이 달려들어 눈 속에 파묻혔던 열세 명을 끌어냈지만, 그중 아홉 명은 이미 숨을 거둔 뒤였다. 이전에도 그 스키 학교가 그다지 번창하지는 못했지만, 이 사건이 발생하자 우리가 거의 유일한 수강생이 되었다. 그해에 알베르크 지방에서는 수많은 사람이 눈사태로 사망했기에 우리는 눈사태의 다양한 형태와 눈사태를 피하는 방법, 그리고 눈 속에 갇혔을 때 빠져나오는 방법 등을 열심히 배워서 눈사태에 관해서만은 전문가 수준이 되었다. 그해에 내가 쓴 대부분 글은 눈사태가 빈번하게 일어나던 시기에 쓴 것이다.

그 겨울의 눈사태에 대한 내 기억 가운데 가장 끔찍한 것은 당시 마을 사람들이 눈 속에서 파냈던 한 남자의 모습이다. 눈사태에 휘말려 눈 속에 갇혔을 때에는 숨을 쉴 수 있도록 산소를 확보해야 한다고 배운 그는 눈에 파묻

히면서도 머리를 팔로 감싸고 숨 쉴 공간을 만들려고 했던 것 같았다. 눈사태 규모가 매우 컸으므로 희생자들을 모두 끌어내는 데 꽤 오랜 시간이 걸렸고, 불행히도 그는 마지막으로 발견된 희생자였다. 시신을 수습했을 때 그는 숨을 거둔 지 얼마 되지 않은 상태였는데, 그의 목은 뼈와 힘줄이 드러날 정도로 살가죽이 닳아 벗겨져 있었다. 눈덩이의 압력에 맞서 머리를 좌우로 흔들고 있었던 것이 분명했다. 이 눈사태를 일으킨 눈덩이에는 오래전부터 쌓여 다져졌던 날카로운 눈 조각과 그 위에 새로 내린 눈이 섞여 있었을 것이다. 우리는 그가 의도적으로 그런 행동을 했는지, 아니면 이성을 잃은 상태에서 그랬는지 알 수 없었지만, 설령 사실을 알게 된다 해도 달라질 것은 아무것도 없었다. 어쨌든, 그 지역 교구 신부는 그가 가톨릭 신자라는 증거가 없다는 이유로 교회의 공동묘지에 매장하는 것을 허락하지 않았다.

 쉬룬스에 있을 때 우리가 마들레너 하우스를 향해 등반을 시작하기 전 하룻밤을 묵어가곤 하던 여인숙이 하나 있었다. 계곡을 한참 올라가야 도착하는 그 오래된 여인숙은 매우 아름다운 곳이었다. 우리가 저녁 식사를 하던 방의 통나무 벽은 손때가 묻어 비단처럼 반들거렸고, 테이블과 의자들도 마찬가지였다. 음식도 훌륭하고 우리 입에 꼭 맞았다. 저녁 식사를 마치면 우리는 창문을 열어 놓고 침대에 누워 손에 잡힐 듯 가까운 곳에서 반짝이는 별들을 올려다보다가 커다란 침대에 누워 오리털 이불을 덮고 서로 꼭 껴안은 채 잠들곤 했다.

 아침 식사 후에는 각자 스키를 어깨에 메고 별들이 아직 빛을 잃지 않은 어두운 산길을 걸어 등반을 시작했다. 길이가 짧은 스키를 신고 다니는 짐꾼들이 우리의 무거운 짐을 들어 주었다. 우리는 누가 더 무거운 짐을 지고 걸을 수 있는지 내기도 했지만, 몬타폰 지역 사투리를 쓰며 짐 나르는 말처럼

능숙하게 산을 오르는 그 뚱하고 땅딸막한 짐꾼들과는 도저히 경쟁할 수 없었다. 눈 덮인 빙하 근처의 암벽 돌출부에 지은 산장에 도착하면 그들은 짐을 돌담 옆에 내려놓고 출발할 때 약속했던 것보다 더 많은 돈을 요구했다. 그러다가 타협이 끝나 돈을 받으면 마치 옛날이야기에 나오는 땅속 요정들처럼 그 작은 스키를 타고 쏜살같이 산 아래로 내려갔다.

우리와 함께 스키를 탔던 일행 중에 멋진 독일 아가씨가 있었다. 작지만 아름다운 몸매가 돋보였던 그녀는 아주 능숙하게 스키를 탔으며, 내 것만큼이나 무거운 배낭을 메고도 나보다 더 오래 걷곤 했다.

"저 짐꾼들은 우리가 죽어서 시체가 되면 끌고 내려가려고 기다리는 것 같은 표정으로 우리를 쳐다보고 있지요." 그녀가 말했다. "출발 전에 운반비를 분명히 정해 놓아도, 일단 도착하고 나면 웃돈을 요구하지 않는 짐꾼을 본 적이 없어요."

계곡 위쪽 마을인 몬타폰의 농부들은 계곡의 중간이나 아래에 있는 가우에탈 마을 농부들과 많이 달랐다. 몬타폰 사람들이 무척 배타적이었다면, 가우에탈 사람들은 아주 개방적이고 친절했다.

쉬룬스에서 겨울을 보내는 동안 나는 높은 산등성이의 눈밭에 반사되는 강한 햇빛으로부터 얼굴을 보호하려고 수염을 길렀고 머리도 자르지 않았다. 하루는 렌트 씨와 함께 밤늦도록 스키를 타고 나서 주로 벌목꾼들이 다니는 오솔길로 내려오는 도중에 그가 쉬룬스 근방에서 나와 마주쳤던 농부들이 나를 '검은 예수'라고 부른다는 이야기를 들려주었다. 특히, 그중에서 주막에 자주 드나들던 사람들은 나를 '과일주 마시는 검은 예수'라고 부른다고 했다. 그러나 우리가 마들레너 하우스로 올라갈 때 짐꾼으로 고용했던 몬타폰 고지대 농부들이 보기에는 누구나 꺼리는 높은 산에 한사코 오르려는 우리가 이상한 악마처럼 보였을 것이다. 눈이 햇볕을 받아 녹으면 눈사태가 생길 위험이 있으므로 우리는 동트기 전에 일찍 출발했지만, 그런 점도 그들의 신뢰를 얻는 데에는 별 도움이 되지 못했던 듯싶다. 그것은 단지 모든 이상한 악마들이 그렇듯이 우리가 교활하다는 증거일 뿐이라고, 농부들은 생각했을 것이다.

나는 지금도 그 겨울의 소나무 향기를 기억하고 있다. 내가 나무꾼 오두막 안의 너도밤나무 잎사귀로 만든 매트리스 위에서 잠을 잤던 일도 기억하며, 여우와 산토끼의 흔적을 따라 숲 속에서 이리저리 스키를 타던 일도 생생하게 기억하고 있다. 한번은 수목 한계선보다 더 높은 산악 지대에서 여우 발자국을 따라가다가 그놈이 뇌조를 사냥하는 모습을 본 적이 있었다. 여우는 앞발을 똑바로 들어 올린 채 꼼짝 않고 서 있다가 조심스럽지만 민첩하게 뇌조를 향해 달려들었다. 그러나 뇌조는 흰 날개를 파닥거리며 솟구쳐 올라 산등성이 너머로 날아가 버렸다.

나는 또한 바람이 기묘하게 조각해 놓은 눈덩이를 기억하고 있으며, 스키를 탈 때면 그것이 예상치 못한 온갖 형상으로 눈앞에 펼쳐지던 것도 기억한다. 언젠가 산꼭대기 산장에 머무르고 있을 때 엄청난 눈보라가 치는 바람에 마치 우리가 한 번도 가본 적이 없는 낯선 지역에 온 것처럼 매우 조심스럽게 길을 찾아가야 했던 적이 있었다. 그때에는 모든 것이 너무도 생경하여 전혀 새로운 세계에 와 있는 듯한 느낌이 들었다. 그러다가 마침내 봄이 가까워지면, 기다리고 기다리던 빙하 스키를 탈 수 있었다. 빙하 스키는 발목에 힘을 주고 몸을 낮춘 자세로 두 다리가 버틸 수 있을 때까지 점점 속도를 내면서 눈가루가 기분 좋게 스치며 내는 쉭쉭 소리를 들으며 빙하를 따라 하염없이 미끄러지는 운동이었다. 빙하 스키를 타면 하늘을 나는 것보다, 아니 다른 어떤 것보다도 기분이 짜릿했다. 이 운동을 즐기려면 우선 활강 실력부터 길러야 했으며 무거운 배낭을 메고 산꼭대기까지 아주 먼 거리를 올라가야 했다. 그곳까지 올라가는 길은 돈으로 살 수도 없었고, 티켓을 팔지도 않았다. 그것은 오로지 겨울 동안 우리가 끊임없이 기울였던 노력의 대가였으며, 겨울이 우리에게 주는 선물이었다.

 산에서 보냈던 마지막 해에는 새로운 부류의 사람들이 우리 삶 속으로 깊숙이 들어오면서 모든 것이 예전과 달라졌다. 그 뒤에 겪었던 악몽 같은 겨울이나 살인적인 여름과 비교하면, 눈사태가 있었던 그해 겨울은 천진난만했던 어린 시절의 순수하고 행복했던 겨울과도 흡사했다. 해들리와 나는 서로 지나치게 믿고 있었기에 신뢰와 자긍심을 지키는 데 소홀했다. 그 믿음이 무너지게 된 책임을 내가 다른 이와 나누어 지겠다고 생각한 적은 단 한 번도 없다. 그것은 전적으로 내 잘못이었고, 그런 사실은 내가 살아가는 동안 점점 더 확실해졌다. 세 사람의 마음이 얽히다가, 결국 행복이 무너지고 나서 또 다른 행복을 찾게 된 사정이라든지, 우리 사랑의 의미나 결말이 어떤 것이었는지는 이 책에서 밝힐 성격의 이야기가 아니다. 이런 문제에 대해 썼던 글이 있긴 하지만, 나는 그런 글을 이 책에 포함하고 싶지 않았다. 그것은 내게 복잡하고 소중하고 중요한 이야기다. 내게 일어났던 그 모든 사건의 종말도 이 책과는 아무 상관 없다. 그에 대한 모든 책임은 내게 있고, 내가 모두 짊어지고 가야 하며, 내가 감수해야 한다. 그에 대해 아무 책임 없는 유일한 사람인 해들리는 마침내 그 모든 것에서 벗어나 나보다 훨씬 좋은 남자와 결혼하여 마땅히 그녀가 누려야 할 행복을 누리고 있다. 바로 그것이 그해에 일어나 지금까지도 계속되는 한 가지 좋은 일이다.

17. 스콧 피츠제럴드

그의 재능은 나비 날개의 고운 가루가 그려 내는 무늬처럼 자연스러웠다. 한때 그는 나비가 제 날개의 아름다움을 알지 못하듯이 자신의 재능을 깨닫지 못했고, 심지어 그것이 약탈당하거나 파괴되어도 알아차리지 못했다. 나중에야 상처 입은 날개와 무늬의 상태를 자각한 그는 깊은 생각에 잠겼다. 그리고 결국, 그는 다시 하늘로 날아올랐다. 비록 인생의 황금기는 아니더라도 작가로서 황금기에 있던 그를 만난 것은 내게 행운이었다.

내가 처음 스콧 피츠제럴드를 만났을 때 아주 이상한 일이 벌어졌다. 그와 함께 있을 때 이상한 일이 많이 벌어졌지만, 그 일만은 결코 잊을 수 없다.

그날 나는 몇몇 무명 작가와 들랑브르 거리의 술집 딩고 바Dingo bar에서 한잔하고 있었는데, 갑자기 스콧이 안으로 들어오더니 내게 자신을 소개한 다음, 함께 온 키가 크고 호감이 가는 얼굴의 젊은이를 유명한 야구 투수 덩크 채플린이라고 소개했다. 나는 프린스턴 팀의 야구 경기를 한 번도 본 적이 없었고 '덩크 채플린'이라는 이름도 들어 보지 못했지만, 그 젊은이가 남달리 선량해 보이고 느긋하고 허물없이 친근하게 구는지라 스콧보다는 오히려 그에게 더 마음이 끌렸다.

스콧은 잘생겼다고 해야 할지, 예쁘다고 해야 할지 분간하기 어려운 동안의 미소년 같은 남자였다. 그는 구불거리는 아름다운 금발에 넓은 이마, 열정적인 눈빛, 그리고 여성이라면 미인답다고 할 만한, 아일랜드인 특유의 섬세하고 긴 입술이 매력적이었다. 턱도 잘빠졌고, 귀도 준수했으며, 역시 우아하다고 해야 할 만큼 잘생긴 코에는 티끌만 한 결점도 없었다. 한 마디로 그의 얼굴은 예쁘다는 표현이 부족할 정도로 잘 생겼으며, 그것은 그의 깨끗한 피부, 아름다운 금발, 그리고 입 모양 덕분이기도 했다. 특히, 입은 스콧에 대해 잘 알지 못할 때도 무척 고혹적으로 보였는데, 그와 가까워진 다음에는 더욱 그랬다.

그렇지 않아도 그를 한번 보고 싶던 참이어서, 온종일 고되게 일하고 나서 드디어 스콧뿐 아니라 내가 그때까지 알지 못했지만, 이제는 친구가 된 위대한 야구 선수 덩크 채플린과 자리를 함께하게 되었다는 사실이 대단하게 느껴졌다. 스콧은 끊임없이 말을 늘어놓았고, 나는 그가 하는 말 때문에 거북해져서 -그는 내가 쓴 글에 대해 입에 침이 마르도록 칭찬했다- 그의 말을 귓등으로 흘리면서 단지, 그를 아주 가까이에서 관찰할 수 있다는 사실에만 만족하고 있었다. 당시 우리는 남들 앞에서 옆 사람에 대해 찬사를 늘어놓는 것을 그에 대한 노골적인 모욕으로 여기고 있었다. 스콧이 샴페인을 주문했고, 그와 덩크와 나는 처음부터 나와 함께 있던 다른 사람들과 함께 그 샴페인을 마셨다. 스콧이 마치 연설이라도 하듯이 혼자 말을 이어 갔으므로 나는 그의 말에는 귀를 닫은 채 그의 모습만 찬찬히 뜯어보고 있었다. 그는 평균보다 체중이 조금 덜 나가는 듯했고, 얼굴이 약간 부어 있어서 그다지 건강해 보이지는 않았다. 그는 그와 잘 어울리는 브룩스 브라더스Books Brothers 양복에 버튼다운 셔츠를 입고 있었으며, 영국 근위병들이 매는 넥타이를 매고

있었다. 당시 파리에는 영국인이 많았고, 그중에는 딩고에 들락거리는 사람이 꽤 있었으므로 -그날도 두 명이나 그 술집에 있었다- 나는 어쩌면 그에게 그 타이에 대해 귀띔해 주는 편이 좋을지도 모르겠다고 생각했다.[89] 하지만, 다시 생각해 보니 그것은 내가 상관할 일이 아니어서 아무 말 없이 그를 계속 관찰했다. 나중에 밝혀졌지만, 그는 그 넥타이를 영국이 아니라 로마에서 샀다.

나는 그의 손이 그다지 작지 않으면서도 재주가 많아 보이고 아주 잘생겼다는 점을 제외하고는 그에 대해 새롭게 알아낸 것이 없었다. 그리고 그의 다리가 몹시 짧다는 사실은 그가 처음 스툴에 올라앉을 때 이미 파악했다. 그의 다리 길이가 정상이었다면 아마도 그의 키가 5센티미터 정도는 더 컸을 것이다.

처음 나온 샴페인을 바닥내고 우리는 이미 두 번째 병을 마시는 중이었다. 그리고 스콧도 서서히 장광설을 마무리하고 있었다. 샴페인을 마시기 전보다 기분이 훨씬 좋아진 덩크와 나는 그의 연설이 끝나 가는 것이 반가웠다. 그때까지 아내와 나는 우리가 진심을 터놓을 수 있을 만큼 아주 절친한 사람들을 제외한 다른 사람들에게는 조심스럽게 나의 작가적 재능을 숨기고 있었다. 스콧이 작가로서의 내 가능성에 대해 우리와 똑같이 행복한 결론에 도달하는 것을 보자 나는 무척 기뻤지만, 그의 연설이 끝나 가는 것 또한 그에 못지않게 기뻤다. 하지만, 연설이 끝나자 질의응답 시간이 시작되었다. 연설 중에는 그의 말을 듣지 않고 그를 관찰하는 데에만 몰두할 수 있었지만, 질의응답 과정은 피할 수가 없었다. 나중에 알게 된 일이지만, 그는 소설가라면 자신의 지인이나 친구에게서 알고 싶은 것을 직접 물어볼 수 있어야 한다고 믿고 있었다. 그의 질문은 매우 직설적이었다.

"어니스트." 그가 말했다. "자네를 '어니스트'라고 불러도 되겠지?"

"글쎄, 덩크에게 한번 물어보게나." 내가 대답했다.

"바보같이 굴지 말게. 난 아주 진지하니까. 자네는 결혼 전에 자네 부인과 잤나?"

"모르겠는데."

"모르겠다니, 그게 무슨 뜻인가?"

"기억나지 않거든."

"아니, 그처럼 중요한 일이 어떻게 기억나지 않을 수 있지?"

"모르겠는데." 내가 말했다. "이상하군. 그렇지?"

"그건 이상하기보다 고약한 걸세." 스콧이 말했다. "당연히 기억하고 있어야지."

"유감이군. 아쉽기도 하고. 그렇지?"

"영국 놈처럼 말하지 말라고." 그가 말했다. "기억하려고 진지하게 애써 보라고."

"안 돼." 내가 말했다. "불가능해."

"기억하려고 진심으로 노력할 수 있잖은가."

불현듯, 나에 대한 찬사를 늘어놓은 그의 장광설에 내가 너무 비싼 대가를 치르고 있다는 생각이 들었다. 그가 누구에게나 그런 식의 연설을 하고 다니는 것은 아닌지 궁금했으나 한편으로는 그가 연설하는 동안 땀을 뻘뻘 흘린 것을 보면 그렇지는 않으리라는 생각도 들었다. 아일랜드인 특유의 길고 섬세한 그의 윗입술 위에는 땀방울이 송글송글 맺혀 있었다. 나는 그의 얼굴에서 시선을 거두고 스툴의 높이 때문에 바닥에 닿지 않는 발이 대롱거리고 있는 그의 다리를 내려다보았다. 그리고 다시 그의 얼굴을 바라보았다. 바로 그 순간, 그 이상한 일이 벌어졌다.

손에 샴페인 잔을 들고 앉아 있던 스콧의 얼굴 피부가 팽팽히 땅겨지기 시작하더니, 조금 부은 듯했던 그의 얼굴에서 부기가 완전히 사라지면서 마치 데스마스크처럼 변했다. 두 눈은 움푹 꺼져서 죽은 사람의 눈처럼 변했고, 입술은 뻣뻣하게 굳었으며, 얼굴에서 핏기가 사라지면서 낯빛이 순식간에 밀랍처럼 창백해졌다. 그것은 분명히 내 상상력이 만들어낸 착시가 아니었고, 내가 과장하고 있는 것도 아니었다. 내 눈앞에서 그의 얼굴은 실제로 죽은 얼굴로 변해 있었다.

"스콧." 내가 다급하게 불렀다. "괜찮나?"

아무 대답 없이 그의 얼굴은 더욱 경직되었다.

"이 사람을 어서 응급실로 데려가는 게 좋겠어." 내가 덩크 채플린에게 말했다.

"아니, 곧 괜찮아질 걸세."

"숨이 넘어가는 것 같은데?"

"아니야. 이 친구, 가끔 이럴 때가 있어."

우리는 그를 택시에 태워 보냈고, 나는 몹시 걱정되었으나 덩크는 별일 아니니 걱정할 필요 없다며 이렇게 덧붙였다. "자기 집에 도착할 때쯤이면 틀림없이 회복될 걸세."

덩크의 말이 옳았다. 며칠 후 라클로즈리 데릴라에서 스콧을 다시 만났을 때 나는 그런 일이 일어난 것이 유감스럽고, 그때 대화가 너무 열기를 띠었고, 우리가 술을 너무 빨리 마셔서 그랬던 것 같다고 말했다.

"유감이라니 무슨 말인가? 내게 무슨 일이 일어났다는 거지? 대체, 자네 무슨 말을 하는 건가, 어니스트?"

"지난번 딩고에서 일어난 일을 말하는 걸세."

"딩고에서 내겐 아무런 나쁜 일도 일어나지 않았어. 난 그저 자네와 같이 있던 그 빌어먹을 영국 놈들이 지겨워서 집으로 돌아갔을 뿐이라고."

"그 자리에 영국인은 없었어. 영국인이라곤 바텐더밖에 없었다고."

"숨길 것 없네. 내가 지금 누굴 말하는지 자네도 잘 알고 있지 않나."

"아!" 내가 말했다. 그는 그날 밤 더 늦은 시간에 딩고에 다시 갔거나 아니면 그날 이후 어느 날 그곳에 갔을 것이다…. 아니, 생각해 보니 그때 그 술집에 분명히 영국인이 두 명 있었다. 그의 말은 사실이었다. 그들이 누군지가 생각났다. 그랬다. 그날 영국인 둘이 그 술집에 있었다.

"맞아." 내가 말했다. "영국인들이 있었어."

"엉터리 귀족 칭호를 코에 걸고 몹시 무례하게 굴던 여자와 그 여자 옆에 붙어 있던 머저리 같은 술꾼이 있었지. 그들은 자네 친구라고 했지."

"그들이 내 친구들인 건 맞아. 그리고 그녀가 가끔 무례하게 굴긴 하지."

"그것 보게. 그날 내가 술에 좀 취했다고 해서 자네가 그런 걸 내게 감출 필요는 없잖은가? 그런데 왜 자네는 감추려고 했지? 나는 자네가 내게 그렇게 행동하리라고는 기대하지 않았네."

"모르겠네." 나는 이런 대화를 그만두고 싶어졌다. 그때 갑자기 내 머리를 스치는 생각이 있었다. "혹시 그 친구들이 자네 넥타이 때문에 무례하게 굴었던 건 아닐까?" 내가 물었다.

"그 작자들이 왜 내 넥타이 때문에 무례하게 굴었겠나? 난 그저 흰색 폴로 셔츠에 평범한 검은색 타이를 매고 있었을 뿐인데."

나는 그 문제에 대해 더는 아무 말도 하지 않았다. 그는 내게 왜 카페 라 클로즈리 데릴라를 좋아하는지 물었고, 나는 오래전부터 내게 정든 장소였던 그 카페에 대해 설명해 주었다. 그러자 그도 그 카페에 호감을 품게 되었다. 이제부터 그곳을 좋아하려는 그와 오래전부터 그곳을 좋아하는 나는 그렇게 라클로즈리 데릴라에 앉아서 한동안 이야기를 나눴다. 처음에는 내게 수없이 많은 질문을 던지던 그가 이번에는 작가들, 출판인들, 저작권 대리인들, 평론가들, 조지 호레이스 로리머,[90] 여러 가지 루머, 작가가 성공하기 위해 알아 두어야 할 경제 문제 등 온갖 주제에 대해 이야기를 놓아놓았다. 그럴 때 그는 냉소적이면서도 재미있고 쾌활하고 매력이 넘쳤다. 내 환심을 사려고 그런 태도를 가장하는 게 아닌가 싶어 경계하며 살펴보았지만, 그는 역시 누구라도 좋아할 만한 사람이었다.

그는 과거에 자신이 쓴 작품들에 대해서도 별로 애석해하는 기색 없이 하찮게 이야기했다. 그러나 최근에 발표한 새 작품에 대해서는 결점을 꼬집어 말하지 않는 것으로 봐서 스스로 대단히 훌륭하다고 생각하고 있는 것이 틀림없었다. 그는 한 권밖에 남지 않은 자신의 새 책 《위대한 개츠비》를 누군가에게 빌려 주었다며, 돌려받는 대로 내게 보여줄 테니 한번 읽어 보라고 했다. 이 작품에 대해 말할 때 스콧은 부끄러워하고 있었다. 겸손한 작가라면 스스로 생각하기에도 훌륭한 작품을 완성했을 때 남들에게 그 작품에 대해 이야기하면서 부끄러움을 느끼게 마련이다. 나는 그가 얼마나 훌륭한 작품을 썼는지 짐작할 수 있었고, 그가 어서 그 책을 회수하여 내가 읽을 수 있기를 바랐다. 스콧은 그 책이 그다지 잘 팔리는 것 같지는 않지만, 평은 꽤 좋다는 말을 맥스웰 퍼킨스[91]에게서 들었다고 했다. 그때까지 그 책에 대해 가장 좋은 평을 했던 길버트 셀즈[92]의 글을 내게 보여준 것이 그날이었는지, 아니면 그 후였는지는 기억나지 않는다. 길버트 셀즈가 더 좋은 평론가였더라면 더 좋은 서평을 써주었을 것이다. 스콧은 그 책이 잘 팔리지 않아서 당황하고 속상한 듯했지만, 그렇다고 해서 비통해하지는 않았고, 그 작품의 가치에 대해서는 무척 만족하면서도 수줍어했다.

그날 우리가 땅거미가 내려앉는 릴라의 테라스에 앉아서 지나가는 사람들과 시시각각 색이 변하는 저녁 해를 구경하는 동안 우리가 마신 위스키 소다 두 잔은 그에게 아무런 화학 작용도 일으키지 않았다. 혹시나 싶어서 나는 그를 세심하게 관찰했지만, 지난번과 같은 일은 일어나지 않았다. 그는 내게 황당한 질문을 던지거나 나를 당황하게 하지도 않았고, 지루한 연설을 늘어놓지도 않았으며, 지극히 총명하고 매력적으로 행동하는 정상적인 사람이었다.

그는 아내 젤다와 함께 리옹에 도착했을 때 고약한 날씨 때문에 두고 와야 했던 르노 소형 자동차에 대해 이야기하면서 나와 함께 기차를 타고 리옹에 가서 그 차를 몰고 파리로 돌아왔으면 좋겠다고 했다. 피츠제럴드 부부는 에투알[93]에서 그다지 멀지 않은 틸시트 거리R. de Tilsitt 14번지에서 가구 딸린 아파트를 세내어 살고 있었다. 바야흐로 봄이 막바지에 이르러 시골 풍경도 더할 나위 없이 장관일 터였으므로 우리는 아주 훌륭한 여행을 할 수 있으리라 믿었다. 스콧은 무척 다정하면서도 이성적이었고, 우리가 위스키를 두 잔이나 연거푸 마시는 동안에도 그에게는 아무 일도 일어나지 않았다. 그는 여전히 매력적이고 분별력 있게 행동했으므로, 전날 딩고에서 벌어졌던 사건은 한낱 기분 나쁜 착각에 불과하다는 생각이 들었다. 그리하여 나는 그의 제안대로 함께 리옹에 가겠다고 말하고 출발일이 언제인지 물었다. 우리는 다음 날 다시 만나서 아침에 출발하는 리옹행 특급열차 편을 알아보기로 했다. 우리에게 편리한 시간대에 출발하는 이 열차는 문자 그대로 특급이어서 디종에서 딱 한 번 쉬었다가 종착역으로 직행하게 되어 있었다. 우리는 리옹에

도착하는 대로 차의 상태를 점검한 다음, 저녁을 근사하게 먹고 이튿날 아침에 올라오기로 계획을 세웠다. 그날 우리는 잠정적으로 출발일을 정했고, 나중에 두 차례 더 만나 최종적으로 출발일을 확정했으며, 출발일 바로 전날에도 약속을 재확인했다.

    이 여행은 나를 흥분시켰고 아내도 그것이 정말 멋진 계획이라고 했다. 나는 나보다 손위이고 이미 어느 정도 인정받은 작가와 함께 여행할 참이었고, 올라오는 차 안에서 그와 대화하며 내가 알고 싶었던 유익한 정보를 많이 얻겠다고 생각했다. 지금 생각해 보면 스콧을 나이 든 작가로 여겼던 것이 이상하지만,《위대한 개츠비》를 읽어 보기 전이었던 당시에 나는 그를 별로 대단치 않은 습작 수준의 유치한 작품 한 권과 내가 아직 읽지 못한 소설책 한 권을 발표한, 꽤 나이 든 사람으로 알고 있었다. 나는 그가 3년 전쯤《새터데이 이브닝 포스트》에 단편을 게재했고, 나름대로 꽤 알려졌다는 것은 알고 있었지만, 괜찮은 작가라고는 생각하지 않았다. 라클로즈리 데릴라에서 그는 내게《새터데이 이브닝 포스트》가 원하는 단편이 어떤 성격의 것인지 잘 알고 있다며 그런 잡지사에 팔기에 알맞은 단편 원고 쓰는 방법을 일러 주었다. 일단, 노력을 기울여 좋은 단편을 써놓은 다음, 잡지사가 원고를 청탁하면 그 잡지사가 원하는 대로 잡지의 판매 부수를 올릴 만한 작품으로 다시 수정해서 원고를 넘긴다고 했다. 그의 말에 충격을 받은 나는 그것은 몸 파는 여자들이나 하는 짓이라고 말했다. 그는 그렇긴 해도, 좋은 작품을 쓸 돈을 마련하려면 잡지사에서 돈을 벌어야 하므로 어쩔 수 없다고 했다. 나는 그에게 작가라면 자기 능력이 닿는 데까지 가장 좋은 글을 써야 하며, 그러지 않는다면 자기 재능을 파괴하게 되리라고 말했다. 그는 자기가《새터데이 이브닝 포스트》에 팔릴 작품을 쓰는 방법을 알고 있다는 것이 자기 재능에 해가 된다고는 생각하지 않는다고 말했다. 진짜 작품을 먼저 써놓았기에 설령 그것을 파괴하고 변형한다 해도 자기에게는 아무런 해가 되지 않는다는 얘기였다. 나는 그의 논리에 동의할 수 없었고, 그의 말을 반박하고 싶었다. 그러나 내 논리를 입증하고, 그 정당성을 제시하면서 그를 설득하려면 이미 발표한 장편소설을 증거로 내놓아야 했지만, 나는 아직 그러지 못한 상태였다.

내 글을 일일이 분석하여 기교를 부린 대목을 삭제하고, 대상을 묘사하기보다는 글에 생명을 불어넣으려고 애쓰기 시작한 이래 글쓰기는 내게 더없이 경이로운 작업이 되었다. 하지만, 동시에 그것은 몹시 고된 작업이기도 했다. 무엇보다도 '장편 소설'이라는 긴 글을 어떻게 쓸 수 있을지 엄두가 나지 않았다. 실제로 문단 하나를 완성하기 위해 아침 내내 붙들고 있어야 할 때도 흔했다.

내 아내 해들리는 이미 읽어본 스콧의 작품을 그리 높게 평가하지는 않았지만, 우리의 여행 계획을 듣자 무척 기뻐했다. 그녀가 생각하는 좋은 작가는 헨리 제임스였다. 그녀는 내가 잠시 글 작업에서 벗어나 여행을 떠나고 머리를 식히게 된 것을 나를 위해 좋은 일로 여겼다. 그래도 우리는 우리 차가 있어서 둘이 함께 여행할 수 있었다면 더 좋았을 거라며 안타까워했다. 그러나 그것은 생각도 할 수 없는 일이었다. 나는 가을에 미국에서 첫 단편집을 출판하기로 한 보니 앤 리버라이트 출판사에서 200달러를 선금으로 받았고, 베를린의 《프랑크푸르터 차이퉁》과 《데어 크베어슈니트》, 그리고 파리의 《디스 쿼터》와 《트랜스애틀랜틱 리뷰》에 내 단편 작품들을 팔았다. 하지만, 우리는 7월에 에스파냐 팜플로나에서 열리는 축제와 그 뒤에 마드리드와 발렌시아에서 열리는 축제에 가기 위한 자금을 저축하려고 꼭 필요할 때에만 돈을 쓰며 허리띠를 졸라맸다.

출발일 아침이 되자 일찌감치 역에 도착한 나는 역 건물 밖에서 스콧을 기다렸다. 열차표는 두 장 모두 그가 가지고 있었다. 출발 시각이 다가왔지만, 그는 나타나지 않았다. 나는 선로 입장권을 사서 역사 안으로 들어갔고 밖에서 기차의 객실 창문을 통해 안을 들여다보며 그를 찾았지만, 허사였다. 그 긴 기차가 서서히 움직이기 시작하자 나는 서둘러 올라탔고, 어느 객실엔가 그가 타고 있기만을 바라며 객실들을 하나하나 훑어 나갔다. 기차는 무척 길었고 그는 어디에도 없었다. 나는 검표원에게 사정을 설명하고, 삼등칸은 없다기에 이등칸 표 값을 내고 나서 리옹에서 가장 좋은 호텔이 어디인지 물어보았다. 내가 리옹에서 스콧을 기다릴 호텔 주소를 그에게 알려줄 수 있는 유일한 방법은 디종에서 전보를 보내는 것이었다. 그가 출발하기 전에 내 전보를 받지는 못할 테지만, 그의 아내가 그에게 다시 전보를 보내면 되리라 싶었다. 나는 그때까지 어른이 기차를 놓쳤다는 말을 들어본 적이 없었는데, 이번 여행에서 여러 가지를 새로 깨닫게 되었다.

당시 나는 걸핏하면 욱하는 고약한 성질이 있었지만, 기차가 몽트로를 지날 무렵에는 화가 가라앉아서 이제 분노는 바깥 경치를 즐기는 데 방해가 되지 않았다. 그러나 정오에 식당칸에서 맛있는 점심을 먹고 생테밀리옹산 포도주를 마시면서 나는 다른 사람이 경비를 제공하는 이런 여행 권유를 받아들인 자신이 정말 한심한 바보라는 생각이 들었고, 이 여행 때문에 아내와 나의 소중한 에스파냐 여행 자금을 허비하고 있음을 깨닫자, 속이 몹시 쓰렸다. 그것은 내게 훌륭한 교훈이 되었다. 나는 그때까지 경비를 분담하지 않고 다른 사람이 경비를 대는 여행 권유를 받아들인 적이 한 번도 없었으므로 이 여행에서도 호텔비와 식사비를 똑같이 분담하자고 주장했다. 그러나 이제 와서 생각해 보니 피츠제럴드가 약속대로 나타날지조차 알 수 없었다. 화가난 나는 어느새 스콧을 '피츠제럴드'라고 부르고 있었다. 출발할 때에는 몹시 화가 났지만, 다행히 화가 차츰 가라앉다가 완전히 사라졌다. 어쨌든, 이런 여행은 화를 잘 내는 나 같은 사람에게는 전혀 어울리지 않았다.

리옹에 도착한 나는 스콧이 파리를 떠난 것은 확실하지만, 어느 호텔에 묵을 것인지는 알리지 않았다는 것을 알게 되었다. 나는 스콧의 집에서 전화를 받은 가정부에게 내가 리옹에서 머물 호텔의 주소를 남겼고, 그녀는 그가 전화하면 전하겠노라고 대답했다. 부인은 몸이 불편해서 아직 침실에서 나오지 않았다고 했다. 나는 리옹 시내의 모든 호텔에 전화를 걸어 메시지를 남겼으나 끝내 스콧을 찾을 수 없었다. 나는 카페에서 아페리티프나 한잔하면서 신문을 읽으려고 호텔방을 나섰다.

카페에서는 한 차력사가 불을 먹는 재주를 부리기도 하고 이가 하나도 없는 잇몸으로 동전을 물고 엄지와 검지로 구부리는 묘기를 부리고 있었다. 잇몸이 몹시 아팠을 텐데, 겉으로 보기에는 아무렇지 않은 듯했다. 나는 차력이 그다지 나쁜 직업은 아니라고 말하는 그에게 함께 한잔하자고 청했다. 그의 얼굴은 검었지만, 잘생겼고 불을 먹는 묘기를 부릴 때에는 환하게 광채가 났다. 그는 리옹 같은 도시에서는 불을 먹거나 잇몸으로 동전을 구부리는 묘기를 부려도 별로 돈이 되지 않는다며 가짜로 불을 먹는 사람들이 이 직종을 망쳐 놓았고, 그런 사람들이 묘기를 부리게 내버려 두는 곳에서는 앞으로도 계속 그렇게 될 거라고 개탄했다. 그는 저녁 내내 불을 먹었지만, 다른 것을 먹을 돈을 벌지 못했다고 투덜댔다. 나는 그에게 한 잔 더 마셔서 입안에 남아 있는 석유를 헹구어 내라고 권한 다음, 만약 저렴하고 맛있는 음식을 파는 식당을 알고 있다면 거기서 나와 함께 저녁을 먹는 게 어떻겠느냐고 물었다.

그는 즉시 아주 좋은 곳을 알고 있다고 대답했다.

우리는 어느 알제리 식당에서 아주 싸고 맛있는 저녁을 먹었다. 그 집 음식과 알제리 포도주는 내 입맛에 잘 맞았다. 불 먹는 묘기를 부리는 그 남자는 좋은 사람이었고, 이도 없이 음식을 잘 씹는 모습이 신기해 보였다. 그가 내 직업을 묻기에 나는 신인 작가라고 대답했다. 그는 내게 어떤 글을 쓰느냐고 물었고 나는 단편을 쓴다고 대답했다. 그는 많은 이야깃거리를 알고 있다며 그중 몇 가지는 아무도 글로 쓴 적이 없는 기상천외하고 무시무시한 내용이라고 했다. 그는 그런 이야기들을 들려줄 수 있다며 내가 그것을 글로 써서 얼마간 돈을 번다면 얼마가 되었든 내가 공정하다고 생각하는 만큼을 계산해서 자기 몫을 챙겨 줘도 좋다고 했다. 한술 더 떠서, 자기를 북아프리카 술탄의 나라로 데려가면 누구도 들어본 적이 없는 이야기들을 듣게 해주겠다고도 했다. 내가 그런 이야기들이 대충 어떤 내용이냐고 묻자, 그는 전투, 사형집행, 고문, 강간, 끔찍한 풍속, 믿기지 않는 관례, 환락 등 내가 원하는 모든 것이 있다고 했다. 그러는 사이에 스콧의 기별을 확인하러 호텔로 돌아가야 할 시간이 되었으므로 나는 식사비를 계산하고 나서 그에게 언젠가 우리는 틀림없이 다시 만나게 될 거라고 말했다. 그는 자기가 현재 마르세유 쪽으로 이동하면서 일하는 중이라고 했고, 나는 어디에서든 우리가 조만간 다시 만나게 되리라고 말하고 나서 저녁이 맛있었다고 덧붙였다. 자기가 구부렸던 동전들을 다시 펴서 테이블 위에 차곡차곡 쌓아 놓는 묘기를 부리고 있는 그를 카페에 남겨둔 채 나는 천천히 걸어서 호텔로 돌아왔다.

리옹의 밤은 그다지 쾌적하지 않았다. 리옹은 중후하고 사치스러운 대도시였다. 그런 도시를 좋아하는 부유한 사람들의 취향에나 잘 맞을 것 같았다. 리옹의 고급 레스토랑에서 먹을 수 있다는 훌륭한 닭고기 요리에 대한 소문은 몇 년 전부터 익히 들어 왔지만, 아내와 나는 닭고기보다는 양고기 요리를 더 좋아했다.

호텔에는 스콧에게서 아무런 메시지도 와 있지 않았기에 나는 익숙하지 않은 호화로운 침대 속으로 들어가서 실비아 비치의 서점에서 빌려 온 투르게네프의《사냥꾼이야기》첫 권을 펼쳐 들었다. 지난 3년간 이런 고급 호텔에서 호사를 누려본 적이 없었던 나는 창문을 활짝 열어 놓은 채 침대 머리맡에 베개 두 개를 겹쳐서 쌓아 올린 다음, 등을 기대고 편안한 자세로 투르게네프와 함께 시간을 보내다가 스르르 잠들어 버렸다.

이튿날, 아침을 먹으러 가려고 면도하고 있는데 프런트에서 전화가 걸려 왔다. 어떤 신사분이 나를 만나려고 아래층에서 기다린다고 했다.

"그분께 올라오시라고 전해 주겠소?" 이렇게 말하고 나서 나는 이른 아침 서서히 기지개를 켜는 대도시의 활기찬 소음을 들으며 면도를 계속했다.

스콧은 올라오지 않았고 나는 그를 로비에서 만났다.

"계획을 엉망으로 만들어서 대단히 미안하네." 그가 사과했다. "자네가 어느 호텔에 묵는지만 알았어도 일이 이렇게 꼬이지는 않았을 텐데."

"괜찮아." 내가 말했다. 우리는 이제부터 아주 오랫동안 차를 몰고 함께 가야 했기에 나는 평화를 원했다. "어떤 기차를 탔나?"

"자네가 탄 차가 출발하고 나서 얼마 후에 떠나는 기차가 있었네. 좌석이 아주 편하더군. 우리 둘이 함께 내려왔으면 참 좋았을 텐데."

"아침은 먹었나?"

"아직 못 먹었네. 자네를 찾아 도시를 발칵 뒤지느라 정신이 없었거든."

"유감이군. 자네 집에서 내가 이 호텔에 있다고 알려 주지 않던가?"

"아니, 사실은 아내가 몸이 불편해서 이번 여행은 취소하는 편이 나았을 지도 모르겠네. 여태까지는 모든 게 온통 엉망진창이라고."

"얼른 아침을 먹고 차를 찾아서 떠나기로 하지." 내가 말했다.

"좋아. 여기서 아침을 먹자고."

"카페에서 먹는 편이 더 빠를걸?"

"하지만, 음식은 여기가 훨씬 나을 걸세."

"그럼, 그렇게 하지."

그 호텔의 아침 식단은 햄과 달걀을 곁들인 푸짐한 미국식이었고, 맛도 대단히 훌륭했다. 하지만 음식을 주문한 다음 기다렸다가 먹고 나서 또 기다렸다가 계산을 하느라 한 시간이나 허비했다. 게다가 웨이터가 계산서를 가져왔을 때 스콧은 호텔에 점심 도시락을 주문하려 했다. 나는 차를 타고 올라가다가 마콩Mâcon에서 그 지역 포도주를 사고, 돼지고기 가공식품Charcuterie 가게에서 샌드위치 재료를 사서 점심을 해결하면 된다며 그를 만류했다. 만약 그런 가게들이 아직 문을 열지 않았다 해도 먼 길을 가면서 중간에 들를 수 있는 식당은 많았다. 하지만 그는 전에 내가 리옹에 소문난 닭고기 요리가 있다고 했으니, 그걸 한번 먹어 봐야 하지 않겠느냐며 우겨 댔다. 결국, 우리는 가게에서 파는 것보다 네다섯 배나 비싼 점심 도시락을 호텔에 주문했다.

스콧은 나를 만나러 오기 전에 이미 한잔 걸친 것이 분명했고, 한잔 더 하고 싶어 하는 눈치였기에 나는 출발하기 전에 바에서 뭘 좀 마시지 않겠느냐고 물어 보았다. 그러나 그는 자기가 아침부터 술을 마시는 사람이 아니라며 오히려 내게 아침에도 술 생각이 나느냐고 물었다. 나는 그때그때 기분과 그날 해야 할 일에 따라 다르다고 대답했다. 그는 만일 내가 술 생각이 나서 그런다면 혼자 마시게 할 수 없으니 자기가 대작해 주겠다고 했다. 그리하여 우리는 호텔에서 점심 도시락을 준비하는 동안 바에서 위스키에 광천수 페리에Perrier를 타서 한 잔씩 마셨다. 두 사람 모두 기분이 한결 나아졌다.

스콧은 모든 비용을 자기가 부담하겠다고 나섰지만, 호텔 숙박비와 바의 술값은 내가 냈다. 여행을 시작할 때부터 이 문제 때문에 몹시 마음이 불편했던 나는 돈을 많이 낼수록 마음이 편안해지는 것을 느꼈다. 비록 아내와 에스파냐를 여행하려고 저축해둔 돈을 축내고 있긴 했지만, 실비아 비치에게 신용을 잘 쌓아 두었으므로 얼마가 됐든 지금 내가 낭비하는 돈만큼을 그녀에게서 빌려 쓰고 나중에 갚을 수 있었다.

스콧이 차를 맡겨둔 정비공장에 가보니 놀랍게도 그의 작은 르노 자동차에는 지붕이 없었다. 배가 마르세유 항구에 도착하여 차를 내릴 때 지붕이 파손되었다고 한 것 같기도 하고, 다른 어떤 이유로 파손되었다고 한 것 같기도 한데, 어쨌든 그 사고에 대한 스콧의 설명은 조금 모호했다. 차의 지붕이 파손되자 그의 아내 젤다는 아예 절단해 버리라고 하여 새 지붕을 씌우지도 못했다고 했다. 그는 지붕이 있는 차를 아주 싫어하는 아내와 함께 마르세유에서 리옹까지 그 먼 길을 지붕 없는 차를 몰고 갔다가 비가 쏟아지는 바람에 그곳에서 여행을 중단했다고 내게 설명했다. 비록 지붕은 없었지만, 자동차의 상태는 양호했으므로 스콧은 세차비와 윤활유 값을 흥정하고 나서 추가로 넣은 휘발유 2리터 값과 함께 전체 비용을 지급했다. 그러는 동안 한 정비공이 내게 다가와서 엔진의 피스톤링을 갈아야 한다고 말했다. 차를 맡기던 날 윤활유와 냉각수가 부족한 상태에서 계속 몰고 왔던 것 같다며 엔진이 과열되어 녹아 버린 피스톤링을 보여 주었다. 그는 내게 파리에 가면 자동차 주인을 설득해서 실린더를 교체하게 하라면서 그렇게 한다면 이 성능이 좋은 차가 제 수명을 다할 수 있을 거라고 덧붙였다.

"저 손님은 차의 지붕을 복구하지 말라고 했어요."

"그래요?"

"우리 정비공들에게는 차를 제대로 수리할 의무가 있습니다."

"그렇겠지요."

"방수 코트는 가지고 계시나요?"

"아니, 지붕이 없는 차인 줄 몰랐거든요." 내가 말했다.

"저분께 조심하라고 말씀 좀 해주세요." 그가 애원하듯 말했다. "적어도 자동차에 관해서는."

"아…." 나는 할 말이 없었다.

우리는 리옹에서 북쪽으로 한 시간쯤 달리다가 비가 내려 차를 멈췄다.

그날 우리는 비 때문에 거의 열 번이나 차를 세워야 했다. 지나가는 소낙비가 때로는 길게, 때로는 짧게 내렸다. 만약 방수 코트를 준비했더라면 봄비 속의 드라이브는 그런대로 즐거웠을 것이다. 그러나 우리는 비가 쏟아질 때마다 어쩔 수 없이 길가의 나무 밑이나 카페에 들어가 비를 피해야 했다.

점심때쯤 우리는 리옹의 호텔에서 가져온 기막히게 훌륭한 도시락을 먹었다. 송로버섯을 넣고 구운 환상적인 닭고기 요리와 맛있는 빵, 그리고 마콩산 백포도주는 가히 일품이었다. 스콧은 우리가 차를 멈출 때마다 이 백포도주를 조금씩 홀짝거리며 무척 행복해했다. 나는 마콩에서 아주 좋은 백포도주 네 병을 샀고, 한 병씩 비울 때마다 내가 코르크 마개를 땄다.

전에도 스콧이 병째로 포도주를 마신 적이 있는지는 잘 모르겠지만, 이날 포도주를 마시면서 그는 마치 범죄가 들끓는 슬럼가를 처음 탐험하는 소년처럼, 혹은 수영복도 없이 난생처음 알몸으로 수영하는 소녀처럼 흥분하고 있었다. 그러나 이른 오후가 되자 그는 자신의 건강에 대해 걱정하기 시작했다. 그는 최근에 폐울혈(肺鬱血)로 사망한 두 사람의 이야기를 들려주었다. 이탈리아에서 그들이 죽어 가는 모습을 보며 깊은 충격을 받았다고 했다.

내가 '폐울혈'이 폐렴을 뜻하는 고어라고 말하자, 그는 내가 그 병을 잘 모른다며 내 말이 틀렸다고 반박했다. 그의 설명으로는 폐울혈이 유럽에만 있는 질병이고, 설혹 내가 아버지의 의학 서적들을 읽어 보았다 하더라도 그 책에는 미국인들의 질병에 대해서만 나와 있을 테니, 내가 그 병에 대해 알 리가 없다고 했다. 나는 아버지도 유럽에서 공부하셨다고 말했다. 그러나 그는 폐울혈이 유럽에서 최근에 나타난 질병이므로 나의 아버지도 그 병에 대해서는 알 수 없었으리라고 주장했다. 그는 또한 미국에서도 지역마다 발병하는 질환이 다르며 만일 아버지가 미국의 중서부가 아니라 뉴욕에서 일하셨다면 온갖 종류의 질병에 정통했을 거라고 말했다. 그는 실제로 '온갖 종류의 질병'이라는 표현을 사용했다.

나는 미국의 어떤 지역에서는 흔히 볼 수 있지만, 다른 지역에는 전혀 찾아볼 수 없는 질병도 있으므로 그의 말에도 일리가 있다고 수긍하면서 시카고에는 전혀 없지만, 뉴올리언스에는 있는 나병을 예로 들었다. 그러나 나는 여러 지역에 퍼져 있는 의사끼리 서로 지식과 정보를 교환하는 시스템이 있음을 지적하면서, 그가 폐울혈을 화제로 꺼냈으니 하는 말이지만, 히포크라테스 시대 이후 의학의 역사를 다시 서술하고 있는 《미국의학협회지》에 실린 유럽의 폐울혈에 관한 권위 있는 학자의 기사를 읽었던 적이 있다고 했다. 이 말을 들은 그는 잠시 말을 중단했고, 나는 그에게 마콩산 백포도주를 한 잔 더 마시라고 권했다. 적당히 감칠맛이 나지만, 알코올 함유량은 낮은 좋은 백포도주가 그 질병에 특효약이라고 할 수 있었기 때문이었다.

스콧은 약간 원기를 회복한 듯했으나, 곧 다시 상태가 나빠져서 내가 그에게 말했던 진성 유럽형 폐울혈을 예고하는 고열이나 섬망delirium 증세가 나타나기 전에 우리가 대도시에 도착할 수 있을지 내게 물었다. 나는 뇌이이Neuilly의 미국 병원에서 편도선을 지지려고 기다리는 동안 프랑스의 한 의학 신문에서 폐울혈에 대한 기사를 읽은 적이 있는데, 지금 그 기사를 번역하는 중이라고 그에게 말했다. '지진다'는 단어가 스콧에게 위안이 된 것 같았다. 하지만 그는 우리가 언제 대도시에 도착할 수 있을지 내게 다시 물었고, 나는 서둘러 간다면 35분 이내에 도착할 수 있으리라고 말했다. 그러자, 스콧은 내게 죽음이 두려웠던 적이 있는지 물었고, 나는 어떨 때 유별나게 죽음이 두려울 때가 있다고 대답했다.

비가 억수같이 쏟아지기 시작했고, 우리는 다음 마을에 도착하자 어느 카페에 들어가 비를 피했다. 그날 오후에 있었던 일을 모두 상세하게 기억할 수는 없지만, 우리가 마침내 샬롱 쉬르 손Châlon-sur-Saône의 한 호텔에 도착했을 무렵에는 밤이 깊어 약국이 모두 문을 닫은 상태였다. 스콧은 호텔에 도착하자마자 옷을 벗고 잠자리에 들었다. 그는 자신이 폐울혈로 죽는 것은 상관없지만, 젤다와 어린 딸 스코티를 누가 돌봐줄 것인지가 유일한 걱정거리라고 했다. 나로서는 아내 해들리와 어린 아들 범비를 돌보는 것만으로도 벅차서 그 두 사람을 돌볼 여력이 있을지 확신이 서지 않았지만, 힘닿는 데까지 그들을 돌보겠다고 말했고, 스콧은 고맙다고 했다. 젤다가 술을 너무 많이 마시지 못하게 해야 하고, 스코티에게는 영어 가정교사를 붙여 줘야 한다는 말도 잊지 않았다. 우리는 젖은 옷을 벗어서 말려 달라고 호텔에 맡겼으므로 잠옷 차림이었다. 밖에는 여전히 비가 내리고 있었지만, 방 안은 쾌적했고 불이 환하게 들어와 있었다. 스콧은 병마와 싸울 체력을 비축하느라 침대에 누워 있었다. 내가 그의 맥박을 재어 보니 1분에 72회씩 정상적으로 뛰고 있었고, 이마를 짚어 보니 열도 없었다. 그에게 심호흡을 시키고 가슴에 귀를 대고 들어 보니 폐와 기관지 소리도 정상적이었다.

"이봐, 스콧." 내가 말했다. "자네 건강은 지극히 양호해. 감기에 걸릴까 봐 걱정된다면 그냥 침대에 누워서 쉬어. 내가 위스키 레모네이드를 두 잔 주문할 테니 아스피린 한 알과 함께 마시도록 해. 그러면 기분도 좋아지고, 감기에도 걸리지 않을 거야."

"그런 민간요법으로 뭘 어쩌겠다는 거야?" 스콧이 말했다.

"자넨 열이 없어. 어떻게 열도 없이 폐울혈에 걸릴 수 있다는 건가?"

"그런 불쾌한 말은 하지도 말게." 스콧이 말했다. "내게 열이 있는지 없는지 자네가 어떻게 알아?"

"맥박도 정상이고, 이마를 짚어 보니 열도 없었어."

"이마를 짚어 보고 알 수 있다고?" 그가 쓸쓸한 표정으로 말했다. "만약 자네가 정말 내 친구라면 당장 체온계를 구해올 걸세."

"잠옷 바람으로 밖에 나가라고?"

"사람을 부르면 되잖나."

나는 벨을 눌러 룸서비스를 불렀다. 그러나 아무도 오지 않아서 나는 다시 벨을 눌렀다가, 아예 객실 담당 종업원을 찾으러 복도로 나갔다. 스콧은 두 눈을 감고 침대에 누워 천천히, 그리고 조심스럽게 호흡하고 있었다. 밀랍처럼 창백해진 얼굴과 섬세한 용모 때문인지, 그는 이미 숨을 거둔 십자군 병사처럼 보였다. 나는 이제 이 문학적 삶에 진저리가 나기 시작했고(그것을 '문학적 삶'이라고 부를 수 있다면), 오늘의 작업을 거르게 된 것이 안타까웠으며, 하는 일 없이 허송세월한 하루가 저물 무렵이면 어김없이 나를 괴롭히던 그 죽음과도 같은 고독을 느꼈다. 나는 스콧과 그의 바보 같은 촌극에 진저리를 쳤지만, 객실 담당 종업원을 찾아서 체온계와 아스피린을 사 오라고 그에게 돈을 주면서 레몬주스 두 잔과 더블 위스키 두 잔을 주문했다. 나는 위스키를 병째로 주문하고 싶었지만, 그들은 잔으로만 팔았다.

방으로 돌아와 보니 스콧은 여전히 무덤 속 시신처럼 누워 있었다. 두 눈을 감고 극도로 조심스럽고 품위 있게 숨을 쉬며 누워 있는 그의 모습은 마치 스스로 자신을 기념하려고 만들어 놓은 조각상과 같았다.

내가 방으로 들어오는 기척을 듣고 그가 물었다. "체온계를 구해 왔나?" 나는 그에게 다가가서 그의 이마에 손을 얹었다. 시신처럼 싸늘하거나 축축하지는 않았지만, 서늘한 느낌이 들었다.

"아니." 내가 대답했다.

"난 자네가 가져올 줄 알았는데."

"구해 오라고 사람을 보냈어."

"그건, 자네가 직접 가져오는 것과는 다르지."

"똑같지는 않겠지."

미친 사람에게 화를 낼 수 없듯이 스콧에게도 화를 낼 수 없었지만, 이 모든 어리석은 일에 휩쓸린 나 자신에게 점점 화가 치밀었다. 물론, 그의 두려움에는 어느 정도 정당한 이유가 있었고, 나도 그 점은 잘 알고 있었다. 요즘은 폐렴으로 죽는 사람이 거의 없지만, 그 시절에는 대부분 알코올중독자가 폐렴으로 죽었다. 그러나 그는 술이 약해서 아주 조금만 마셔도 취했으므로 그를 알코올중독자로 볼 수는 없었다.

당시 유럽에서는 포도주를 음식처럼 몸에 좋은 정상적인 식품, 기쁨과 즐거움을 주는 음료로 간주하고 있었다. 포도주를 마신다는 것은 속물근성을 드러내는 태도도 아니었고, 과장되게 멋을 부리는 행동도 아니었으며, 유행을 따르는 취향도 아니었다. 그것은 음식을 먹는 것과 똑같이 자연스러운 일이었으며 내게는 일상적으로 필요한 일이기도 했고, 포도주나 과일주나 맥주를 곁들이지 않고 식사한다는 것은 내게 상상조차 할 수 없는 일이었다. 나는 단맛이 나거나 너무 진한 포도주를 제외하면 모든 포도주를 좋아했다. 내가 스콧과 나눠 마신, 아주 약하고 단맛이 없는 마콩 백포도주 몇 병이 그의 몸 안에서 화학 반응을 일으켜 그를 바보로 만들어 놓을 수 있다는 사실을, 나는 생각하지 못했다. 물론, 아침에 페리에를 탄 위스키도 한 잔 마셨지만, 내가 알코올중독자들에 대해 무지했던 탓에 그 위스키 한 잔이 빗속에서 지붕 없는 차를 운전하는 남자에게 큰 해를 끼칠 수 있다는 사실을 깨닫지 못했다. 알코올이 그의 몸속에서 아주 빠른 속도로 산화했던 것이다.

종업원이 내가 부탁했던 물건들을 가져올 때까지 기다리는 동안 나는 소파에 앉아 신문을 읽으면서 우리가 마지막으로 차를 멈추었을 때 마개를 열었던 마콩 백포도주를 마저 마셨다.

프랑스 일간지에는 늘 몇 가지 놀랄 만한 범죄 사건에 대한 기사가 실렸다. 이 기사들은 마치 연재소설처럼 여러 날 계속해서 이어지곤 했는데, 미국의 연재소설과는 달리 지난 이야기에 대한 요약이 제공되지 않으므로 각 사건의 첫 부분을 잘 읽어 둬야 했다. 가장 중요한 첫 번째 이야기를 모르면 미국 연재소설을 읽을 때와 같은 재미를 느낄 수 없었다. 따라서 프랑스에서 여행 중에 신문을 읽으면 각종 범죄나 스캔들의 전후 관계를 따라가며 읽을 수 없으므로 실망하게 되고, 카페에 앉아서 차분히 신문을 읽을 때의 즐거움을 아쉬워하게 마련이다. 그날 저녁 나는 파리의 한 카페에서 조간신문을 읽으며 오가는 사람들을 구경하다가 저녁 식사 전에 마콩 백포도주보다 조금 더 좋은 포도주를 마신다면 얼마나 좋을까 하고 생각했다. 그러나 당시 나는 내가 처한 상황을 수습하는 데 온 힘을 기울이기 위해 스콧을 지켜보고 있었다.

웨이터가 술잔 두 개와 레몬주스, 얼음, 위스키, 그리고 페리에 한 병을 들고 들어오더니 체온계는 약국이 문을 닫아서 구하지 못했다고 했다. 그래도 그는 아스피린을 몇 알 구해 왔다. 나는 그에게 체온계를 빌릴 수 있는 곳을 알아보라고 했다. 스콧이 눈을 뜨고 아일랜드 사람답게 험악한 눈길로 그를 바라보았다.

"자네는 상황이 얼마나 심각한지, 이 사람에게 알려 주었나?" 스콧이 내게 물었다.

"알고 있을 거야."

"제발 제대로 좀 이해시켜 주게."

나는 종업원에게 상황을 제대로 이해시키려고 애썼지만, 그는 이렇게 말했다. "저는 제가 할 수 있는 일을 할 뿐입니다."

"자네, 그 종업원에게 팁은 충분히 주었겠지?" 스콧이 말했다. "저 사람들은 팁을 바라고 일한다고."

"그건 몰랐는데?" 내가 말했다. "호텔에서 종업원들에게 월급 외에 수당도 지급하는 것으로 알고 있었거든."

"내 말은 그들이 팁을 많이 받아야 우리가 부탁하는 일을 해준다는 거야. 그들은 대부분 정신이 완전히 썩었거든."

나는 라클로즈리 데릴라에 미국식 바가 생겨서 콧수염을 깎아야 했던 카페 웨이터 장이 생각났다. 그리고 내가 스콧을 만나기 훨씬 전부터 몽루즈에 있는 그 웨이터의 집에 가서 정원을 가꾸던 에반이 떠올랐고, 릴라에서 우리가 모두 얼마나 친하고 얼마나 오랫동안 좋은 친구 사이로 지냈는지, 그리고 릴라에서 겪었던 여러 가지 일과 그 일들이 우리에게 어떤 의미가 있는지를 다시 생각하게 되었다. 나는 전에 릴라와 관련된 여러 가지 이야기를 스콧에게 모두 들려주고 싶은 충동을 느꼈지만, 그는 그곳 웨이터들이나 그들의 걱정거리, 그들의 훌륭한 서비스, 그들의 감정 따위에는 전혀 관심이 없으리라는 것을 곧 깨달았다. 당시 스콧은 프랑스인들을 몹시 미워했다. 그가 자주 대하는 프랑스인들은 그의 말을 전혀 알아듣지 못하는 카페 웨이터, 택시기사, 정비공, 그리고 집주인뿐이었으므로 그에게는 그들을 모욕하거나 윽박지르는 경우가 흔했던 것이다.

그는 프랑스인보다 이탈리아인을 더 싫어했다. 술에 취하지 않은 맨정신으로도 그는 이탈리아인들에 대해 순하게 말하는 법이 없었다. 영국인들을 미워할 때도 흔했지만, 너그럽게 봐주기도 했고 또 존경할 때도 있었다. 나는 그가 독일인이나 오스트리아인에 대해 어떻게 생각하는지는 알 수 없었고, 스위스인에 대해서는 그가 만난 적이 있는지조차 알지 못했다.

그날 밤 호텔 방에서 나는 그가 조용히 있어 주는 것만으로도 무척 다행스럽게 생각했다. 나는 위스키에 레모네이드를 타서 아스피린 두 알과 함께 그에게 건네주었고, 그는 아무 저항 없이, 그리고 놀랄 만큼 침착한 태도로 아스피린을 삼키고 위스키를 조금씩 마셨다. 그는 이제 눈을 뜨고 먼 곳을 바라보고 있었다. 나는 나름대로 흡족한 상태에서 신문에 실린 범죄 기사를 읽고 있었다. 그런데 스콧은 그런 내 모습이 무척 행복해 보였던 모양이었다.

"자네는 아주 냉정한 사람이군, 그렇지?" 느닷없이 그가 물었다. 시선을 그에게 돌린 나는 내 진단은 틀리지 않았는지 모르지만, 처방이 잘못되었으며 위스키가 우리에게 좋지 않은 방향으로 작용하고 있음을 깨달았다.

"무슨 말이지, 스콧?"

"자네는 거기 앉아서 더러운 프랑스 신문지 쪼가리나 읽고 있잖나. 내가 죽어 가는 게 자네에겐 대수롭지 않은 일이라는 거지?"

"의사를 불러 줄까?"

"아니. 난 더러운 프랑스 촌구석 의사는 원치 않네."

"그럼, 뭘 원하는데?"

"난 지금 내 체온을 재고 싶네. 그런 다음, 말린 내 옷을 찾아 입고 파리 행 특급열차를 타고 뇌이이로 가서 거기 있는 미국 병원에 가고 싶네."

"우리 옷은 내일 아침에나 마를 거야. 그리고 지금은 특급열차가 없어." 내가 말했다. "침대에서 안정을 취하다가 저녁으로 뭘 좀 먹지그래?"

"난 체온을 재고 싶다니까."

잠시 이런 승강이가 벌어졌고, 마침내 종업원이 체온계를 가져왔다.

"아니, 이것밖에 없었소?" 내가 물었다. 종업원이 들어올 때 스콧은 눈을 감고 있었는데, 그 모습은 카미유[94]만큼이나 정신 나간 사람처럼 보였다. 나는 그처럼 순식간에 얼굴에서 핏기가 가시는 사람을 본 적이 없었고, 그 피가 다 어디로 갔는지 궁금했다.

"호텔에는 아무리 뒤져도 이것밖에 없었습니다." 종업원이 말하면서 체온계를 건네주었다. 그것은 체온계가 아니라 목욕물 온도를 재는 온도계였다. 뒷면은 나무로 되어 있고 욕조에 담그기에 편하도록 긴 금속 줄이 달려 있었다. 나는 위스키를 재빨리 꿀꺽 삼키고 나서 창문을 열고 비가 내리는 바깥 풍경을 바라보았다. 내가 몸을 돌렸을 때 스콧은 나를 쳐다보고 있었다.

나는 전문가처럼 온도계를 들고 털면서 말했다. "항문에 넣어서 재는 체온계가 아니라서 다행이군."

"그걸 어디에 넣을 건가?"

"겨드랑이에 끼우지." 나는 온도계를 내 겨드랑이에 끼우며 시범을 보였다.

"그렇게 온도를 높여 놓으면 안 되잖나." 스콧이 말했다. 나는 팔목을 움직여 빠른 동작으로 온도계를 턴 다음, 그의 잠옷 단추를 풀고 겨드랑이에 끼워 넣었다. 그리고 그의 서늘한 이마를 짚어 보고 나서 맥박을 한 번 더 재었다. 그는 정면을 바라보고 있었다. 맥박 수는 72였다. 나는 온도계를 4분 동안 그대로 두었다.

"병원에선 1분 동안만 재던데." 스콧이 말했다.

"이건 보통 체온계보다 두 배나 크잖아." 내가 설명했다. "그만큼 오래 끼우고 있어야 해. 그런데 이 온도계는 눈금이 섭씨로 되어 있군."

이윽고 나는 온도계를 꺼내 침대 머리맡에 있는 램프 쪽으로 가져갔다.

"몇 도인가?"

"37.6도."

"정상 체온이 몇 도지?"

"이 정도면 정상이지."

"확실한가?"

"확실해."

"자네도 한번 재보게. 확실한 게 좋으니까."

나는 다시 온도계를 털고는 내 잠옷 단추를 풀고 겨드랑이에 끼우고 나서 시계를 보며 기다렸다가 온도계 눈금을 살펴보았다.

"몇 도인가?"

"정확히 같은 온도야."

"지금 자네 기분은 어떤가?"

"더할 수 없이 좋아." 내가 대답했다. 나는 37.6도가 정말 정상 체온인지 아닌지를 기억해 내려고 애썼다. 하지만 그것은 상관없는 일이었다. 왜냐면 온도계의 눈금은 줄곧 36도를 가리키고 있었기 때문이었다.

스콧이 조금 미심쩍어했으므로 나는 그에게 다시 한 번 재보겠느냐고 물었다.

"아니." 그가 대답했다. "이렇게 빨리 회복되어서 우리 두 사람에게 참으로 다행이군. 하긴, 난 언제나 회복력 하나는 좋았으니까."

"지금 자네 건강 상태는 문제없어." 내가 말했다. "침대에서 조금 더 쉬다가 가볍게 밤참을 먹고 푹 자고 나면 내일 아침 일찍 출발할 수 있을 거야." 사실, 나는 방수 코트를 두 벌 사야겠다고 생각했지만, 그러려면 그에게 돈을 빌려야 하는데 나는 그런 문제를 지금 그와 의논하고 싶지 않았다.

스콧은 침대에 그대로 누워 있지 않으려 했다. 일어나서 옷을 입고 아래층으로 내려가서 젤다에게 전화를 걸어 자기 상태가 괜찮다는 것을 알리고 싶어 했다.

"자네 부인이 왜 지금 자네 건강에 문제가 있다고 생각하겠어?"

"결혼 후 처음으로 아내와 떨어져 지내는 밤이니 아내와 통화하고 싶은 걸세. 그게 우리에게 무얼 의미하는지 알지 않나?"

물론, 결혼 후 처음 떨어져 자는 밤이 부부에게 어떤 의미가 있는지는 잘 알고 있지만, 바로 전날 밤에 그와 젤다가 어떻게 함께 잠을 잘 수 있었을지 도저히 짐작할 수 없었다. 그러나 그것은 우리 둘이 논쟁할 문제가 아니었다. 스콧은 위스키 사워[95]를 단번에 들이켜고는 한 잔을 더 주문해 달라고 했다. 나는 객실 담당 종업원을 찾아서 그에게 온도계를 돌려준 다음, 우리 옷이 어떻게 되었는지 물었다. 그는 한 시간 정도면 다 마를 거라고 했다.

"다리미질하면 대충 마를 거요. 뭐, 아주 바싹 마르지 않아도 되니까."

종업원이 감기 예방에 좋은 음료 두 잔을 가져와서 나는 내 것을 마시고 스콧에게도 한 잔을 건네주며 천천히 마시라고 권했다. 만약 그가 확실한 증세가 나타나는 감기에라도 걸리는 날에는 입원하겠다고 설칠 것이 분명했으므로, 나는 그가 감기에 걸릴까 봐 진심으로 걱정되었다. 그러나 그 음료를 마시고 기분이 아주 좋아진 그는 '결혼 후 처음으로 아내와 떨어져 보내는 밤'이라는 말에서 연상되는 비극적인 감정이 복받친 듯, 잠시 혼자서 행복해했다. 결국, 그는 더 참지 못하고 잠옷 위에 가운을 걸치더니 아내와 통화하려고 아래층으로 내려갔다.

스콧은 전화가 연결되려면 얼마간의 시간이 필요하다는 말을 듣고 다시 방으로 올라왔고, 바로 이어서 객실 담당 종업원이 더블 위스키 사워 두 잔을 들고 들어왔다. 나는 그렇게 술을 많이 마시는 스콧을 그때까지 본 적이 없었지만, 알코올이 그에게 해를 끼치는 것 같지는 않았다. 다만, 그는 생기가 돌고 말이 많아져서 젤다와 자신의 삶에 대해 이야기하기 시작했다. 그는 전쟁 중에 그녀를 처음 만났던 일, 그녀를 잃었다가 다시 만나 결혼하게 된 과정을 이야기했으며, 일 년 전쯤 생라파엘에서 그들에게 일어났던 비극적인 사건에 대해서도 이야기했다. 그가 내게 들려준 첫 번째 버전은 젤다와 프랑스 해군 항공기 조종사가 만나서 사랑에 빠졌다는 사연이었는데, 그것은 정말 슬픈 이야기였고 나는 그것을 사실로 믿었다.

잠시 후에 그는 마치 소설 쓸 때 사용하려고 이리저리 시도해 보는 것처럼 여러 가지 버전의 사랑 이야기를 들려주었지만, 어느 것도 첫 번째 버전만큼 슬프지는 않았다. 그중 어떤 버전이 사실인지는 알 수 없었지만, 나는 첫 번째 버전을 믿었다. 이야기가 거듭될수록 내용은 점점 더 좋아졌지만, 어떤 것도 맨 처음 것보다 내 마음을 아프게 하지는 않았다.

스콧은 표현력이 매우 좋았고 놀랄 만큼 말을 잘했다. 그는 글을 쓸 때 철자법이나 구두점에 신경 쓰지 않았지만, 그렇다고 해서 제대로 교열하지 않은 엉성한 글을 읽을 때 겪은 불편 같은 것은 없었다. 그가 내 이름의 철자를 정확히 쓸 수 있게 되기까지에는 꼬박 2년이 걸렸으나, 내 이름은 철자를 제대로 쓰기엔 다소 길었고, 아마도 그는 매번 그것을 쓸 때마다 어려움을 느꼈을 터이므로, 나는 그가 마침내 내 이름을 정확히 쓸 수 있게 된 것을 대단한 성과로 생각하고 있었다. 그는 이제 더 많은 중요한 철자를 제대로 쓸 줄 알게 되었고 더 많은 중요한 일에 대해 논리적으로 생각할 줄 알게 되었다.

그러나 그날 밤 그는 생라파엘에서 어떤 일이 일어났는지를 내가 잘 듣고, 이해하고, 제대로 인식해 주기를 바랐고, 그의 이야기를 들으면서 나는 다이빙대 위의 창공에서 요란한 소리를 내며 날아다니는 1인승 수상비행기와 눈부신 바다, 수상비행기 착수 장치와 그것이 수면에 드리우는 그림자, 햇볕에 그을린 짙은 금발의 젤다, 밝은 금발의 스콧, 그리고 젤다와 사랑에 빠진 청년을 실제로 눈앞에서 보는 듯이 선명하게 그릴 수 있었다. 만약, 그 이야기가 사실이고 그 모든 일이 실제로 일어났다면 어떻게 스콧이 매일 밤 젤다와 같은 침대에서 잠을 잘 수 있는지 궁금했지만, 그에게 물어볼 수는 없었다. 그러나 어쩌면 다른 누구에게서도 들은 적이 없는 가장 슬픈 이야기를 그가 꾸며 내고 있는지도 알 수 없었고, 그가 바로 전날 밤의 일을 기억하지 못하듯이 그의 기억이 왜곡된 것인지도 알 수 없었다.

전화가 연결되기 전에 옷이 도착하여 우리는 옷을 챙겨 입고 저녁을 먹으러 아래층으로 내려갔다. 스콧은 약간 불안정해 보였고, 일종의 적개심을 품고 사람들을 노려보았다. 전채로 플뢰리 포도주 한 병과 아주 맛있는 달팽이 요리를 반쯤 먹었을 때 전화가 연결되었다. 그는 거의 한 시간 동안 자리를 비웠다. 나는 할 수 없이 그가 먹던 달팽이 요리까지 버터와 마늘과 파슬리 소스에 찍어 다 먹었고, 포도주도 한 병 비웠다. 그가 돌아오자 나는 그에게 달팽이 요리를 더 시켜 주겠다고 했지만, 그는 싫다고 했다. 그는 간단한 식사를 원했다. 스테이크도, 파테도, 베이컨도, 오믈렛도 원하지 않았다. 그는 닭고기를 원했다. 점심때 아주 맛있는 찬 닭고기 요리를 먹긴 했지만, 우리는 여전히 닭고기 요리로 유명한 지역에 머물고 있었으므로 풀라르드 드 브레스[96]와 근처 몽타니에서 생산된 가볍고 향이 좋은 백포도주를 한 병 주문했다. 스콧은 그 맛있는 영계 요리를 먹는 둥 마는 둥 했고 앞에 놓인 백포도주도 홀짝거리기만 했다. 그러던 그가 갑자기 두 손으로 머리를 감싸며 의식을 잃었다. 그 동작은 지극히 자연스러웠고 거기에는 어떤 연극적 요소도 없었다. 심지어 그가 술잔을 엎지르거나 깨지 않으려고 조심하는 것은 아닌지 생각될 정도였다. 나는 웨이터와 함께 그를 방으로 데리고 올라와 침대에 눕히고 속옷만 남기고 옷을 모두 벗겼다. 그리고 그의 옷을 옷걸이에 걸어 놓고 침대 시트를 걷어서 그에게 덮어 주었다. 나는 창문을 열고 비가 그친 것을 확인한 다음, 창문을 열린 채로 두었다.

 나는 다시 아래층으로 내려가서 스콧을 생각하며 식사를 마쳤다. 그는 술을 마시지 말았어야 했고, 결국 내가 그를 제대로 돌보지 못했음이 분명했다. 그가 마셨던 술이 그를 지나치게 자극하여 그에게 나쁜 영향을 끼쳤다는 것을 깨달은 나는 다음 날에는 마시는 술의 양을 최소한으로 줄여야겠다고 생각했다. 그에게는 우리가 파리로 돌아가는 중이니 글 쓸 준비를 하기 위해 내가 술을 줄이는 훈련을 해야 한다고 말할 생각이었다. 물론, 그것은 사실이 아니었다. 식사 후든, 글을 쓰기 전이든, 아니면 글을 쓰는 동안이든, 나는 술을 줄이는 훈련을 한 적이 없었다. 어쨌든 나는 방으로 올라와 창문을 모두 활짝 열어 놓은 채 옷을 벗고 침대에 눕자마자 잠이 들었다.

다음 날, 날씨가 맑게 개었다. 우리는 비에 씻긴 싱그러운 공기와 전혀 새로운 모습으로 탈바꿈한 언덕과 농장과 포도밭을 구경하며 코트 도르[97] 지방을 지나 파리를 향해 차를 몰았다. 건강한 모습을 되찾은 스콧은 무척 명랑하고 쾌활한 태도로 마이클 알런[98]이 쓴 여러 작품의 줄거리를 하나하나 들려주었다. 그는 마이클 알런이야말로 주목해야 할 작가라면서 우리가 그에게서 많은 것을 배울 수 있다고 덧붙였다. 내가 그의 책을 읽은 적이 없다고 말하자, 스콧은 그것을 다 읽을 필요는 없다며 줄거리를 요약하고 등장인물을 묘사해 주었다. 말하자면, 그는 마이클 알런에 대한 박사학위 논문 한 편을 즉석에서 내게 구두로 강의한 셈이었다.

나는 스콧에게 전날 밤 젤다와 통화할 때 회선 상태가 괜찮았는지 물었고, 그는 과히 나쁘지 않았으며 아내와 할 말이 아주 많아서 식사에 늦어졌다고 대답했다. 식사 때 나는 내가 찾을 수 있었던 가장 약한 포도주 한 병을 주문한 다음, 스콧에게 내가 파리에 도착하여 글을 쓰려면 무슨 일이 있어도 포도주를 반병 넘게 마셔서는 안 되니 내가 더는 술을 주문하지 못하게 말려 달라고 당부했다. 그는 감쪽같이 내 작전에 말려들었고, 그 포도주 한 병이 거의 바닥났을 무렵 내가 불안해하는 척하자 자기 술잔에서 포도주를 조금 덜어주기까지 했다.

그의 집 앞에서 그와 헤어져 택시를 타고 집으로 돌아와 아내의 얼굴을 보자 무척 반가웠다. 나는 아내와 함께 한잔하러 라클로즈리 데릴라로 직행했다. 우리는 헤어졌다 다시 만난 아이들처럼 마냥 행복했고, 나는 아내에게 여행 이야기를 들려주었다.

"그럼, 전혀 즐겁지도 않았고, 아무것도 얻은 게 없단 말이에요, 타티?" 아내가 물었다.

"그의 말을 귀담아들었다면 적어도 마이클 알런에 대해서는 자세히 알게 되었겠지. 하지만 내가 말로 표현하기 어려운 걸 많이 배웠어."

"스콧은 전혀 행복하지 않았나 보죠?"

"아마 그랬을 거야."

"불쌍한 사람이군요."

"난 중요한 걸 한 가지 깨달았어."

"그게 뭔데요?"

"좋아하지 않는 사람과는 절대로 함께 여행하면 안 된다는 거."

"그게 옳은 걸까요?"

"그럼. 그리고 우리는 함께 에스파냐로 가야지."

"그래야죠. 이제 6주도 채 안 남았어요. 그리고 올해는 아무도 우리 여행을 망치지 못하게 하자고요."

"당연하지. 팜플로나 축제가 끝나면 마드리드로 가고, 그다음엔 발렌시아로 가는 거야."

"음-음-음." 아내가 사랑스러운 고양이 같은 소리를 냈다.

"불쌍한 스콧." 내가 말했다.

"우리 모두 불쌍하죠." 아내가 말했다. "모두 돈 없는 불쌍한 고양이들이잖아요."

"우리는 엄청나게 운이 좋은 편이야."

"그래요, 모든 일이 잘될 거고, 우리는 계속 잘해 나갈 거예요."

아내와 나는 카페의 나무 테이블을 살짝 두드렸고 웨이터는 우리가 뭘 원하는 줄 알고 다가왔다. 그러나 우리가 원하는 것은 그도, 다른 누구도 가져다줄 수 없는 것이었다. 그것은 우리가 카페 테이블의 나무를, 혹은 그 대리석 상판을 두드린다고 해서 얻을 수 있는 것이 아니었다. 하지만 그날 밤 우리는 그것을 몰랐고, 마냥 행복하기만 했다.

며칠 후 스콧은 자기 책을 가지고 나를 찾아왔다. 표지가 요란했는데, 그 거칠고 상스럽고 야단스러운 모양이 무척 거북했다. 싸구려 공상과학 소설에나 어울릴 만한 표지였다. 그는 표지에 신경 쓰지 말라며 그것은 책의 내용에서 중요한 의미가 있는 롱아일랜드 고속도로에 있는 표지판과 관계가 있다고 설명했다. 자신도 전에는 이 표지가 마음에 들었으나 지금은 좋아하지 않는다는 말도 덧붙였다. 나는 책을 읽기 전에 그 표지부터 벗겨 버렸다.

책을 다 읽고 난 나는 스콧이 무슨 짓을 하든, 그리고 그가 얼마나 말도 안 되는 행동을 하든, 그것은 일종의 병이니 나는 내가 할 수 있는 데까지 그를 도와주고, 그의 좋은 친구가 되기로 마음먹었다. 그는 내가 아는 누구보다도 좋은 친구가 많았다. 내가 그에게 도움이 될지, 안 될지는 알 수 없지만, 나 역시 그의 좋은 친구 중 하나가 되기로 했다. 그가《위대한 개츠비》처럼 좋은 소설을 쓸 수 있는 사람이라면 그보다 더 좋은 책도 얼마든지 쓸 수 있으리라고 나는 확신했다. 젤다는 아직 만나 보지 못했으므로 스콧에게 엄청난 충격을 주었다는 그 사건에 대해 나는 정확히 알지 못했다. 그러나 머지않아 그 진상을 알게 될 터였다.

18. 매는 나누지 않는다

스콧 피츠제럴드가 젤다와 어린 딸과 함께 점심이나 하자면서 그가 세 들어 사는 틸시트 거리 14번지의 가구 딸린 아파트로 우리를 초대했다. 그 아파트에 대해서는 전체적으로 어둠침침하고 답답했다는 것과 연한 푸른색 가죽 장정에 제목이 금색으로 인쇄된 스콧의 초기 책들을 제외하면 그의 소유물이라고는 하나도 없었던 것 같다는 기억밖에 없다. 스콧은 우리에게 커다란 장부를 보여 주었는데, 그 안에는 그동안 자신이 발표한 여러 작품과 가격, 영화화한 작품의 판매 실적, 책 판매액과 인세 수입이 연도별로 꼼꼼히 기록되어 있었다. 스콧은 마치 항해일지처럼 잘 정리된 자료들을 박물관의 큐레이터와 같은 담담한 자긍심을 내비치며 우리 두 사람에게 보여 주었다. 그는 다소 불안해 보이긴 했지만, 친절한 태도로 자신의 소득명세서를 마치 풍경화처럼 펼쳐 보여 주었다. 하지만 거기에 풍경은 없었다.

젤다는 끔찍하게 취해 있었다. 두 사람은 전날 밤 몽마르트르에서 있었던 파티에 갔다가 스콧이 술을 마시지 않겠다고 하는 바람에 대판 싸웠다고 했다. 그는 글 쓰는 일에 전념하기 위해 금주하기로 작정했는데 젤다가 자신을 흥이나 깨는 사람, 분위기에 찬물을 끼얹은 사람으로 취급했다며 내게 투덜거렸다. 그녀는 걸핏하면 그를 그렇게 취급했고 그에 대해 항의하면 이렇게 발뺌한다고 했다. "아니에요, 난 그런 적 없어요. 그건 사실이 아니에요, 스콧." 그러고는 잠시 후에 뭔가 생각난 듯 명랑하게 웃는다고 했다.

그날 젤다의 모습은 최상의 상태가 아니었다. 그들이 비 때문에 리옹에 차를 버려 두고 오던 날 거기서 했던 형편없는 퍼머넌트 탓에 그녀의 아름다운 금발은 망가져 있었고, 눈은 피로에 절어 있었으며, 표정은 잔뜩 긴장해서 굳어 있었다.

젤다는 우리에게 건성으로 상냥하게 대했을 뿐, 마음은 지난밤 파티에서 아직 집으로 돌아오지 않은 것 같았다. 그녀는 스콧과 내가 리옹에서 올라오는 길에 엄청나게 재미있는 시간을 보낸 것으로 믿는 눈치였고, 그에 대해 질투를 느끼고 있었다.

"두 분이 여행을 떠나서 신나게 시간을 보내시는 동안 나도 여기 파리에서 좋은 친구들과 아주 조금 즐겼죠. 그래야 공평하잖아요." 그녀가 스콧에게 말했다.

스콧이 손님을 초대한 주인 노릇을 완벽하게 해내는 가운데 우리는 아주 맛없는 점심을 먹었다. 그나마 포도주가 식사 분위기를 조금 띄워 주었다. 금발에 통통한 얼굴, 그리고 체격이 튼튼한 어린 딸은 아주 건강해 보였고 런던 동부 지역[99]의 억센 억양이 섞인 영어를 사용했다. 스콧은 딸이 자라서 나중에 레이디 다이애나 매너스[100]처럼 고상하게 말하기를 바랐기에 그 아이에게 영국인 유모를 붙여 주었다고 했다.

젤다는 매의 눈에 얇은 입술, 전형적인 미국 남부인의 태도와 말투가 두드러지는 여성이었다. 그녀의 얼굴을 보고 있노라니 마음이 식탁을 떠나 전날 밤의 파티에 갔다가 다시 돌아오면서 고양이 눈동자처럼 공허한 그녀의 두 눈은 기쁨으로 빛났고, 그 기쁨이 그녀의 얇은 입술선을 따라 살짝 나타났

다가 다시 사라지고 있었다. 스콧은 손님을 초대하여 마음이 들뜬 주인답게 포도주를 조금씩 마셨고, 그때마다 젤다는 눈과 입으로 행복한 미소를 지어 보였다. 그녀의 미소가 무엇을 뜻하는지 알 수 있을 것 같았다. 그것은 스콧이 글을 쓸 수 없으리라는 것을 알고 있다는 의미였다.

 젤다는 스콧이 글을 쓰는 것을 시샘하고 있었다. 그들과 마음을 터놓는 절친한 사이가 되면서 우리는 두 사람 사이에 하나의 규칙적인 행동 양식이 있음을 알게 되었다. 스콧은 밤새도록 술을 마시는 파티에는 참석하지 않기로 마음먹고 매일 운동하고 규칙적으로 글을 쓰기로 했다. 그러나 그가 글쓰기에 몰입하려 할 때마다 젤다는 따분하다며 그를 술자리에 끌어들였다. 두 사람은 그 문제로 다투다가 결국 함께 술을 마시러 가면서 화해했고, 스콧은 술에서 깨려고 나와 함께 오랫동안 산책하고 나서 이제는 결단코 한눈팔지 않고 글을 쓰겠노라고 단단히 결심했고, 꿋꿋하게 새 출발 했다. 그러고는 또다시 이 모든 과정을 되풀이하곤 했다.

 스콧은 젤다를 마음 깊이 사랑하고 있었기에 그녀 주변을 맴도는 사람들을 몹시 질투하고 있었다. 우리가 함께 산책할 때 그는 내게 그녀가 프랑스 해군 항공기 조종사와 사랑에 빠졌던 이야기를 여러 차례 들려주었다. 나는 그와 여행할 때 들었던 그 이야기를 그 후에도 수없이 들었지만, 첫 버전이 가장 좋았다. 하지만 그때 이후로 그녀는 다른 남자 때문에 그가 질투를 느끼게 하지는 않았다. 그러나 그해 봄에는 다른 여자들과 함께 있으면서 그의 질투심에 불을 지르기도 했다. 스콧은 그들 부부가 몽마르트르의 파티에서 너무 취해 필름이 끊길까 봐 늘 두려워했다. 그런 사고에 대비하여 그들이 사용하던 편리한 방편은 술을 마시는 동안 자연스럽게 무의식 상태에 빠지는 것이었다. 술을 자주 마시는 사람에게는 거의 영향을 미치지 못할 정도로 적은 양의 포도주나 샴페인을 마시고도 그들은 마치 어린아이처럼 잠들곤 했다. 나는 의식을 잃은 그들의 모습을 본 적이 있는데, 그들은 술에 취한 것이 아니라 마취된 것처럼 보였다. 그럴 때면 친구들이나 택시 기사가 그들을 집에 데려가서 침대에 눕히곤 했다. 그러나 아침에 의식을 되찾은 그들은 상쾌하게 일어났다. 그것은 그들이 무의식 상태에 빠지기 전에 몸을 상하게 할 정도로 술을 많이 마시지 않은 덕분이었다.

그렇지만 이제 그들은 그 자연스러운 방편을 잃어버렸다. 이 무렵 젤다는 스콧보다 주량이 더 늘었고, 스콧은 그들이 자주 드나드는 술집에서 친구들과 술 파티를 하다가 그녀가 만취했을 때 벌어질 수 있는 상황을 늘 두려워했다. 스콧은 그런 술집이나 술친구들을 좋아하지 않았지만, 자기 자리를 지키며 술친구들을 상대하려면 감당할 수 없는 양의 술을 마시고도 자제력을 잃지 말아야 했으며, 전 같으면 의식을 잃었을 수준을 넘어서도 계속 술을 마셔야 했다. 결국, 그는 아주 가끔 글을 쓰게 되었다.

그는 글을 쓰려고 매일 노력했으나 실패했다. 그는 자신의 실패를 작가에게는 모든 조건이 더할 나위 없이 잘 갖춰진 도시인 파리 탓으로 돌렸고, 젤다와 함께 새로운 삶을 시작할 다른 지역을 물색하고 있었다. 그는 끝없이 펼쳐진 푸른 바다와 모래밭, 일렬로 늘어선 소나무들, 그리고 바다로 이어진 에스테렐의 산줄기를 볼 수 있는 코트 다쥐르[101]를 염두에 두고 있었다. 그는 여름 피서객들에게 널리 알려지기 훨씬 전에 젤다와 함께 그곳을 발견했을 때의 풍경을 잘 기억하고 있었다.

스콧은 코트 다쥐르에 대해 이야기하면서 우리도 다가오는 여름에 그곳에 가야 한다면서 가는 방법을 일러 주고, 저렴한 숙소도 찾아 주겠다고 했다. 그렇게 되면 그와 나는 매일 열심히 글을 쓰고, 수영도 하고, 해변에 누워 일광욕도 하고, 점심과 저녁 식사 전에 아페리티프를 딱 한 잔씩만 하며 지낼 수 있으리라고 했다. 그리고 그는 수영을 좋아하고 다이빙에 능숙한 젤다도 그곳에서는 행복하게 지낼 수 있으리라고 했다. 그러면 자기가 글쓰기에 집중하도록 내버려둘 것이며 모든 것이 잘 풀리리라고 했다. 그래서 이번 여름에 젤다와 어린 딸을 데리고 꼭 그곳에 갈 예정이라고 했다.

나는 전에 그가 내게 말했듯이, 어떤 형식에 끼워 맞추려고 기교를 부리며 글을 쓰지 말고, 자신이 쓸 수 있는 가장 좋은 글을 써야 한다며 그를 설득하려고 애썼다.

"자넨 훌륭한 소설을 한 권 썼으니 앞으로는 제발 싸구려 글은 쓰지 마." 내가 그에게 말했다.

"그 소설은 잘 팔리지도 않아." 그가 말했다. "난 단편을 써야 해. 그것도 잘 팔리는 단편들을 써야 한다고."

"자네가 쓸 수 있는 최고의 단편 작품을 한번 써봐. 될 수 있는 대로 솔직하게 써보라고."

"그럴 생각이야." 그가 말했다.

하지만, 당시의 형편으로는 어떤 글이든 쓰는 것만으로도 그에게는 다행한 일이었다. 젤다는 자신을 쫓아다니는 사람들을 유혹한 적도 없고, 그들과는 아무 관계도 아니라고 말했지만, 다른 사람들이 그녀에게 관심을 보이면 무척 좋아했고, 그럴 때마다 스콧은 질투심을 감추지 못했다. 그래서 그는 그녀가 술을 마시러 갈 때마다 그녀를 따라나설 수밖에 없었고, 그것은 당연히 그가 글을 쓰는 데 심각한 방해가 되었다. 요컨대 그녀는 무엇보다도 그가 글을 쓰는 것을 시샘했다.

그해 늦은 봄과 이른 여름 내내 스콧은 글을 쓰려고 고군분투했으나, 아주 잠깐씩밖에 글 쓸 틈을 낼 수 없었다. 나와 만날 때 그는 늘 명랑한 모습이었고, 때로는 필사적으로 명랑하게 굴었으며, 재미있는 농담을 곧잘 하는 좋은 친구였다. 그에게 나쁜 일이 생기면 나는 그의 하소연을 들어 주었고, 그가 작가의 운명을 타고난 사람인 만큼, 자신을 잘 추스르면 좋은 글을 쓸 수 있을 것이고, 돌이킬 수 없는 나쁜 일이란 죽음밖에 없다며 그를 다독이곤 했다. 그러면 그는 자조적인 말을 내뱉곤 했다. 나는 그가 자조할 여유가 있다면 아직은 괜찮은 상태라고 생각했다. 이런 어려움 속에서도 그는 〈부유한 소년〉이라는 아주 좋은 단편을 썼으며, 나는 그가 더 좋은 작품을 쓸 수 있으리라 확신했다. 그리고 나중에 실제로 그렇게 되었다.

그해 여름 우리 부부는 에스파냐에 있었고, 나는 거기서 첫 소설의 초고를 쓰기 시작하여 9월에 파리에 돌아와 완성했다. 스콧과 젤다는 남프랑스의 카프 당티브 해변에서 여름을 보냈다. 가을에 파리에서 만났을 때 스콧은 많이 변해 있었다. 여름 내내 술에 절어 지냈던 그는 밤낮을 가리지 않고 취해 있었다. 누가 작업 중이든 아니든, 별로 관심이 없었다. 그는 밤이고 낮이고 술에 취하면 노트르담 데샹 거리 113번지에 있는 우리 집에 찾아오곤 했다. 그 시기에 그는 자기보다 못한 사람이나 자기보다 못하다고 생각하는 사람에게 아주 무례하게 굴기 시작했다.

어느 날엔가 스콧은 유모가 일을 쉬는 날이어서 어린 딸을 돌보다가 우리 집에 데려온 적이 있었다. 그가 제재소 문을 열고 안으로 들어섰을 때 계단 아래에서 아이가 화장실에 가고 싶다고 했고, 그는 그 자리에서 딸아이의 팬티를 벗겼다. 그때 마침 우리 집 바로 아래층에 살던 집주인이 제재소 안마당으로 들어서다가 그 광경을 보고는 정중하게 말했다. "선생님, 계단 바로 왼쪽에 화장실이 있습니다."

"알고 있소, 하지만 말을 조심하지 않으면 당신 머리통을 거기에 처박아 버리겠소." 스콧이 그에게 말했다.

그해 가을 내내 그는 몹시 힘든 시간을 보냈지만, 술에 취해 있지 않을 때면 소설을 썼다. 정신이 말짱한 그를 보는 일은 매우 드물었지만, 그럴 때 그는 유쾌하고 농담도 곧잘 했으며 때로는 자조적인 유머를 구사하기도 했다. 그는 술에 취하면 어김없이 나를 찾아왔다. 만취한 그는 젤다가 그의 글쓰기를 방해하듯이 나의 글쓰기를 방해하면서 쾌감을 느끼는 것 같았다. 그의 이러한 행동은 몇 해 동안 계속되었지만, 술에 취해 있지 않을 때의 스콧은 더없이 충실한 친구였다.

1925년 가을에 그는 내가 《태양은 또다시 떠오른다》의 초고를 보여 주지 않았다고 몹시 화를 냈다. 나는 그에게 그 초고는 내가 처음부터 끝까지 다시 검토하고 수정을 끝내기까지는 아무 의미 없는 글이기에 누구에게든 그 원고를 언급하거나 보여 주고 싶지 않았다고 해명했다. 당시에 아내와 나는 첫눈이 오면 오스트리아의 포알베르크에 있는 쉬룬스에 가기로 약속했는데, 나는 그곳에서 초고의 전반부를 고쳐 썼고, 그 작업을 1월에 마쳤던 것으로 기억한다. 나는 그 원고를 스크리브너 출판사의 맥스 퍼킨스에게 보여 주러 뉴욕에 갔다가 쉬룬스로 돌아와 후반 작업을 마쳤다. 초고 전체를 다시 쓰고, 불필요한 부분을 삭제하여 4월 말경 출판사에 보낼 때까지도 나는 그 원고를 스콧에게 보여 주지 못했다. 내가 수정 원고를 언제 그에게 보여 주었는지, 그가 언제 그 수정 원고의 교정쇄를 보았는지는 기억나지 않는다. 어쨌든, 우리는 그 원고에 대해 토론했고, 모든 결정은 내가 했다. 하지만 그런 것은 중요하지 않다. 나는 그 원고를 두고 그와 농담했던 것을 기억하며, 언제나 그랬듯이 그가 나를 도와주려고 안달하며 걱정했던 것도 기억한다.

아내와 내가 포알베르크에서 지내며 그 소설을 고쳐 쓰는 동안 스콧은 아내와 딸을 데리고 파리를 떠나 피렌체 남쪽에 있는 어느 온천 마을로 갔다. 샴페인을 너무 많이 마셔서 위장병을 자주 앓던 젤다는 대장염 진단을 받았다고 했다. 술을 끊고 다시 글을 쓰기 시작한 스콧은 우리에게 6월에 쥐앙 레팽으로 내려오라고 졸랐다. 그들은 우리를 위해 비싸지 않은 별장을 구해 놓고, 이번에야말로 술을 끊을 것이며, 그리운 옛날로 돌아가서 수영도 하고 해변에 누워 일광욕도 하고 점심과 저녁 식사 전에 아페리티프를 딱 한 잔씩만 마시면서 지내자고 했다.

젤다는 건강을 회복했고, 두 사람은 사이가 좋아졌으며, 그의 소설은 놀라운 성공을 거두고 있었다. 이미 잘 팔리고 있던 《위대한 개츠비》는 희곡으로 각색되어 그에게 돈을 벌어 주었고, 영화로도 제작될 예정이어서 그는 경제적인 문제는 걱정하지 않아도 되었다. 젤다의 상태도 좋아졌고, 모든 일이 기특할 정도로 순조롭게 풀리고 있었다.

작업에 전념하기 위해 5월에 혼자 마드리드에 갔던 나는 바욘에서 쥐앙 레팽으로 가는 삼등칸 기차를 탔는데 바보같이 돈을 다 써버리는 바람에 에스파냐와 프랑스의 국경 근처인 앙다예에서 마지막으로 끼니를 때우고는 아무것도 먹지 못해 몹시 시장했다. 별장은 훌륭했고, 스콧의 멋진 집에서 그리 멀지 않았다. 나는 별장을 아름답게 치장하느라 정신이 없는 아내와 스콧 부부를 만났을 때 무척 반갑고 기뻤다. 우리는 점심 전에 아페리티프를 한 잔씩 마셨는데, 그 맛이 대단히 훌륭해서 조금 더 마시지 않을 수 없었다.

그날 밤 카지노에서 우리를 위해 조촐한 파티가 열렸다. 참석자는 우리와 같은 별장 건물에서 지내던 맥레이쉬 가족, 머피 가족, 피츠제럴드 가족, 그리고 우리 가족이었다. 아무도 샴페인보다 더 독한 술은 마시지 않았고, 파티는 흥겨웠다. 쥐앙 레팽은 글쓰기에 좋은 장소였다. 그곳에는 글을 쓰는 데 필요한 모든 것이 갖춰져 있어서 글을 쓰려면 혼자 있기만 하면 되었다.

아름다운 짙은 금발에 피부를 사랑스러운 황금색으로 그을려서 더욱 아름다워진 젤다는 우리에게 다정하게 굴었다. 매 눈 같은 그녀의 눈은 맑고 평화로웠다. 그녀는 몸을 앞으로 내밀고 내게 자신의 엄청난 비밀을 털어놓았다. "어니스트, 당신은 알 졸슨[102]이 예수보다 더 위대하다고 생각하지 않으세요?"라고 말했을 때 나는 스콧과 그녀 사이에 큰 문제가 없으며 결국 모든 일이 순조롭게 풀리리라 생각했다. 당시에 폴린[103]을 제외하고는 아무도 그들의 문제를 걱정하지 않았다. 그것은 오직 나와 젤다만이 나눈 비밀이었다. 매가 인간과 뭔가를 나눌 수 있다면 말이다. 하지만, 매는 나누지 않는다. 스콧은 그녀가 정말 미쳤다는 사실을 깨닫고 나서야 좋은 글을 쓸 수 있었다.

19. 젤다의 불만

그로부터 오랜 시간이 흐른 후에 젤다가 당시에 '신경쇠약'이라고 불리던 증세를 보이기 시작하던 즈음의 어느 날, 우리는 우연히 같은 시기에 파리에 있게 되었다. 스콧은 자콥 거리와 생 페르 거리가 교차하는 모퉁이에 있는 레스토랑 미쇼에서 점심을 같이 하자며 나를 초대했다. 그는 뭔가 매우 중요한 것을 내게 물어보고 싶은데 그것은 자신에게 세상에서 가장 중요한 일이라며 내가 절대적으로 솔직하게 대답해야 한다고 다짐을 두었다. 나는 그렇게 하려고 최대한 노력하겠다고 대답했다. 우리가 친하게 지냈던 오랜 기간 그가 꼭 솔직하게 말해 달라고 했을 때 그것은 대부분 상황이 몹시 어려운 경우였고, 나의 솔직한 대답이 그의 화를 돋우곤 했다. 그는 내 말을 듣고 곧바로 화를 내기보다는 곰곰이 되새겨 보고 한참 뒤에야 화를 내곤 했다. 결국은 내가 했던 말을 취소하기도 했고, 때로 나만 실없는 사람이 되기도 했다.

그는 점심때 포도주를 마셨지만, 그것 때문에 취기가 오른 것 같지는 않았고, 점심 전에 술을 마신 것 같지도 않았다. 우리는 각자 글쓰기 작업 상황과 사람들에 대해 이야기했고 한동안 만나지 못했던 사람들의 소식도 서로 나누었다. 나는 그가 뭔가 좋은 작품을 쓰는 중이고 여러 가지 이유에서 그 작업에 어려움을 겪고 있음을 알고 있었지만, 그것이 그가 하고 싶었던 이야기는 아니었다. 나는 내가 절대적으로 솔직하게 대답해 주어야 할 그 문제가 나오기를 기다리고 있었지만, 그는 마치 나와 사업상 점심 약속에 나온 사람처럼 식사가 끝날 때까지도 말을 꺼내지 않았다.

우리가 포도주 한 병을 앞에 놓고 후식으로 나온 체리 타르트를 먹고 있을 때 그가 마침내 입을 열었다. "자넨 내가 젤다 외에 다른 어떤 여자와도 성관계를 맺은 적이 없다는 걸 알고 있잖나."

"아니, 난 몰랐는걸."

"내가 전에 얘기했던 걸로 알고 있는데."

"아닐세. 자넨 내게 엄청나게 많은 이야기를 했지만, 그런 이야기는 하지 않았네."

"내가 자네에게 물어보고 싶은 게 바로 그 문제야."

"좋아. 뭔지는 모르지만 말해봐."

"젤다는 내가 신체 구조상 어떤 여자도 행복하게 해줄 수 없다면서 그게 바로 그녀가 근본적으로 내게 불만을 느끼는 이유라고 하더군. 그녀는 그게 크기의 문제라고 하더라고. 그 말을 들은 뒤로는 결코 예전처럼 느낄 수가 없어서 난 진실을 꼭 알아야겠어."

"따라오게." 내가 말했다. "아니면 자네가 앞장서든가."

"어디로 가는데?"

"어디긴 어디야, 화장실이지." 내가 말했다.

우리는 잠시 후 레스토랑 안으로 돌아와 테이블에 앉았다.

"자넨 완벽하게 정상이야." 내가 말했다. "자네는 전혀 문제가 없다고. 위에서 내려다봐서 작게 보이는 것뿐이야. 루브르Louvre에 가서 조각상들을 살펴보라고. 그런 다음, 집에 가서 거울로 자네 것을 찬찬히 살펴보게나."

"어쩌면 그 조각상들 것이 정상적인 크기가 아닐지도 모르잖나."

"그것들은 아주 훌륭해. 대부분 여자는 그 정도면 만족할 거야."

"그렇다면 젤다는 왜 그런 말을 했을까?"

"자네 기를 죽이려고 그런 거지. 그건 여자들이 남자들의 기를 죽일 때 쓰는 가장 오래된 수법이야. 스콧, 자네는 내가 절대적으로 솔직하게 대답해 주길 원했잖나. 난 더 많은 걸 말해줄 수 있지만, 어쨌든 이게 바로 절대적인 진실이고 지금 자네에게 필요한 정보야. 의사를 찾아가서 정확한 진단을 받아볼 수도 있겠지."

"그러고 싶지는 않아. 난 자네가 내게 진실을 말해 주길 바랄 뿐이야."

"그럼, 이제 내 말을 믿는 건가?"

"잘 모르겠네." 그가 말했다.

"정 그렇다면, 나와 함께 루브르에 가보세." 내가 말했다. "바로 강 건너편에 있으니까."

우리는 루브르에 갔고, 그는 조각상들을 하나하나 뜯어보고 나서도 여전히 자기 것에 대해 미심쩍은 듯했다.

"근본적으로 평상시의 크기는 중요하지 않아." 내가 말했다. "문제는 발기했을 때의 크기지. 각도에 따라 달리 보이기도 하고." 나는 그에게 베개를 사용하는 방법을 알려 주고 그 밖에도 알아 두면 좋을 만한 몇 가지 성 지식을 들려주었다.

"여자가 하나 있는데…" 그가 말했다. "나한테 아주 다정하게 굴거든. 하지만 젤다가 그 말을 한 뒤로는…."

"젤다가 한 말은 잊어버려." 내가 말했다. "젤다는 미쳤어. 자네에겐 아무 문제가 없어. 자신 있게 그 여자가 원하는 대로 해주게. 젤다는 자네를 망치고 싶어할 뿐이야."

"자네는 젤다에 대해 아무것도 몰라."

"알겠네." 내가 말했다. "그쯤 해두지. 하지만 자네는 내게 물어볼 게 있다며 점심을 먹자고 했고, 난 자네 물음에 솔직하게 대답한 것뿐이야."

그렇지만, 그는 여전히 개운치 않은 표정이었다.

"우리 그림이나 몇 점 둘러볼까?" 내가 물었다. "자넨 여기서 〈모나리자〉밖에 본 적이 없잖나?"

"난 지금 그림을 감상할 기분이 아니야." 그가 말했다. "게다가 리츠 호텔 바에서 약속이 있어."

오랜 세월이 흘러 제2차 세계대전이 끝나고 나서 리츠 호텔Hotel Ritz 바의 지배인이 되었지만, 스콧이 파리에 살던 시절에는 말단 웨이터였던 조르주가 내게 물었다.

"선생님, 사람들이 제게 피츠제럴드 씨에 대해 묻는데, 그분이 대체 누굽니까?"

"자네, 그를 모르나?"

"모르겠습니다. 제가 그 시절 고객은 모두 기억하는데, 사람들은 유독 그분에 대해서만 이것저것 물어봐요."

"그러면 자넨 뭐라고 대답하나?"

"사람들이 듣고 싶어 하는 재미있는 이야기면 무엇이든 들려주죠. 즐겁게 해주고 싶으니까요. 사람들이 바라는 게 바로 그런 것 아니겠습니까? 하지만, 스콧 피츠제럴드라는 분이 정말 어떤 인물이었는지 저도 궁금합니다."

"그 사람은 20년대 초반부터 이름을 날린 미국 작가였어. 한동안 파리에서 살았고, 또 유럽의 다른 나라에서 살았던 적도 있지."

"그렇다면 제가 그분을 모를 리가 없는데. 그분은 좋은 작가였습니까?"

"그는 아주 훌륭한 소설 두 편을 썼고, 또 미완성 작품도 하나 있는데 그의 작품에 대해 잘 아는 사람들은 그 책도 끝냈으면 좋았을 거라며 아쉬워하고 있지. 그 외에 아주 뛰어난 단편도 몇 편 썼지."

"우리 바에 자주 드나드셨습니까?"

"나는 그랬던 걸로 알고 있네."

"그렇지만 선생님께선 20년대 초에 여기 오지 않으셨지요. 당시엔 가난하셨고 다른 동네에 살고 계셨던 걸로 알고 있습니다만."

"돈이 있을 때 나는 크리옹The Crillon 호텔에 갔지."

"그건 저도 알고 있습니다. 제가 선생님을 처음 뵈었을 때를 아직도 잘 기억하고 있어요."

"나도 마찬가지야."

"그분에 대해선 아무것도 기억나지 않는 게 참 이상합니다." 조르주가 말했다.

"그 사람들은 모두 죽었네."

"그분들이 이 세상 사람이 아니라 해도 우리가 그들을 잊지는 못하지요. 사람들이 제게 그분에 대해 제게 자주 물어보는데, 제가 기억을 되살릴 수 있게 선생님께서 좀 도와주셔야겠어요."

"그러지."

"전 어느 날 밤엔가 선생님께서 폰 블릭센 남작과 함께 이곳에 오셨던 걸 기억합니다. 그게 언제였지요?" 그가 미소 지으며 물었다.

"그 사람도 죽었어."

"그렇습니다. 하지만 사람들이 그분을 잊어버리진 않지요. 무슨 뜻인지 아시죠?"

"남작의 첫 번째 부인[104]은 놀랄 만큼 훌륭하게 글을 잘 썼지." 내가 말했다. "그녀가 쓴 아프리카에 대한 책은 내가 읽어본 것 중에서 가장 뛰어난 작품이었어. 아비시니아[105]의 나일 강 지류에 관해 새뮤얼 베이커 경[106]이 쓴 책을 빼놓고는 말일세. 요즘 자네가 작가들에 대해 관심이 생긴 것 같으니, 기억해 두게."

"감사합니다." 조르주가 말했다. "남작에 대해서는 쉽사리 잊어버릴 수 없겠지요. 그런데 그 책 제목이 뭡니까?"

"《아웃 오브 아프리카》라는 책이야." 내가 말했다. "블릭센 남작은 첫 부인의 작품을 늘 자랑스러워했지. 하지만, 난 그녀가 그 책을 쓰기 훨씬 전부터 그들 부부와 알고 지냈다네."

"피츠제럴드 씨는요?"

"그는 프랑크가 이곳 지배인일 때 자주 드나들던 사람이었지."

"그렇군요. 하지만 전 당시에 제복을 입고 일하던 보이였지요. 보이가 무슨 일을 하는지 잘 아시잖습니까."

"난 파리에서 지내던 초기 시절에 대한 책을 하나 쓸 예정인데, 거기에 스콧에 대해서도 조금 이야기할 생각이야."

"아, 그거 좋은 생각입니다."

"내가 스콧을 처음 만났을 때의 모습을 정확하게 그려볼 생각이야."

"좋은 생각이에요." 조르주가 말했다. "만일 그분이 이곳에 온 적이 있다면, 제가 선생님 책을 읽고 기억해낼 수 있을 겁니다. 사람은 한번 본 얼굴을 절대 잊어버리지 않는 법이니까요."

"관광객들도 그런가?"

"물론이지요. 그렇지만 선생님께선 그분이 이곳에 자주 왔다고 말씀하셨잖아요?"

"여긴 그에게 아주 중요한 의미가 있는 곳이었지."

"선생님께서 기억하시는 대로 그분에 대해 글을 쓰신다면, 그리고 그분이 이곳에 오신 적이 있다면 저는 틀림없이 그분을 기억할 수 있을 겁니다."

"그건 두고 봐야지." 내가 말했다.

譯註

1) Georges Braque, 1882~1963: 피카소와 함께 큐비즘을 창시하고 발전시킨 프랑스 화가. 1900년 파리  의 아카데미 쥘리앙에서 수업하면서 야수파의 감화를 받았다. 그러나 1907년부터 세잔의 작품을 연구하고, 생각이 비슷한 피카소와 협력하여 큐비즘을 창시했다. 피카소의 작품이 자주 변모한 반면, 그는 자신의 개성에 따라 차분히 큐비즘의 가능성을 탐구했다. 초기에는 풍경을 주로 그렸고, 중기 이후는 정물·실내·인물 등을 주제로 삼았는데, 구성의 밑바탕에는 항상 이성과 감각의 미묘한 조화를 중시하는 프랑스적인 전통이 숨어 있었다. 조용하고 차분하게 가라앉은 색채감은 만년에 이를수록 더욱 우아한 세련미를 더했다. 주요 작품으로 〈앙베르항구(Le Port d'Anvers)〉, 〈에스타크(L'Estaque)〉, 〈원탁(Le guéridon)〉 등 다수가 있다.

2) Musée Cluny: 유럽의 중세 미술 작품을 소장한 세계 유수의 박물관. 1884년에 고미술 애호가인 A. 솜라르의 수집품 1400여 점을 중심으로 클뤼니 호텔 안에 개설했으며, 그 후 수집을 확대하여 24실에 2만 점 이상을 소장·전시하고 있다. 특히, 중세에서 르네상스까지의 궁정과 수도원의 생활상을 반영한 미술품에 중점을 두고 있다. 미술관 건물은 1485~1498년에 건립되어 클뤼니 수도원 수도사의 파리 거처로 사용되던 것이며, 같은 대지 안에 있는 로마시대 목욕탕 자리는 현재 미술관의 일부가 되었다.

3) Café au lait: '우유를 탄 커피'라는 의미로, 일반 커피의 추출 농도보다 40% 정도 진하게 추출하고 나서 큰 컵에 설탕을 미리 넣고 커피와 동시에 따뜻한 우유를 부어 마신다.

4) 헤밍웨이의 첫 번째 부인 해들리 리처드슨은 그를 애칭으로 'Tatie'라고 불렀다.

5) Jeu de Paume: 나폴레옹 3세 시절 테니스의 전신인 '죄드폼'이라는 경기의 경기장으로 사용되던 건물이었으나 1909년에 전시회장으로 사용되기 시작하여 1930년 샤갈, 피카소, 모딜리아니 등 유명 작가의 작품을 전시하게 되었다. 1947년 죄드폼 박물관이 신축되어 인상파 화가들의 작품을 전시하였으나 오르세 미술관으로 이전되면서 문을 닫게 되었고, 원래의 건물만 남게 되었다.

6) Gertrude Stein, 1874~1946: 미국 시인 겸 소설가. 대학을 졸업하고 1903년 영국 런던으로 갔다가 파  리로 거처를 옮겨 생애 대부분을 프랑스에서 보냈다. W. 제임스와 H. 베르그송의 영향을 받아 소설과 시에서 대담한 실험을 했을 뿐만 아니라 새로운 예술운동의 비호자가 되었다. 마티스, 피카소, 지드를 비롯한 많은 젊은 작가, 화가와 교우 관계를 맺었다. 제1차 세계대전 전후에 모더니스트로서 활약하면서 '로스트 제너레이션'이란 말을 처음 사용했다. 앤더슨, 헤밍웨이와 교우하면서 제1차 세계대전 이후 미국문학에 큰 영향을 미쳤다. 특히, 1950년대에는 '다다이스트'로서 젊은 사람들로부터 재평가되기도 했다. 작품으로 단편집《3인의 생애(Three Lives)》(1908), 시집《텐더 버튼스(Tender Buttons)》, 소설《미국인의 형성(The Making of Americans)》등이 있다.

7) Louis-Maurice Boutet de Monvel, 1851~1913: 파리 에콜 데 보자르에서 알렉상드르 카바넬(Alexandre Cabanel), 쥘 르페브르(Jules Lefebvre), 귀스타브 불랑제(Gustave Boulanger) 등에게 배웠다. 일본 화풍과 전기 라파엘 화풍의 영향을 받았다. 1874년부터 살롱에서 두각을 나타냈고, 특히 초상화를 잘 그렸다. 1900년 살롱 국제전에 출품하여 금상을 받았고, 다양한 잡지에 작품을 게재했다. 몸이 허약하여 아동화를 그리기 시작했고, 어린이 잡지인《생 니콜라(Le Saint-Nicolas)》에 고정적으로 작품을 소개했다. 아동화로 유명해진 그는 영국과 미국에서도 여러 차례 전시했다. 프랑스의 오래된 노래나 라퐁텐의 우화, 아나톨 프랑스의 작품 등을 그림책으로 제작했고, 대표작으로《잔다크(Jeanne d'Arc)》가 있다.

8) eau-de-vie: '생명의 물'이라는 의미로 각종 과일주를 증류한 브랜디를 뜻한다.

9) Up in Michigan: 헤밍웨이가 쓴 이 단편은 대낮에 벌어진 강간사건을 주제로 다루고 있다.

10) Ford Madox Ford, 1873~1939: 영국의 소설가이자 시인이며 비평가. 그는《잉글리쉬 리뷰(The English Review)》와《트랜스애틀랜틱 리뷰(The Transatlantic Review)》의 편집을 담당하면서 수많은 문인을 소개하고 지원함으로써 19세기 초 영문학 발전에 크게 기여했다. 대표작으로《선량한 군인(The Good Soldier)》, 사부작인《퍼레이드의 끝(The Parade's End)》, 그리고 삼부작인《다섯 번째 왕비(The Fifth Queen)》가 있다. 특히《선량한 군인》은 '현대 소설 100선',《옵저버(The Observer)》선정 '100대 명작소설',《가디언(The Guardian)》선정 '누구나 읽어야 할 소설 1,000권'에 포함되는 등 지금도 20세기의 위대한 문학작품 중 하나로 자주 거론되고 있다.

11) The Transatlantic Review: 1924년에 포드 매독스 포드가 편집을 담당했던 영향력 있는 월간 문예지. 파리에 본사를 두고 있었지만, 제럴드 덕워스 앤 컴퍼니(Gerald Duckworth & Company)에 의해 런던에서 발행되었다. 비록 1924년 1월부터 12월까지 매월 한 권씩 총 12권밖에 발행되지 못했지만, 이 잡지는 제임스 조이스의《피네간의 경야(Finnegans Wake)》와 같은 좋은 작품들을 실어 20세기 초 영국 문학에 큰 영향을 미쳤다. 그 외에도 어니스트 헤밍웨이, 거트루드 스타인 등 뛰어난 작가들의 작품들이 이 잡지를 통해 발표되었다. 창간자는 에즈라 파운드의 설득으로 포드에게 투자한 존 퀸이며, 헤밍웨이는 1924년 8월호의 객원 편집인 역할을 맡은 바 있다.

12) Sylvia Beach, 1887~1962: 1887년 미국에서 태어나 목사인 아버지를 따라 파리를 처음 방문했고, 34세였던 1921년에 오데옹 거리 12번지에 영문학 전문 서점, 셰익스피어 & 컴퍼니의 문을 열었다. 이후 이곳은 갖가지 사연을 안고 조국을 떠나 파리에서 생활하던 많은 작가가 모여드는 사랑방 구실을 하며 명성을 얻었다. 그들에게 이 서점은 우체국이며 은행이었으며 문학 살롱이었다. 특히 오늘날 20세기 최고의 소설로 공인되는 제임스 조이스의《율리시스(Ulysses)》가 외설 시비로 영국과 미국에서 출간 금지되자, 우여곡절 끝에 1922년 초판본을 직접 펴내 화제를 모았다. 제2차 세계대전 중인 1941년, 나치의 탄압으로 서점 문을 닫게 된 이후에 실비아 비치는

셰익스피어 & 컴퍼니에서 제임스 조이스와 함께

파리에 머무르며 문필 및 번역 일에 종사했고, 1959년에 회고록《셰익스피어 & 컴퍼니》를 출간해 격찬을 받았다. 프랑스와 미국 간 문화교류에 기여한 공로를 인정받아 1938년에 레지옹 도뇌르 훈장을, 1959년에 버팔로 대학에서 명예 문학박사 학위를 받았고, 1962년 파리에서 심장마비로 사망했다. 서점 문이 닫힌 후 전쟁이 끝나 가던 1944년, 이 서점을 무척 사랑했던 헤밍웨이가 미군과 함께 직접 파리로 들어와 서점 건물의 점거를 풀었지만, 이미 몹시 지쳐 있던 실비아는 은퇴를 결심했다. 그로부터 10년 후 미국인 방랑가이자 몽상가이며 작가인 조지 휘트먼이 오데옹 거리에서 멀지 않은 노트르담 대성당 건너편, 센 강변에 비슷한 서점을 다른 이름으로 열었다가 1964년에 그 이름을 다시 '셰익스피어 & 컴퍼니'로 바꾸었고 이 서점은 지금도 휴머니즘의 성지이자 문학의 박물관 역할을 하고 있다.

13) James Joyce, 1882~1941: 아일랜드 더블린 출생으로 20세기 문학에 커다란 변혁을 이룩한 세계적 작가. 일찍이 입센, 셰익스피어, 단테, 플로베르 등의 작품을 탐독했으며 아리스토텔레스, 아퀴나스, 비코 등의 철학을 공부했다. 학교를 졸업하고 프랑스 파리로 갔으며, 러시아, 이탈리아 등지에서 살았다. 1차 대전이 일어나자 스위스의 취리히로 피난했다가 1920년부터 파리로 옮겨 새로운 문학의 중심적 인물이 되어, 각국의 시인, 작가들이 그의 주변에 모여들었다. 2차 대전이 일어나 독일군의 침입을 피해 취리히로 가던 중에 병으로 죽었다. 작품으로는 1907년 고전적 정취를 담은 연애시 모음집《실내악(Chamber Music)》을 발표하고, 1914년 단편집《더블린 사람들(Dubliners)》을 출간했다. 1917년 자전적 요소가 많은《젊은 예술가의 초상(A Portrait of the Artist as a Young Man)》에서 그는 '의식의 흐름'을 따른 청신한 심리묘사로 크게 주목받았다. 그리고 1918년부터《율리시스(Ulysses)》일부를 미국의 잡지《리틀리뷰(Littel Review)》에 발표하여 풍기상 유해하다는 이유로 고소당했으나 1922년 파리에서 대본 서점을 운영하던 실비아 비치의 희생적 노력으로《율리시스》가 간행되었고, 그는 명성을 날렸다. 1933년에 발표한 마지막 작품《피네간의 경야(Finnegan's Wake)》는 의식의 흐름 수법을 더욱 발전시킨 매우 실험적인 작품이었다.

14) Valery Larbaud, 1881~1957: 프랑스 비시 출생. 부유한 온천 경영주의 아들로 태어나, 유럽과 러시아 등을 여행하며 유년시절을 보냈다. 1908년《부유한 호사가의 시편(Poèmes par un riche amateur)》을 출간했고,《A. O. 바르나부트의 시(Les Poésies de A. O. Barnabooth)》를 통해 문단에 알려지게 되었다. 초기 작품인 청춘소설《페르미나 마르케즈(Fermina Marquez)》,《동심(Enfantines)》등은 청소년의 미묘한 심리를 아름다운 필치로 그렸다. 특히, 외국 작품을 많이 번역하여 프랑스 문단에 새로운 바람을 불어넣기도 했다. 만년의 약 20년간은 뇌출혈에 의한 반신불수로 문학 활동을 활발히 하지 못했다. 주요작품으로《연인들, 행복한 연인들(Amants, heureux amants)》,《일기(Journal)》등이 있다.

15) 서양에는 액운을 피하려면 나무를 만져야 한다는 풍속이 있다.

16) Alfred Sisley, 1839~1899: 프랑스에서 활약한 영국 화가. 인상파 화가로 모네, 르누아르 등과 친숙하게 지냈다. 순수한 풍경화가로서 주로 파리와 파리 근교의 자연 풍경을 그렸다.

17) 馬身: 경마나 보트 경주에서 말이나 배의 길이를 기준으로 측정하는 길이의 단위.

18) Jim Gamble: 세계 1차대전 당시 헤밍웨이가 이탈리아에서 전투에 참가했을 때 헤밍웨이가 속했던 부대 지휘관.

19) Gazette de Lausanne: 스위스에서 오랜 역사를 가진 프랑스어 일간지. 1798년에 창간된 신문으로 인권존중과 신앙의 자유를 신조로 우수한 정치, 외교 평론과 격조 높은 문화 기사를 실어 로잔에서는 물론 국내외에서 높이 평가되고 있다.

20) pathé: 고기나 생선을 곱게 다지고 양념을 해서 차게 하여 내는 것으로 빵 등에 발라 먹는다.

21) Aldous Leonard Huxley, 1894~1963: 영국의 소설가 겸 비평가. 집안이 모두 유명한 생물학자였던 그는 형제들처럼 의학이나 생물학을 공부할 생각이었지만, 이튼 학교 시절에 거의 실명에 이를 뻔한 안질을 앓은 뒤 자연과학도의 길을 포기하고 옥스퍼드 대학에서 영문학을 공부했다. 역사, 철학, 종교 등 다방면에 관심을 보였고 D. H. 로렌스와도 친교가 깊었다. 그가 소설가로 일생을 보내기로 결심한 것은, 소설《크롬 옐로(Chrome Yellow)》가 인정받은 다음부터였다. 이후 그는 갖가지 유형의 1920년대 지식인들을 풍자적으로 묘사한《연애대위법(Point Counter Point)》, 일종의 디스토피아 소설인《멋진 신세계(Brave New World)》, 평화운동을 추구하는 작가 자신을 그린《가자에서 눈이 멀어(Eyeless in Gaza)》, 폭력의 부정을 역설한《목적과 수단(Ends and Means)》등을 발표했다.

22) David Herbert Richards Lawrence, 1885~1930: 영국의 소설가이자 시인 겸 문학평론가. 광부의 아들  로 태어나 노팅엄 대학에서 공부했다. 교양 없는 주정뱅이 아버지와 격렬하게 대립했던 어머니가 모든 애정을 그에게 쏟은 일이 사춘기 그의 여성관계를 복잡하게 만들었고 이러한 환경이 뒷날 그의 문학에 흐르는 주제의 한 원형을 이루었다. 노팅엄 대학 시절 은사의 부인이며 6세나 연상인 프리다와 사랑에 빠져 그녀와 독일·이탈리아 등을 전전하며 《아들과 연인(Sons and Lovers)》를 썼고 영국으로 돌아온 후 그녀와 정식으로 결혼했다. 제1차 세계대전 중에는 전쟁과 사람들의 광기를 저주하면서 영국 각지를 유랑했다. 1915년에 발표된 그의 《무지개(The Rainbow)》는 외설 시비로 곧 발매가 금지되었다. 《무지개》에서 취급된 남녀관계의 윤리문제는 다음 작품인 《사랑하는 여인들(Women in Love)》에서 더 철저히 파헤쳤다. 《아론의 지팡이(Aaron's Rod)》, 《캥거루(Kangaroo)》, 《날개 있는 뱀(The Plumed Serpent)》과 같은 장편에는 예언자적인 그의 독특한 세계관이 담겨 있다. 만년에 피렌체에서 완성한 《채털리 부인의 연인(Lady Chatterley's Lover)》은 성에 대한 그의 생각을 완전히 펼친 작품이었는데 외설 시비로 오랜 재판을 겪은 후 미국에서는 1959년에, 영국에서는 1960년에야 비로소 완본 출판이 허용되었다.

23) Marie Adelaïde Lowndes, née Belloc, 1868~1947: 영국의 여류 작가. 프랑스인 변호사 아버지 루이 벨  록과 영국인 어머니 남녀평등주의자 베씨 파크스 사이에서 태어나 프랑스에서 성장했다. 1904년에 첫 소설 작품 《레티 린튼(Letty Lynton)》을 발표하고 본격적으로 작품 활동을 했다. 흥미로운 범죄사건을 예리한 심리분석 기법을 사용하여 묘사한 것으로 유명하다. 살인마 잭을 주인공으로 한 그녀의 대표작 《하숙인(The Lodger)》은 다섯 차례나 영화화되었고 그중 첫 영화는 거장 알프레드 히치콕이 감독했다. 그녀의 또 다른 작품 《레티 린튼》 역시 영화화되어 조앤 크로퍼드가 주인공을 맡았다. 그 외에도 《약점(The Chink in the Armour)》, 《신혼여행의 끝(End of Her Honeymoon)》, 《애정과 증오(Love and Hatred)》 등의 작품을 남겼다.

24) Georges Joseph Christian Simenon, 1903~1989: 벨기에 리에주 출신의 프랑스 작가. 아버지는 프  랑스 브르타뉴 출신이고 어머니는 벨기에 여성이다. 16세 때 《리에주 가제트(Liège Gagette)》라는 지방 신문의 통신기자가 되었고, 17세 때 처녀작을 이 신문에 발표했다. 20세에서 30세까지 16가지의 필명을 사용하여 수많은 통속 장편을 썼다. 특히 메그레 경감이 주인공으로 등장하는 추리소설 시리즈 80권을 출간했다. 1948년 발표한 《눈은 더럽혀져 있었다(La Neige était sale)》 등에서는 범죄심리를 분석하여 순수문학으로 방향을 바꾸었다. A. 지드는 그를 현대 프랑스 문단에서 가장 위대한 소설가라고 격찬했다. 생전에 약 212권의 장편을 출간했다.

25) Janet Flanner, 1892~1978: 미국의 작가이자 저널리스트. 1925년부터 1975년까지 《뉴요커(New Yorker)》의 파리 특파원으로 근무했다.

26) Ronald Firbank, 1886~1926: 사교계의 귀부인 해리엣 제인 개럿과 하원의원 토머스 퍼뱅크 경의 아들로 태어났다. 어핑햄 고등학교를 나와 트리니티 홀의 케임브리지 대학교에 진학했다. 1907년에 가톨릭으로 개종한 그는 1909년에 대학을 중퇴하고 이후 유산으로 생활하며 에스파냐, 이탈리아, 중동, 북아프리카를 두루 여행했고 1926년에 40세에 폐질환으로 사망했다.

27) Francis Scott Fitzgerald, 1896~1940: 미국 미네소타 주 세인트폴 출생으로 프린스턴 대학을 다니다  가 1차 대전 때 육군 소위로 임관되었다. 1920년 새로운 세대의 선언이라고도 할 만한 처녀작 《낙원의 이쪽(This Side of Paradise)》이 출판되자 큰 성공을 거두었다. 이어서 단편집 《말괄량이와 철인(哲人)(Flappers and Philosophers)》을 비롯하여, 장편 《아름답게 저주된 것(The Beautiful and Damned)》, 단편집 《재즈 시대의 이야기(Tales of the Jazz Age)》, 대표작 《위대한 개츠비(The Great Gatsby)》, 장편 《밤은 부드러워(Tender Is the Night)》, 《최후의 대군(The Last Tycoon)》 등 많은 작품을 썼다. 그는 타고난 외모와 부(富)와 재능에 걸맞게 방탕한 생활을 하였다. 1935년에는 4만 달러의 빚을 갚기 위해

할리우드로 가서 시나리오작가가 되었고, 알코올중독과 병고에 시달리면서 재기하기 위하여 《최후의 대군》을 집필 중에 심장마비로 죽었다.

28) Sherwood Anderson, 1876~1941: 현대 미국 소설의 원조라 불리는 미국의 소설가. 그를 유명하게 한 《와인스버그 오하이오(Winesburg, Ohio)》는 거트루드 스타인의 영향을 받은 것으로 여겨진다. 이 책은 출간 당시 그로테스크 소설로 호평을 받았으며 헤밍웨이, 울프, 사로얀, 포크너 등에 영향을 미쳤다. 기계문명이 불러온 인간의 욕구불만과 고독을 묘사하는 데 프로이트적 심리분석을 시도했으나 명석한 문학적 이상이 없었기에 포크너나 헤밍웨이로부터 부정되었다.

29) Ezra Loomis Pound, 1885~1972: 미국 아이다호 출생으로 펜실베이니아 대학에서 공부하고 1909년 영국으로 건너가, 이미지즘과 신문학 운동의 중심이 되어 T. S. 엘리엇과 J. 조이스를 세상에 소개했다. 상징주의적 애매한 표현을 거부하고, 언어를 조각과 같이 구상적으로 구사할 것을 주장했다. 시집에 《가면(Personae)》, 《휴 셸윈 모벌리(Hugh Selwyn Mauberley)》, 《캔토스(The Cantos)》 등이 있다. 그 연작 가운데 하나인 《피산 캔토스(Pisan Cantos)》로 보링겐상을 받았다. 그는 또한 번역가로서 이탈리아의 카바르칸티, 로마의 시인 프로페르티우스 외에도 이백(李白)의 작품을 번역하는 등 다방면에 걸쳐 우수한 작품을 남겼다. 2차 대전 중에 반미 활동 혐의로 오랫동안 정신병원에 연금되었으나, 시인들의 구명 운동 덕으로 1960년 석방되어 이탈리아에서 살았다.

30) 1847년 술집으로 문을 열어 1920년대 어니스트 헤밍웨이, 제임스 조이스, 에즈라 파운드, 스콧 피츠제럴드, 루이 아라공, 파블로 피카소 등 문인과 화가들이 자주 모이던 파리 몽파르나스 대로에 있는 레스토랑.

31) Michel Ney, 1769~1815: 1796년 라인 강 방면군의 지휘를 맡았고, 나폴레옹에게 인정받아 1802년 스위스에 외교관으로 부임하였으며, 1804년 원수(元帥) 칭호를 받았다. 1805년 티롤을 점령하고 예나와 프리틀란드의 싸움에서 뛰어난 훈공을 세웠다. 1812년 나폴레옹의 모스크바 원정에 종군했으며 보로디노 전투에서 용명을 떨치고 모스크바공의 칭호를 얻었다. 1815년 나폴레옹은 제정이 부활한 뒤에 다시 그를 받들어 워털루 전투에도 참전하게 하였으나 그의 판단 실수가 그 전투에서 나폴레옹군의 결정적인 패인이 되었다. 싸움에 패하고 나서 국외 도피를 꾀했으나 성공하지 못했고, 백색 테러의 희생으로 바쳐져 부르봉 왕조에 반역한 죄로 처형되었다.

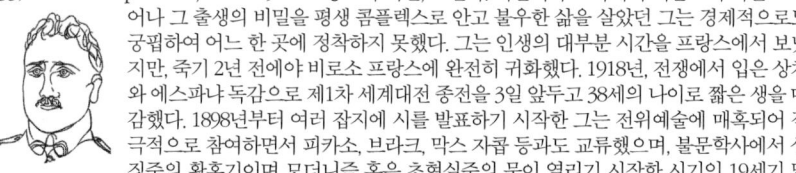

32) Armand Augustin Louis de Caulaincourt, 1773~1827: 1812년 러시아 원정의 실패로 퇴각하던 나폴레옹 군대가 11월 3일 6천에서 8천 명 정도의 막심한 사상자를 내었고, 그중 4천 명 정도가 러시아군의 포로가 되었던 비야즈마 전투에서 나폴레옹과 함께 퇴각한 프랑스 측 장군. 유명한 연대기 작가이면서 당시 러시아 주재 프랑스 대사이기도 했다.

33) Guillaume Apollinaire, 1880~1918: 프랑스의 시인, 소설가. 이탈리아 로마에서 미혼모의 아들로 태어나 그 출생의 비밀을 평생 콤플렉스로 안고 불우한 삶을 살았던 그는 경제적으로도 궁핍하여 어느 한 곳에 정착하지 못했다. 그는 인생의 대부분 시간을 프랑스에서 보냈지만, 죽기 2년 전에야 비로소 프랑스에 완전히 귀화했다. 1918년, 전쟁에서 입은 상처와 에스파냐 독감으로 제1차 세계대전 종전을 3일 앞두고 38세의 나이로 짧은 생을 마감했다. 1898년부터 여러 잡지에 시를 발표하기 시작한 그는 전위예술에 매혹되어 적극적으로 참여하면서 피카소, 브라크, 막스 자콥 등과도 교류했으며, 불문학사에서 상징주의 황혼기이며 모더니즘 혹은 초현실주의 문이 열리기 시작한 시기인 19세기 말과 20세기 초 당대의 시대정신을 가장 충실하게 문학적으로 구현했다. 작품으로는 그에게 명성을 안겨 준 첫 시집 《알코올(Alcools)》을 비롯하여 《칼리그람(Calligrammes)》, 《동물우화집 혹은 오르페우스의 행렬(Le Bestiaire ou le cortège d'Orphée)》과 장편소설 《살해당한 시인(Le Poète Assassiné)》, 《썩어가는 요술사(L'enchanteur pourrissant)》, 그리고 희곡 《티레지아스의 유방(Les Mamelles de Tirésias)》 등이 있다.

34) Adrienne Monnier, 1892~1955: 실비아 비치에 앞서 1915년 오데옹 거리 7번지에 '책을 사랑하는 사람들의 집(La Maison de Amis des Livres)'이라는 서점을 연 프랑스 여성. 실비아 비치와 함께 T. S. 엘리엇이나 헤밍웨이와 같은 문인들의 글을 번역하여 프랑스 독자들에게 소개했다. 나치 독일의 점거로 실비아 비치의 서점이 문을 닫은 동안에도 아드리엔의 서점은 영업을 계속했으며, 그녀는 전쟁이 끝난 후에도 10년 동안 에세이 작가, 번역가, 서점 주인으로 활동했다. 1954년 9월 귀에 질환이 생겨 1955년 5월 수면제 과다복용으로 자살했다.

35) Léon Paul Fargue, 1878~1947: 프랑스의 시인. 발레리, 클로델, 지드, 드뷔시 등 당대의 수많은 예술가와 교류했다. 대표작으로는 《탄크레드(Tancrède)》가 있다.

36) Der Querschnitt: 1856년부터 1943년까지 발간된 독일의 문학평론지. 나치 독일에서 선전장관 요제프 괴벨스의 통제를 어느 정도 벗어났던 유일한 대중 매체이다.

37) 웨데르코프는 영어로 'Awfully Nice(끝내주게 멋지군요)'라는 말밖에 할 줄 몰랐기에 끊임없이 이 말을 되풀이하여 사람들은 그를 '오우풀리 나이스'라는 별명으로 불렀다고 한다.

38) Frankfurter Zeitung: 제2차 세계대전 이전의 독일의 대표적 일간지.

39) Edward O'Brien, 1890~1941: 미국 보스턴의 하우튼 미플린 하코트(Houghton Mifflin Harcourt) 출판사에 근무하면서 1915년부터 미국의 작가들이 발표한 단편소설 중에서 우수한 작품들을 선정하여 출간하는 《우수 단편선집(The Best Short Stories)》 편집을 담당했고, 특히 헤밍웨이의 작품 〈나의 아버지(My Old Man)〉는 미발표 작품임에도 선집에 포함했다. 또한, 이후 헤밍웨이의 작품집 《우리 시대에(In Our Time)》를 출간할 출판사를 알선해준 것으로 알려졌다.

40) 1923년.

41) Joseph Lincoln Steffens, 1866~1936: 미국의 언론인. 1901년 《매클루어스 매거진(McClure's magazine)》의 편집자가 되면서부터 활발히 정계·재계의 부정폭로 운동을 전개하여 이 운동의 창시자로서 지도적인 역할을 했다. 《자치를 위한 투쟁(The Struggle for Self-Government)》과 《자서전(Autobiography of Lincoln Steffens)》등을 저술했다.

42) Paul Fort, 1872~1960: 프랑스의 후기상징파 시인이자 극작가. 《이자보(Ysabeau)》등 기사 이야기의 시극을 썼고, 극단 예술극장을 창립, 운영했으며, 계간 문예지 《시와 산문(Vers et prose)》을 펴냈다. 파리의 몽파르나스 구역을 중심으로 베를렌, 말라르메, 지드 등과 교류했으며, 평이한 산문체의 시가 많은 사람 사이에 애송되어 1912년 시왕(詩王)으로 선정되기도 했다. 대표작으로는 1922~1958년 사이에 저술한 《프랑스의 발라드(Ballades françaises)》 17권이 있다.

43) Blaise Cendrars, 1887~1961: 본명 소세(Frédéric Sauser). 스위스 출생으로 프랑스에 귀화했다. 소년 시절에 아버지를 따라 이탈리아·스위스·이집트·영국 등지에서 살게 되어 일찍부터 세계주의적 환경에서 성장했다. 이후에 모스크바, 중국을 여행했고, 선원 혹은 석유채굴자로 세계 각국을 다니면서 많은 직업을 편력했다. 1907년에 프랑스로 돌아와 전위예술(前衛藝術) 운동에 참가하여 활동하기도 했다. 1912년에는 뉴욕에서 굶주림과 피로 속에서 방랑하던 중 돌연 계시를 받고 시집 《뉴욕의 부활제(Les Pâques à New York)》를 출간했다. 1차 세계대전 중에는 외인부대에 입대하여 참전하다가 한쪽 팔을 잃기도 했다. 작품으로 《노브고로드의 전설(La Légende de Novgorode)》, 《파나마 또는 7인의 아저씨들의 모험(Le Panama ou les Aventures de Mes Sept Oncles)》, 《19의 탄력적인 시편(Dix-neuf poèmes élastiques)》등이 있고 《전 세계(Du monde entier)》, 《황금(L'Or)》, 《럼(Rhum)》, 회고록인 《전달된 손(La Main Coupée)》등의 시적 소설은 근대의 꿈에 홀린 시인의 특이한 기록으로서 높이 평가되고 있다.

44) Légion d'honneur: 프랑스에서 군공(軍功)이 있는 사람이나 문화적 공적이 있는 사람에게 대통령이

직접 수여하는 훈장. 나폴레옹 1세가 제정하였고, 5계급으로 나뉜다. 공적에 대한 표창이라기보다 영예로운 신분을 수여한다는 성격이 짙다. 외국인에게는 주로 슈발리에 계급의 훈장이 수여된다.

45) Cassis: 씨앗이 없고 알이 작은 건포도 종류로서 이 과실을 이용하여 만든 진한 적색의 신맛이 나는 리큐어를 크렘 드 카시스(Crème de Cassis)라고 한다.

46) 헤밍웨이는 포드의 구취와 몸에서 풍기는 악취 때문에 괴로움을 호소한다. 이 책의 2부 6장 〈매캐한 거짓말 냄새〉에 다음과 같은 대목이 나온다. "나는 포드에 대해 단순히 그의 구취 때문만이 아니라 그의 신체에 대해 지나칠 정도의 거부감을 느끼고 있었다. 그래서 그와 함께 있을 때 나는 늘 바람이 불어오는 방향으로 자리를 잡음으로써 그 괴로움에서 조금이나마 벗어나려 했다. 그는 구취와는 아무 관련이 없는 또 다른 악취를 풍겨서 나는 그와 함께 밀폐된 공간에 있기가 몹시 괴로웠다."

47) Bal Musette: 원래 백파이프의 일종인 뮈제트 음에 맞춰 춤을 추는 무도장을 뜻한다. 오늘날에는 뮈제트라는 악기가 사라졌으므로 대부분 아코디언을 사용한다.

48) Vermouth: 원료인 포도주에 브랜디나 당분을 섞고, 향쑥·용담·키니네·창포뿌리 등의 향료나 약초를 넣어 향미를 낸 리큐어.

49) Hilaire Belloc, 1870~1953: 영국의 시인 겸 역사가이자 수필가. 열렬한 가톨릭 신자로서 당시 영국에 팽배해 있던 반(反)가톨릭 풍조에 대항할 목적으로 출마하여 1906년부터 1910년까지 하원의원으로 활약했다. G. K. 체스터튼과 알게 되어 그와 평생 친구가 되었는데, 이 두 사람의 문학 활동은 20세기 초반의 영국 가톨릭 사상의 계몽과 가톨릭 문학의 부흥에 신기원을 이룩했다. 저서에 《운문과 소네트(Verses and Sonnets)》, 《로마로 가는 길(The Path to Rome)》, 《악동을 위한 우화집(Cautionary Tales for Children)》 등 아주 많은 작품이 있다.

50) Ouida, 1839~1908: 프랑스인 아버지와 영국인 어머니 사이에서 태어난 영국의 여류 소설가. 본명은 마리아 루이즈 드 라 람메(Maria Louis De La Ramée)였지만, 발음하기가 어려워 '위다'로 바꿨고 그것이 필명이 되었다. 멜로드라마풍의 소설로 유명했으며, 대표작으로는 《플랜더스의 개(A Dog of Flanders)》와 《은빛 예수와 레몬 트리(The Silver Christ and A Lemon Tree)》, 《두 깃발 아래서(Under Two Flags)》 등이 있다.

51) John Quinn, 1839~1903: 아일랜드 이름은 Seán Ó Cuinn. 아일랜드 티퍼러리 카운티 태생의 미국 정치인. 1889년부터 1891년까지 뉴욕 주 하원의원으로 활동했다.

52) Myron Timothy Herrick, 1854~1929: 미국 오하이오 주 출신의 미국 정치인. 그는 1904년부터 1906년까지 오하이오 주지사였고, 1912년부터 1914년까지 주프랑스 미국대사로 활동하다가 미국 상원의원에 출마했으나 실패했다. 1921년부터 1929년 3월 31일 사망할 때까지 다시 주 프랑스 미국대사로 활동했다.

53) Anthony Trollope, 1815~1882: 영국 런던 출신. 여류 소설가 F. 트롤럽의 아들로 우체국 직원으로 일하면서 집필에 몰두했다. 대표작으로 허구의 지역인 바셋 주의 풍속을 그린 《구빈원장(The Warden)》, 《바체스터 교회(Barchester Towers)》 등 여섯 편의 장편소설로 구성된 연작소설 《바셋주 이야기(The Barsetshire Chronicle)》가 있다. 19세기 중엽의 영국 사회를 냉정하고 정확하게 묘사한 이 사실적인 작품은 근래에 높은 평가를 받았다.

54) Henry Fielding, 1707~1754: 영국의 소설가이자 극작가. 1728년 처녀 희곡 《사랑의 갖가지 형태(Love in Several Masques)》를 런던에서 상연한 후 네덜란드의 레이든 대학교에서 고전문학을 공부했고 20여 편에 달하는 희곡을 쓰며 극단에서 기반을 굳혔으나 당시 많은 극장이 폐쇄되자 극작을 그만두고 법률공부를 시작하여 런던에서 판사로 활약했다. 1749년에는 대표작 《톰 존스(Tom Jones)》를 발표하여

소설가로서 명성을 얻었다. 그 밖에 실재인물을 모델로 한 《대도 조나단 와일드의 생애(The Life of Mr. Jonathan Wild the Great)》, 《애밀리아(Amelia)》 등이 있고, 사후에 《리스본 항해기(A Journal of a Voyage to Lisbon)》가 출간되었다.

55) Christopher Marlowe, 1564~1593: 엘리자베스 왕조 연극의 선두에 섰던 '대학재사(大學才士)'의 대표적인 인물인 영국의 극작가 겸 시인. 물욕, 지식욕, 정복욕 등 한결같이 인간으로서의 규범을 벗어나 욕망에 휘말려 좌절해 가는 주인공을 그리는 작품을 주로 썼다. 주요 작품에는 〈포스터스 박사(Dr. Faustus)〉, 〈탬벌린 대왕(Tamburlaine the Great)〉 등이 있다.

56) John Donne, 1572~1636: 영국의 시인 겸 성직자. 〈노래와 소네트(Songs and Sonnets)〉로 대표되는 그의 연애시는 사랑의 온갖 심리를 대담하고 정교한 이미지로 구사하여 표현한 뛰어난 작품으로 알려졌다. 불굴의 정열, 냉철한 논리, 해박한 지식이 어우러진 이들 작품으로 20세기 현대 시인에게도 깊은 영향을 미쳤다.

57) Aleister Crowley, 1875~1947: 유명한 마법사. 60년대와 70년대 반항적 청년문화운동인 히피즘의 정신적인 아버지로 불리며, 롤링 스톤즈, 비틀즈, 레드 제플린 등 수많은 록 그룹들의 음악세계와 인생에 지대한 영향을 끼친 마법의 대가이다. 국내에서도 팝가수 오지 오스본의 명곡 〈미스터 크롤리(Mr. Crowley)〉의 실제 주인공인 알레이스터 크롤리의 인생을 다룬 책 《미스터 크롤리》가 출간되었다.

58) 지금은 레스토랑 파도바(Padova)로 이름이 바뀌었다.

59) Cassoulet: 남프랑스 랑그독(Langue d'Oc) 지방의 전통요리로 오리, 거위, 소시지 혹은 양고기에 흰 콩과 토마토 등을 넣고 뭉근하게 익힌 음식.

60) Harold Stearns, 1891~1943: 미국 문화비평가. 1920년대에 파리에서 생활하며 전후의 젊은 지식인들의 삶과 문학에 대한 자세를 정의하는 글을 자신이 편집 발행하는 《심포지움(Symposium)》에 실었다. 1937년 미국으로 돌아갔으며, 대표작으로 《미합중국의 문명(Civilization in the United States; an Inquiry by Thirty Americans)》이 있다.

61) Jules Pascin, 1885~1930: 불가리아 태생의 미국 화가. 풍자 잡지의 삽화를 그리다가 인물화로 전향하여 온화한 색채와 유연한 곡선을 살린 여성상을 많이 그렸다. 파리에서 개인전을 여는 날 아침 목을 매달아 자살했다. 대표작으로 〈잠자는 두 여인(Two Young Girls in Repose)〉이 있다.

62) Henry Gaudier Brzeska, 1891~1915: 프랑스의 조각가. 에즈라 파운드와 절친했으며 〈에즈라 파운드의 신성 두상(Hieratic Head of Ezra Pound)〉을 제작하기도 했는데, 1차대전 중에 전사했다. 에즈라 파운드는 그의 이야기를 담은 《고디에 브르제스카의 회고록(Gaudier-Brzeska: A Memoir)》을 썼다.

63) Francis Picabia, 1879~1953: 프랑스의 화가. 시슬레 풍의 인상주의로 시작했으나 점차 입체파의 영향을 받았고 다시 황금분할파에 참여했으며 그 뒤에는 M. 뒤샹과 공동으로 다다이즘을 준비, 정립했다. 그는 현대 예술의 모든 분야에 걸쳐 활약했다.

64) Percy Wyntham Lewis, 1882~1957: 영국의 소설가 겸 비평가이자 화가. 캐나다에서 출생한 그는 일찍부터 유럽의 전위예술 운동의 영향을 받고 입체파의 투사로 등장하여 전위적 예술 잡지 《블라스트(Blast)》를 편집·간행했다. 그는 창간호를 통해 보티시즘(Vorticism, 소용돌이파) 선언을 발표했는데 보티시즘은 이 잡지의 부제인 '소용돌이(vortex)'에서 비롯되었고 미래주의와 입체주의를 결합한 운동이라고 할 수 있다. 폭력과 에너지 그리고 기계성을 강조한 보티시즘은 굵은 선과 날카로운 모서리, 차가운 색채 등을 특징으로 하는 다이내믹한 추상미술로 전통적으로 정적인 영국의 예술계에 충격을 던졌다. 대표작으로는 당대 영국화가들의 속물적인 면을 희화한 풍자소설 《신을 흉내 내는 원숭이들(Apes of God)》, 문명비평 《시간과 서유럽 사람(Time and Western Man)》, 문예평론 《예술 없는

사람들(Men without Art)》,《작가와 절대자(The Writer and The Absolute)》, 그리고 소설《자신을 단죄하는 자(Self-Condemned)》 등이 있다.

65) Juan Gris, 1887~1927: 에스파냐의 화가. 1906년 파리에 이주하여 많은 화가와 평론가와 친교를 맺었으며 1912년 앙데팡당전 출품 이후 피카소, 브라크 등과 함께 큐비즘 운동을 추진했고 일생을 입체파 화가로 지냈다.

66) Ernest Walsh, 1895~1926: 미국의 시인이자 문예지 편집인. 17세에 결핵으로 뉴욕 주 사라낙 호숫가의 한 요양소에 2년간 입원한 적이 있으며 퇴원 후 공군사관학교에 들어갔으나 훈련 중 비행기 추락사고를 당해 다시 폐에 중상을 입었다. 치료 중에 시를 쓰기 시작했는데, 그의 시가 해리엇 먼로(Harriet Monroe)의 눈에 띄어 1922년 그녀의 시 동인지에 실리면서 시인으로 활동하게 되었고, 에즈라 파운드에게 보내는 그녀의 소개장을 가지고 파리로 왔다. 파리에서 스코틀랜드의 화가이자 여성 참정권자 운동가인 에델 무어헤드(Ethel Moorhead)의 도움으로 1925년 1월 실험적인 문예계간지《디스 쿼터(This Quarter)》를 창간했지만, 그 잡지 편집을 두 권밖에 담당하지 못하고 1926년 10월 16일 31세의 젊은 나이에 몬테카를로의 한 병원에서 숨을 거두었다.

67) Harriet Monroe, 1860~1936: 미국의 편집인 겸 문학평론가이자 시인. 그녀는 1912년 창간된 시 동인지《포이트리(Poetry)》의 편집인으로 가장 잘 알려졌으며, 에즈라 파운드, T. S. 엘리엇 등의 시인들의 후원자로서 현대 시의 발달에 중요한 역할을 했다.

68) Edgar Albert Guest, 1881~1959: 영국 태생의 미국 시인. 20세기 초·중반에 민중시로 이름을 날렸다. 평생 1만 1천 편의 시를 발표했던 그는《소박한 사람들(Just Folks)》등 20권의 시집을 남겼다.

69) Joseph Rudyard Kipling, 1865~1936: 인도 뭄바이에서 출생한 영국의 소설가이자 시인. 영국에서 노스데본의 유나이티드 서비스 대학을 마치고, 1880년 인도로 돌아와서, 저널리스트로 활동하며 시집《부문별 민요모음(Departmental Ditties)》과 단편소설집《산중야화(Plain Tales from the Hills)》 등을 발표했다. 인도를 배경으로 한 생동감 넘치는 단편소설들을 통해 급격히 명성을 얻게 되었으며, 아동문학《정글북(The Jungle Book)》, 소설《킴(Kim)》 등을 통해 이름을 날렸다. 시인으로서는 인도의 군대생활을 그린《병영의 노래(Barrack Room Ballads)》로 대중에게 환영받았으며,《7대양(The Seven Seas)》과 같은 작품이 당시 대영제국주의에 호응하였기에 애국 시인으로 추앙되었지만, 만년에는 별로 높은 평가를 받지 못했다. 1907년 노벨문학상을 받았다.

70) Scofield Thayer, 1889~1982: 미국의 시인이자 출판인. 매사추세츠 주의 부유한 가문 출신인 그는 수많은 예술작품을 수집한 것으로 유명했는데, 그의 수집품들은 현재 메트로폴리탄 미술관에 전시되어 있다. 1920년대에 시 전문지《다이얼(The Dial)》의 편집인이자 발행인으로도 명성을 날렸다.

71) Dial: 1840년부터 1929년까지 초월주의자 동인지, 정치·문예 평론지, 순수 문예지로 성격을 바꿔 가며 발간된 미국 잡지. 1840년 랠프 왈도 에머슨(Ralph Waldo Emerson)과 마거릿 풀러(Margaret Fuller)에 의해 창간될 당시에는 초월주의자들의 뛰어난 글이 실렸다. 1844년 폐간되고 나서 1880년에 시카고에서 프랜시스 피셔 브라운(Francis Fisher Browne)에 의해 정치·문예 평론지의 성격으로 다시 발간되기 시작했다. 프랜시스가 30년 넘게 편집인으로 발행하던 이 잡지를 1919년에 스코필드 세이어(Scofield Thayer)가 제임스 시블리 왓슨 주니어(James Sibley Watson Jr.)의 도움을 받아 인수했으며, 이듬해인 1920년부터 순수 문예지로 재등장하여 1929년까지 발간되었다.《다이얼》은 1921년부터 1928년까지 매년 뛰어난 문인 한 사람씩을 선정하여 총 여덟 명에게 '다이얼 상(The Dial Award)'을 수여했는데, 2천 달러의 상금이 부상으로 주어졌다. 1921년 셔우드 앤더슨, 1922년 T. S. 엘리엇, 그리고 1927년 에즈라 파운드가 수상했다.

72) 이 작품은 1939년 5월 '피네건의 경야(Finnegan's Wake)'라는 제목으로 발표되었는데 조이스가 녹내장에 따른 시력 감퇴에 시달리며 파리에서 이 작품을 쓰던 1920년대에는 제목을 비밀에 부치고 있

었으므로 주위 사람들은 이 원고를 그저 '집필 중인 작품'이라고 불렀다.

73) sauce barnaise: 잘게 썬 파, 후추에 식초, 백 포도주, 타라곤(Tarragon)잎 등과 함께 끓여서 계란 노른자 위에 버터를 넣고 진한 고기 국물을 조금 넣어서 만든 황색 소스로 홀랜다이즈 소스(Hollandaise Sauce)의 일종이다. 샤토 브리앙(Chateau briand) 스테이크, 그릴드(Grilled) 스테이크, 그릴드 생선에 같이 제공된다.

74) Tournedos: 작고 둥글게 저민 살코기 스테이크로 필레의 끝을 잘라서 버터를 바르고 베이컨을 감아서 조리한다.

75) 어니스트 헤밍웨이와 어니스트 월시, 두 사람의 같은 이름 '어니스트(Ernest)'가 '진지하다'라는 뜻의 '어니스트(earnest)'와 동음어라는 점을 들어 은유적으로 언급한 것이다.

76) Katherine Mansfield, 1888~1923: 뉴질랜드의 웰링턴 출생으로 런던의 퀸칼리지에서 배웠다. 첫 번째 결혼이 며칠 만에 파국에 이르자, 그 경험을 살려 남성에게서 버림받은 고독한 여성을 그린 《독일의 하숙에서(In A German Pension)》를 발표했다. 이 작품을 계기로 특이한 감성과 섬세한 스타일의 작가로 주목받기 시작했다. 이 무렵 《리듬(Rythm)》, 《더 블루 리뷰(The Blue Review)》 등의 잡지에 작품을 발표했다. 《행복(Bliss)》, 《가든파티(The Garden Party)》, 《비둘기의 둥지(The Dove's Nest)》, 《어린애다운 것(Something Childish)》 등의 작품으로 '의식의 흐름' 수법을 사용하는 단편소설의 명수라 하여 흔히 A. 체호프와 비교되었다. 문체는 여성다운 감성에 바탕을 둔 시적 산문이었으나, 장르는 시와 산문의 경계에 있었다. 지병인 늑막염이 폐결핵으로 악화되어 남프랑스의 방도르 등 여러 곳에서 휴양하다가 35세에 파리 근처 퐁텐블로의 한 요양원에서 병사했다.

77) Stephen Crane, 1871~1900: 미국의 소설가 겸 시인이자 신문 기자. 그의 작품은 사회적 사실주의에의 길을 열었으며 속어를 섞은 간결한 문체와 상징적 수법으로 헤밍웨이를 비롯한 현대 미국작가들에게 커다란 영향을 주었다. 시에서도 이미지즘의 선구자로 평가된다. 대표작으로는 《붉은 무공훈장(The Red Badge of Courage)》이 있다.

78) Mathew B. Brady, 1822~1896: 미국 최초의 전쟁 사진작가. 19세기 가장 유명한 사진작가로 남북전쟁 관련 사진들로 유명하며 포토저널리즘의 아버지로 불린다.

79) Evan Shipman, 1901~1957: 20대에 파리에 살면서 평생 헤밍웨이와 우정을 나눴다. 거르트루드 스타인이 '잃어버린 세대'라고 지목했던 대표적 인물이 바로 헤밍웨이와 에반 쉬프맨이었다. 30대에는 에스파냐 전쟁에 참전했으며 제2차 세계대전에도 참전하여 헤밍웨이와 행동의 궤를 함께했다. 시인이었으나 작품을 출간하지 않았고, 경마에 관한 책을 한 권 썼을 뿐이다. 헤밍웨이는 자신의 작품 《여자 없는 세계(Men Without Women)》를 그에게 헌정했다.

80) Ivan Stepanovich Mazeppa, 1644~1709: 푸시킨의 역사 서사시 〈폴타바(Poltava)〉의 주인공이며 실존 인물. 빅토르 위고의 〈동양시편(Les Orientals)〉에도 등장하고 차이콥스키의 오페라에도 나오는 마제파는 러시아로부터 독립을 시도한 우크라이나 카자흐족의 수장이다.

81) Ralph Cheever Dunning, 1878~1930: 미국의 시인. 1920년대에 그가 파리에서 유명했던 것은 그의 시 덕분이 아니라, 이해하기 어려운 그의 특이한 성격 때문이었다. 그는 파리에서 20년 넘게 살았지만 다른 사람들과 거의 어울리지도, 대화하지도 않았고 노트르담 데샹 거리에 있는 골방에 틀어박혀 지내며 시를 썼다. 1910년에 첫 번째 시집 《힐로스(Hyllus)》를 런던에서 출간한 이후 작품을 발표하지 않다가 에즈라의 강권을 따라 두 번째 시집 《우연의 결실(Windfalls)》을 출간했다.

82) terza rima: 단테가 신곡에 사용한 시 형식으로 영시에는 별로 사용되지 않았지만 각운의 형식이 aba bcb cdc 등과 같이 앞 연 가운데 행의 각운이 다음 연의 첫 행과 둘째 행의 운을 이룬다.

83) Bumby: 어니스트 헤밍웨이와 그의 첫 부인 해들리 리처드슨 사이에 태어난 첫아들 존 헤밍웨이(John Jack Hadley Nicanor Hemingway, 1923~2000)의 어린 시절 애칭이다. 성인이 된 그는 아버지의 유고를 출간하며 미국에서 작가로 활동하면서 환경보호 활동에도 관심을 쏟았다. 평생 플라이 낚시를 즐겼던 그는 자서전 《플라이낚시꾼의 불운: 아빠와 함께한 나의 삶과 아빠가 없는 나의 삶(Misadventures of a Fly Fisherman: My Life with and without PaPa)》을 남겼다.

84) 내려올 때에는 그 물개 가죽을 떼어 내고 스키를 타고 내려온다고 한다.

85) 빙하 스키어들은 대부분 배낭을 메고 있다. 배낭에는 60cm 피켈이 달려 있고 허리에는 안전벨트를 차고 있다. 안전벨트에는 아이스 스크류, 자동제동장치, 슬링 등이 걸려 있고 배낭에는 크램폰, 자일, 물, 간단한 음식 등이 들어 있다. 모두 크레바스(crevasse, 빙하의 균열)에 빠졌을 때를 대비한 장비이다. 겨울철에는 빙하 스키장에는 대부분 로프를 설치해 놓는다.

86) Enzian Schnapps: 고지대 풀밭에서 나는 용담과의 여러해살이풀로 대표적인 허브의 하나이며, 독일어 이름은 엔치안, 영어 이름은 젠시안(Gentian)이다. 슈냅스는 원래 네덜란드의 진을 의미하나 일반적으로 독한 술을 뜻한다.

87) Hans Sachs, 1494~1576: 독일의 계몽시인이자 극작가. 평생을 본업인 제화업에 종사하면서도 시인으로서 6,170편의 작품을 썼다. 대부분은 종교시로 루터 복음파를 지지했고 계몽시인으로서 비속하고 외설스러운 민간문학을 정화하여 시민의 교양과 도의를 앙양하는 데 힘썼다. 대표작으로 시 〈비텐베르크의 나이팅게일(Die Wittenbergisch Nachtigall)〉과 사육제극 〈낙원의 구두장이(Das heissEisen)〉 등이 있다. 1976년 당시 서독에서는 그의 서거 400주년을 기하여 그의 작품의 장면들을 묘사한 우표를 발행했다.

88) Battle of Jutland: 독일 제국과 영국의 함대가 1916년 5월 31일과 6월 1일 이틀 동안 덴마크 유틀란트 부근의 북해에서 벌인 해전이다. 이 전투는 제1차 세계대전 기간에 일어난 가장 큰 해전이었고 전함 간의 유일한 전면전이었다. 셰어(Reinhard Scheer) 부제독이 독일 해군의 외양 함대를, 그리고 존 제리코(Sir John Jellicoe) 함장이 영국 해군의 대함대를 지휘했다. 전투가 끝나자 양쪽이 모두 승리를 선언했으나, 영국 해군은 더 많은 사상자를 내어 언론의 비난을 받았고, 독일 해군은 이후 잠수함을 이용한 무제한 공격에 관심을 기울였다.

89) 푸른색과 붉은색 줄무늬의 근위병 스타일 넥타이를 맨 스콧의 복장은 사회적으로 적절하지 못한 취향으로 상대방을 당황시키는 예(faux pas)의 하나로 인용되기도 한다. 이 넥타이는 당시 영국의 황태자가 즐겨 매고 다녔는데, 당시 미국인이 영국인 앞에서 영국의 근위병 스타일 넥타이를 매고 있는 것은 조롱의 대상이 될 수도 있었다.

90) George Horace Lorimer, 1867~1937: 미국의 저널리스트・작가. 《새터데이 이브닝 포스트(Saturday Evening Post)》 편집자로 가장 잘 알려졌으며 그 잡지를 발행하는 커티스 출판사 대표이기도 했다.

91) William Maxwell Evarts Perkins, 1884~1947: 미국의 대형 출판사 스크리브너의 명 편집자로서 헤밍웨이, 피츠제럴드 등의 작품을 편집・출간한 것으로 유명하다.

92) Gilbert Seldes, 1893~1970: 미국의 작가이자 문화평론가. 《다이얼(The Dial)》의 편집자이며 드라마 평론가로도 잘 알려졌다.

93) Place Charles de Gaulle Etoile: 개선문이 서 있는 파리의 샤를르 드골 에투알 광장.

94) Camille Claudel, 1864~1943: 프랑스의 걸출한 조각가 로댕의 제자이자 연인이자 그의 예술에 영감을 불어넣은 뮤즈. 조각가로서 홀로서기를 원했던 그녀는 결국 로댕이라는 거대한 그림자를 벗어나지 못하고 생의 마지막 30년을 정신병원에서 보내는 비운의 삶을 살았다. 프랑스의 시인이자 외교관인 폴

클로델의 누나이다.

95) whisky sour: 위스키에 레몬 또는 라임 주스를 혼합한 것.

96) poularde de Bresse: 동프랑스 브레스 지방에서 나는 영계로 만든 매운 닭고기 요리. 이 지방의 닭은 연하고 부드러운 맛으로 유명하다.

97) Côte d'Or: 파리에서 남동쪽으로 약 430킬로미터 떨어진 부르고뉴의 중심부.

98) Michael Arlen, 1895~1956: 불가리아 태생의 영국 소설가. 본명이 디크란 쿠윰잔(Dikran Kouyoumdjian)인 그는 여러 단편과 장편소설을 통해 제1차 세계대전 후 런던 사회를 지배하는 덧없는 화려함과 그 저변에 깔린 냉소주의와 환멸을 압축적으로 표현했다. 대표작으로 《녹색 모자(The Green Hat)》,《날아다니는 네덜란드인(The Flying Dutchman)》,《마의 산(The Magic Mountain)》 등이 있다.

99) 전통적으로 노동자 계층이 사는 지역.

100) Lady Diana Manners, 1892~1986: 영국의 여배우이자 사교계의 명사. 레이디 다이애나 쿠퍼로 더 널리 알려졌다.

101) Côte d'Azur: 지중해에 면한 프랑스 남동부의 해안. 툴롱에서부터 이탈리아 국경 근처 망통까지 이어지는 해안을 말한다. 그 해안 도시 중 하나인 칸에서는 세계 각국의 영화 관계자들이 모이는 칸 영화제를 매년 개최한다.

102) Al Jolson, 1886~1950: 미국의 팝 가수이자 만능 엔터테이너. 유대계 이민의 아들로 워싱턴에서 태어나 1911년 뉴욕에서 뮤지컬 가수로 활약했고 1927년 최초의 토키 영화 〈재즈싱어(The Jazz Singer)〉에서 주연을 맡아 톱스타의 자리를 굳혔다. 현대 팝의 선구적 가수로 평가되고 있다.

103) Pauline Marie Pfeiffer, 1895~1951: 헤밍웨이의 두 번째 부인. 저널리즘을 공부하고 《배니티 페어(Vanity Fair)》,《보그(Vogue)》와 같은 패션 잡지사에서 일하다가 파리 출장 중에 헤밍웨이와 그의 첫 부인 해들리 리처드슨을 만나게 되었다. 해들리가 폴린과 헤밍웨이의 관계를 눈치챈 것은 1926년 봄이었고, 그해 7월에 폴린이 해들리와 헤밍웨이의 여행에 따라갔고, 여행에서 돌아온 후 해들리가 정식으로 이혼을 요구하여 1927년 1월에 이혼이 성립되었다. 같은 해 5월 헤밍웨이는 폴린과 재혼했고 그해 말 임신한 폴린과 함께 미국으로 돌아갔다. 재력가의 딸인 폴린 덕분에 경제적으로 안정된 상태에서 창작에 전념할 수 있었다. 헤밍웨이는 휴양지로 유명한 미국의 마이애미 주 키웨스트에서 12년간 살면서 《무기여 잘 있거라(A Farewell to Arms)》,《오후의 죽음(Death in the Afternoon)》 등의 작품을 발표했다.

104) Karen Blixen, 1885~1962: 미국과 영국에서 '아이작 디네센Isak Dinesen'이라는 필명으로 알려진 덴마크의 여류 소설가. 그녀는 덴마크의 명문 디네센 가문 출신으로 사촌 오빠인 블릭센 남작과 결혼하여 오랫동안 아프리카 케냐에서 커피 농장을 경영하기도 했다. 20세기를 대표하는 뛰어난 작가의 한 사람으로 꼽히면서 헤밍웨이와 카뮈와 경쟁했으며, 몇 차례 노벨 문학상의 유력한 후보가 되기도 했다. 대표작으로 《아웃 오브 아프리카(Out of Africa)》가 언급되었으며 영화로도 제작되어 유명해졌다. 그 밖의 작품으로 《바베트의 만찬(Barbette's Feast)》이 있다.

105) 에티오피아의 별칭.

106) Sir Samuel White Baker, 1882~1893: 영국의 탐험가. 1861년과 1861년에 에티오피아의 나일 강 유역을 탐험하고 계속 남쪽으로 내려가면서 탐험을 계속하여 나일 강의 발원지인 앨버트 호를 발견했다.

2부. 파리 스케치

1. 새로운 유파의 탄생

겉장이 파란 공책 한 권, 연필 두 자루와 연필깎이, (주머니칼은 너무 비효율적이다) 대리석 상판 테이블, 코끝을 간질이는 커피 향, 이른 아침 카페 안팎을 쓸고 닦는 세제 냄새, 그리고 행운. 이것이 내게 필요한 전부였다. 나는 마로니에 열매와 토끼발을 행운의 부적으로 삼고 늘 오른쪽 주머니에 넣고 다녔다. 토끼발의 털은 이미 오래전에 다 빠졌고 뼈와 힘줄은 닳아서 반질거렸다. 발톱은 주머니 안감에 자꾸 거치적거리면서 행운이 아직 거기 있음을 상기시켜 주었다.

어떤 날은 글이 아주 잘 써져서 나는 마치 울창한 나무 사이를 걸어 숲속 빈터를 지나 고지대로 올라가 호수 저편에 있는 언덕을 직접 눈으로 내려다보는 것처럼 전원 풍경을 실감 나게 묘사할 수 있었다. 그런 날 서둘러 연필을 깎다 보면 원뿔 모양의 연필깎이 날에 걸려서 연필심이 부러지기도 했다. 그럴 때면 펜나이프의 작은 날로 부러진 연필심 조각을 끄집어내거나 조심스럽게 연필심을 뾰족하게 깎아 다듬은 다음, 다시 글 속으로 들어가 한쪽 팔로 땀에 절어 소금기로 얼룩진 배낭의 가죽끈을 쥐고, 다른 팔로 배낭의 무게가 등에 골고루 분산되게 조절하면서 모카신 밑에 밟히는 솔잎을 느끼며 호수 쪽으로 내려갔다.

그러던 중 느닷없이 누군가가 내게 말을 걸었다. "안녕, 헴! 자네 거기서 뭘 하고 있나? 카페에서 글을 쓰는 거야?"

내 행운은 이제 효력이 다했고, 나는 공책을 덮었다. 최악의 상황이었다. 성질을 부리지 않고 참을 수 있다면 참 좋겠지만, 나는 인내심이 부족한 성격이어서 이렇게 대꾸했다. "망할 자식! 자네 구역도 아닌데 여기서 무슨 수작을 부리는 거야?"

"아무리 괴짜처럼 굴고 싶어도 내게 욕은 하지 마."

"웬만하면 그 지저분한 입 가지고 딴 데 가서 놀지 그래?"

"이 카페에는 누구나 들어올 권리가 있어. 자네처럼 나도 여기 있을 권리가 있다고."

"웬일로 자네가 늘 들락거리는 프티트 쇼미에르Petite Chaumière에 가지 않고 여기서 알짱대는 거야?"

"젠장, 자네! 너무 모나게 굴지 말라고."

나는 이 불청객이 어쩌다 우연히 이 카페에 들어왔을 뿐, 계속 이리로 쳐들어올 생각은 아니기를 바라며 내 물건을 챙겨 자리를 뜰 수도 있었다. 물론, 글을 쓰기에 좋은 다른 카페도 있었지만, 거리도 멀뿐더러 무엇보다도 이 카페는 나의 '홈카페'였다. 라클로즈리 데릴라에서 밀려난다는 것은 절대로 기분 좋은 일이 아니었다. 선택은 맞서 싸우느냐, 밀려나느냐, 두 가지뿐이었다. 나가는 편이 더 현명한 선택인 것 같았지만, 나는 치밀어 오르는 화를 참을 수 없어서 이렇게 쏘아붙였다.

"이봐, 자네같이 비열한 작자가 갈 데는 수두룩하지 않아? 왜 여기 와서 이 품위 있는 카페의 물을 흐리나?"

"난 그저 한잔하러 온 것뿐이야. 그게 뭐 잘못된 건가?"

"여기가 우리 집이었다면, 자네한테 한 잔 주고 나서 바로 그 잔을 깨뜨려 버렸을 거야."

"우리 집이라니? 그게 어딘데? 아주 대단한 집에서 사는 모양이지?"

그는 내 바로 옆 테이블에 자리를 잡고 앉았다. 그는 키가 크고 뚱뚱하고 안경을 낀 친구였다. 그는 맥주를 주문했다. 나는 그에게 신경을 끊고 글을 쓸 수 있는지 한번 시험해 보기로 했다. 그래서 그를 무시하고 두 문장을 썼다.

"난 그저 자네에게 말을 걸었을 뿐이야."

나는 계속해서 한 문장을 더 썼다. 글이 잘 써지고 글쓰기에 몰두할 때에는 여간해서 방해를 받지 않는다.

"자네는 마치 아무도 감히 자네에게 말을 붙이지 못할 정도로 아주 위대한 인물이라도 된 것처럼 구는군."

나는 단락을 마무리하는 문장 한 줄을 더 쓴 다음, 그 단락 전체를 다시 읽어 보았다. 내용이 괜찮았다. 나는 다음 단락의 첫 문장을 썼다.

"자넨 다른 사람들이나 그들이 겪는 어려움에 대해 생각해 본 적이 한 번도 없는 것 같아."

나는 평생 다른 사람들이 늘어놓는 불평을 들어 왔다. 나는 잡음 속에서도 내가 계속 글을 쓸 수 있다고 생각했고, 이 잡음은 다른 것보다 특별히 더 나쁠 것도 없었으며, 특히 에즈라가 연주하는 바순 소리보다는 나았다.

"가령 자네가 작가가 되고 싶고, 온몸으로 그걸 느끼고 있는데 마음대로 되지 않는다고 생각해 보게."

나는 계속 글을 썼다. 제법 잘 써지고, 좋은 기운이 다시 찾아오는 듯한 느낌이 들었다.

"가령 그런 욕망이 저항할 수 없는 격류처럼 밀려왔는데 자네는 아무 말도 못 하고 침묵에 빠져 있다고, 한번 상상해 보게."

그가 아무 말도 안 하고 조용히 있는 것보다는 차라리 시끄러운 편이 낫다고 생각하며 나는 계속 글을 썼다. 그는 이제 거의 고함을 지르다시피 했지만, 그의 고함은 제재소에서 나무판자에 대패질하는 소리처럼 내 마음을 진정시키는 효과가 있었다.

"우리는 그리스에 갔었네." 그의 말이 뒤늦게 내 귀에 들렸다. 나는 꽤 오랫동안 그의 말을 소음으로 여기며 듣지 않고 있었던 것이다. 이제 예정된 작업량을 넘겼으므로 이쯤에서 글쓰기를 멈추고 내일 계속해도 상관없었다.

"자넨 허풍을 떠는 건가, 아니면 정말 그곳에 갔었다는 건가?"

"치사하게 굴지 마." 그가 말했다. "그다음 이야기가 듣고 싶은 거지?"

"아니." 내가 말했다. 나는 공책을 덮어 주머니에 넣었다.

"그 이야기가 왜 나왔는지 궁금하지 않나?"

"아니."

"자넨 다른 사람의 삶이나 괴로움에 전혀 관심이 없나?"

"자네에 관한 것이라면."

"자넨 나쁜 놈이야."

"그래, 맞아."

"헴, 난 자네가 날 도와줄 수 있으리라고 생각했어."

"권총으로 쏴달라면 기꺼이 도와줄 수 있지."

"그렇게 해줄 텐가?"

"아니, 그건 법으로 금지되어 있잖아."

"난 자네를 위해 무슨 일이든 할 수 있어."

"정말인가?"

"물론, 정말이고말고."

"그렇다면 이 카페에 다시는 오지 마. 그것부터 좀 해주게나."

내가 자리에서 일어서자 웨이터가 다가왔고 나는 셈을 치렀다.

"내가 제재소까지 자네하고 함께 걸어가도 되겠나, 헴?"

"안 돼."

"그럼, 다음에 또 보자고."

"여기서는 말고."

"자네 말대로 하겠네." 그가 말했다. "약속하지."[1]

"난 글을 써야 하거든."

"나도 글을 써야 해."

"자네에게 글을 쓸 능력이 없다면 글을 쓰지 마. 왜 글이 안 써진다고 징징대고 있나? 미국으로 돌아가. 가서 다른 일자리를 구해봐. 목을 매달든가. 글 쓰겠다는 말만은 하지 마. 자네는 결코 글을 쓸 수 없을 테니까."

"왜 내게 그런 말을 하는 거지?"

"자네는 마음 깊은 곳에서 나오는 소리에 귀 기울여본 적이 있나?"

"글쎄, 내 마음의 소리가 바로 글을 쓰라는 거라니까."

"그렇다면 할 말이 없네."

"자네 정말 잔인하군." 그가 말했다. "다들 자네가 잔인하고 인정머리 없고 잘난 척한다고 말하더군. 그래도 난 자네를 늘 두둔했지. 이제는 그러지 않을 걸세."

"맘대로 하게."

"자네는 같은 인간에게 어쩌면 이리도 잔인하게 굴 수 있나?"

"나도 모르겠어." 내가 말했다. "이봐, 자네가 글을 쓸 수 없다면 평론을 해보는 게 어때?"

"내가 그래야 한다고 생각하나?"

"그게 좋을 것 같은데?" 내가 그에게 말했다. "그러면 언제나 글을 쓸 수 있잖나. 작가가 되지 못할까 봐 걱정할 필요도 없고, 아무 말도 못 하고 침묵에 빠질까 봐 걱정하지 않아도 되잖아. 자네 평론을 읽은 사람들이 경의를 표할 테고."

"내가 좋은 평론가가 될 수 있을까?"

"좋을지 아닐지는 모르지만, 어쨌든 평론가가 될 수 있겠지. 언제나 자네 편을 들어 주는 패거리가 있고, 또 자네도 그들을 도와줄 수 있을 테니까."

"자네가 말하는 내 패거리가 도대체 누군가?"

"자네와 늘 어울려 다니는 그 사람들 말일세."

"아, 그 사람들? 그들에겐 이미 평론가가 있어."

"꼭 문학평론을 고집할 필요는 없겠지." 내가 말했다. "그림도 있고, 연극도 있고, 발레도 있고…."

"자넨 대단히 흥미로운 말을 하는군, 헴." 그가 내 말을 끊었다. "정말 고맙네. 정말 흥분되는군. 창조적이기도 하고."

"어쩌면 창조라는 게 지나치게 과대평가되어 있는지도 모르지. 어쨌든 신은 엿새 만에 세상을 창조하고 7일째는 휴식했잖나."

"물론, 누구도 창조적인 글을 쓰려는 나를 막을 수는 없지."

"그렇겠지. 평론을 쓰면서 자네가 스스로 너무 높은 기준을 설정하지만 않는다면."

"그 기준은 높이 설정될 걸세. 그건 믿어도 돼."

"그렇겠지."

그는 실제로 평론가라도 된 것 같은 표정을 지었고, 내가 한잔하지 않겠느냐고 묻자, 의젓하게 내 제안을 받아들였다.

"헴, 내 생각에 자네 작품은 조금 삭막한 것 같아." 그가 말했다. 나는 그가 마음속으로는 벌써 평론가가 되었음을 깨달았다. 평론가들은 말을 하고 나서 상대방의 이름을 부르는 것이 아니라, 먼저 이름을 불러 놓고 말을 시작하는 버릇이 있었다.

"어쩔 수 없지." 내가 말했다.

"헴, 자네 글은 너무 꾸밈이 없고, 너무 무미건조하다고."

"그것참, 안됐군."

"헴, 자네 글은 너무 삭막하고 너무 꾸밈이 없어서 뼈와 근육만 앙상하게 남은 것 같다니까."

나는 죄라도 진 사람처럼 슬그머니 주머니 속에 들어 있는 토끼발을 어루만졌다.

"그럼, 글에 살을 조금 붙여 보도록 하지."

"그렇다고 지나치게 살을 붙이라는 건 아니야. 명심하라고."

"해럴드, 최대한 조심하겠네." 내가 평론가 말투를 흉내 내며 말했다.

"자네와 이렇게 의견이 일치해서 기쁘군." 그가 으스대며 말했다.

"내가 글을 쓰는 동안은 여기 오면 안 된다는 건 기억하고 있겠지?"

"물론이지, 헴. 물론이야. 나도 이제 내 카페를 가질 거야."

"자넨 정말 친절한 사람이군."

"그러려고 노력하고 있지." 그가 말했다.

그 젊은 친구가 유명한 평론가가 되었더라면 흥미롭고 유익한 일이었을 테지만, 한동안 내가 그런 기대를 걸었음에도 그는 결국 평론가가 되지 못했다.

　나는 그가 다시 나타나리라고는 예측하지 못했다. 라클로즈리 데릴라는 그가 자주 들락거리는 장소가 아니었고, 그날은 아마도 우연히 지나가다가 거기서 글을 쓰고 있는 내 모습이 눈에 띄어 안으로 들어왔을 것이다. 어쩌면 전화를 걸려고 들어왔을지도 모른다. 나는 글쓰기에 몰두하고 있었기에 그것을 알아차리지 못했을 것이다. 하지만 그 불쌍한 녀석에게 상냥하고 예의 바르게 대해 주었더라면 상황은 더 나빠졌을 것이다. 어쨌든, 그를 두들겨 패서라도 그곳을 지켜야 했을 테니까. 내 홈카페에서 그를 두들겨 패서, 그 소문을 들은 다른 녀석들이 현장을 구경하러 우르르 몰려오게 할 수는 없었다. 조만간 어쩔 수 없이 그렇게 해야 할지는 모르지만, 그때는 그 녀석의 턱을 부숴 놓지 않도록 조심해야 했다. 아니, 턱은 어떻게 되든 상관없었다. 그러나 정말 조심해야 할 것은 그의 머리가 땅바닥에 부딪히는 사고였다. 나는 늘 그 점을 명심하고 있었다. 아니, 아예 그 녀석을 가까이하지 말아야겠다고 생각했다. 남을 혼내겠다는 생각은 아예 하지도 말아야지. 그가 옆에 있어도 글은 잘 써지지 않았던가. 그는 내게 아무런 해가 되지 않았다. 그 녀석이나 그의 패거리와 마주치게 되면 꺼지라고 말하면 되겠지. 늘 그랬듯이 나는 이번에도 그에게 아주 쌀쌀맞게 굴었다. 하지만 달리 어떻게 할 수 있었겠는가?

　만약, 나를 아는 사람도 없고 글을 쓰기에 더 좋은 카페를 찾지 못한 상태로 거기서 작업하다가 방해를 받았다면, 그것은 당연히 내 잘못이었을 것이다. 그러나 라클로즈리 데릴라는 글쓰기에 더없이 좋고 편리해서 다른 사람들의 방해를 감수하면서라도 그곳을 고수할 가치가 충분히 있었다. 그렇기는 하지만 글 쓰는 작업을 마치고도 뭔가 찜찜한 것보다는 기분이 개운한 편이 나았다. 당연했다. 그리고 폭력을 쓰지 말아야 했다. 그것도 당연했다. 하지만 정말 중요한 것은 다음 날에도 무사히 작업할 수 있다는 사실이었다.

다음 날 아침이 되자 나는 일찌감치 일어나 젖병과 고무 젖꼭지를 끓여 소독한 다음, 우유를 타서 젖병에 넣어 범비에게 먹이고는 고양이 F. 푸스와 나만이 깨어 있을 뿐 아무도 깨기 전에 식탁에 앉아서 글을 썼다. 우리는 둘 다 조용했고 서로 방해하지 않는 좋은 동반자였으므로 다른 어느 때보다도 글이 잘 써졌다. 그 시절에는 정말 필요한 것이 아무것도 없었고, 심지어 토끼발마저도 필요하지 않았으나, 그것이 주머니 속에 들어 있다는 것이 느껴질 때마다 마음이 놓였다.

2. 에즈라 파운드와 그의 '벨 에스프리'

내가 아는 작가 중에서 에즈라 파운드는 가장 너그럽고 사심 없는 사람이었다. 그는 시인, 화가, 조각가, 작가를 가리지 않고 자신이 신뢰하는 모든 이에게 늘 실질적인 도움을 주었고, 누구든 곤경에 빠졌으면 그를 신뢰하든 하지 않든 상관없이 도와주려 했다. 에즈라는 모든 사람을 걱정했지만, 내가 그와 알고 지낼 무렵 그가 특히 염려했던 사람은 T. S. 엘리엇[2]이었다. 그는 런던에 있는 은행에서 근무하는 엘리엇에게 시인으로 활동할 시간이 턱없이 부족할 거라고 늘 말하곤 했다. 에즈라는 당시 예술가들의 좋은 후원자였던 부유한 미국 여성 나탈리 바니 여사[3]와 함께 '벨 에스프리Bel Esprit'라는 모임을 만들었다. 나보다 훨씬 전에 활동했던 시인, 레미 드 구르몽[4]과도 친구였다는 바니 여사는 자기 집에서 정기적으로 살롱을 열었는데, 그 집 정원에는 작은 그리스 신전 모형이 있었다. 그 시절에는 부유한 프랑스 여성이나 미국 여성이 자신의 이름으로 살롱을 열어 사교계 인사들이 출입했다. 그러나 나는 그런 살롱이 나와 어울리지 않는다는 것을 일찌감치 알고 있었다. 어쨌든, 정원에 그리스 신전이 있는 저택을 소유한 사람은 바니 여사뿐이었다.

에즈라는 내게 벨 에스프리의 팸플릿을 보여 주었다. 거기에는 바니 여사의 허락을 받아 촬영한 그녀의 작은 그리스 신전 사진이 들어 있었다. 벨 에스프리의 목적은 엘리엇이 은행을 그만두고 시에만 전념할 수 있게 우리 각자의 수입에서 일부를 갹출하여 기금을 만드는 데 있었다. 내 생각에도 그것은 좋은 아이디어였고, 에즈라는 일단 엘리엇이 은행에서 나오면 우리도 이 일에서 손을 떼게 할 생각이었다.

나는 에즈라가 열렬히 신봉하는 이론을 펼쳤던 경제학자 더글러스 소령[5]과 혼동하는 체하며 엘리엇을 짐짓 '엘리엇 소령'이라고 불러서 의도적으로 약간의 혼란을 일으키곤 했다. 그러나 에즈라는 내 마음이 진실하다는 것을 알고 있었고, 내게 말 그대로 벨 에스프리(아름다운 영혼)가 있다는 것도 잘 알고 있었다. 비록 내가 엘리엇 소령을 은행에서 나오게 하기 위한 모금에 동참하라고 내 친구들을 설득할 때 그중 어떤 친구가 소령이 도대체 은행에서 무얼 하고 있느냐고 묻거나, 군대에서 쫓겨난 소령이라면 연금이나 퇴직금은 받았을 것 아니냐고 반문하면 다소 불쾌감을 느꼈지만 말이다. 그럴 때 나는 친구들에게 그런 문제는 전혀 중요하지 않다며 이렇게 말하곤 했다.

"자네에게 벨 에스프리가 있을 수도 있고, 그렇지 않을 수도 있네. 만약 자네 영혼이 아름답다면 소령을 은행에서 나오게 하려는 모금에 동참하겠지. 그렇지 않다고 해도, 그건 어쩔 수 없는 일이야. 그런데 저 친구들은 작은 그리스 신전의 의미를 이해하지 못하는 걸까? 내 생각에도 그런 것 같네. 하는 수 없지, 맥. 자네 돈이나 잘 지키게. 우리는 그 돈에 손대지 않을 테니."

벨 에스프리 회원으로서 나는 대단히 적극적인 모금 활동을 펼쳤으며, 그즈음 나의 가장 행복한 꿈은 자유의 몸이 된 소령을 은행 밖에서 만나는 것이었다. 벨 에스프리가 나중에 어떻게 해체되었는지는 정확히 기억나지 않지만, 그 소령에게 다이얼 상을 안겨준《황무지》출판과 관련이 있었던 것 같다. 그 시기에 귀족 작위가 있는 어떤 부인이 엘리엇에게 문화평론지《크라이티어리언》[6]을 맡기면서 재정 지원을 했으므로 에즈라도 나도 더는 그에 대해 걱정할 필요가 없어졌다. 그러나 바니 여사의 작은 그리스 신전은 여전히 그녀의 집 정원에 남아 있었을 것이다. 나는 엘리엇이 그 신전에 수시로 드나들고 내가 에즈라와 함께 그곳에서 그의 머리에 월계관을 씌워 주는 장면을 꿈꾸곤 했으므로, 우리가 벨 에스프리의 기금만으로 그를 은행에서 해방하지 못한 것을 늘 아쉬워했다. 나는 어디에 가면 좋은 월계수를 구할 수 있는지 알고 있었기에 그가 외롭다고 느낀다든가, 혹은 《황무지》같은 새로운 명작의 원고를 끝냈을 때 그에게 월계관을 씌워줄 수 있으리라 생각했다.

전에도 그런 일이 자주 일어났듯이 그 모든 것이 내게는 도덕적으로 좋지 않은 결과를 낳았다. 내가 그 소령을 은행에서 벗어나게 할 기금에 보탤 생각으로 따로 떼어 놓았던 돈을 들고 엥기엥 경마장으로 가서 흥분제를 투여한 말에 걸었기 때문이었다. 그 말들은 딱 한 번의 경주를 제외하고 이틀 연속, 흥분제를 투여하지 않았거나 조금 투여한 말들보다 훨씬 더 잘 뛰었다. 그 한 번의 예외는 지나치게 많은 흥분제가 투여된 말이 출발 신호가 울리기도 전에 기수를 떨어뜨리면서 혼자 튀어 나가 환상적인 기량과 속도로 장애물 경주 코스를 멋지게 완주한 경주였다. 결국, 그 말은 붙잡혀 와서 기수를 태우고 다시 경주를 시작해야 했는데, 프랑스 경마에서 쓰이는 표현을 빌리자면 '훌륭하게 뛰었지만, 등외로 들어와서' 상금은 없었다.

내가 그 경마에 걸었던 돈이 벨 에스프리 기금에 보태졌더라면 내 만족감은 더 컸을 것이다. 그러나 나는 그 경마에서 얻은 수익금으로 원래 계획했던 기부금보다 더 많은 액수를 벨 에스프리에 기부할 수도 있었으리라 생각하며 나 자신을 위로했다. 그래도 나는 나중에 그 수익금을 에스파냐 여행에 썼으므로 결국 결과는 괜찮았던 셈이다.

3. 일인칭 글쓰기에 관하여

작가가 일인칭으로 쓴 단편의 내용이 대단히 그럴싸하여 사실처럼 보일 때 독자는 그런 사건이 실제로 작가에게 일어났던 것으로 착각하기 쉽다. 작가는 작품에서 전개되는 사건이 화자에게 직접 일어난 것처럼 기술하게 마련이므로 어찌 보면 그것은 지극히 당연한 현상이다. 만약 그렇게 하는 데 성공한다면, 작가는 그 사건이 독자 자신에게 일어난 것처럼 여기게 할 수도 있다. 그럴 때 작가는 독자의 경험과 기억의 한 부분이 되는 글을 쓰려 했던 소기의 목적을 달성한 셈이다. 독자는 자신도 모르게 작가의 기억과 경험 속으로 빨려 들어가 자기가 읽은 단편이나 장편이 자기 삶의 일부가 되지만, 그것이 작가의 숨은 의도임을 미처 깨닫지 못한다. 사실, 독자가 그런 사실을 깨닫기는 쉽지 않다.

쉬운 일은 아니겠지만, '사립탐정 파'에 속하는 문학평론가들이라면 아무리 일인칭 소설을 쓴 작가라 해도 화자에게 일어나는 사건이 모두 작가의 체험에 근거한 것일 수 없으며, 그중 일부조차도 체험에만 바탕을 두지 않았음을 증명할 수 있을 것이다. 그러나 나는 그것이 도대체 무슨 의미가 있으며, 작가에게 상상력이나 독창성이 있다는 사실 외에 무엇을 증명하는지 모르겠다.

파리에서 보낸 풋내기 작가 시절에 나는 나 자신의 경험뿐 아니라 내 친구들과 내가 알거나 만났던, 작가가 아닌 모든 지인의 경험과 지식을 내가 쓰는 글에 활용했던 것으로 기억한다. 나와 절친한 친구들이 작가가 아니었다는 것, 그리고 표현력이 뛰어난 총명한 사람들을 많이 알고 있었다는 것은 행운이었다. 전쟁 때 배치되었던 이탈리아에서 내가 직접 눈으로 보았거나 실제로 내게 일어났던 사건이 한 가지라면, 전쟁의 여러 단계에 참여했던 다른 사람들에게 일어난 사건은 수백 가지였다. 나는 그 모든 것을 들어서 알고 있었다. 내가 직접 겪은 사건의 작은 경험은 내가 들어서 알게 된 그 많은 이야기가 진실인지 거짓인지를 판별하는 시금석 역할을 했고, 내가 직접 부상당했던 경험 역시 판단의 기준으로 작용했다. 전쟁이 끝나고 나서 나는 밀라노의 병원에 입원해 있을 때 만났던 이탈리아인 친구와 함께 시카고 19구역과 이탈리아인들이 모여 사는 구역에서 지냈다. 당시 그는 전쟁 중에 여러 차례 중상을 입은 젊은 장교였다. 그는 시애틀에 있다가 가족을 만나러 잠시 이탈리아로 갔는데, 그때 이탈리아가 전쟁에 휘말리는 바람에 군에 지원했던 것으로 기억한다. 우리는 아주 좋은 친구였고, 그는 훌륭한 이야기꾼이었다.

이탈리아에서 전쟁에 참여했을 때에도 나는 영국 육군과 의무대에 소속되었던 많은 병사와 친하게 지냈다. 나중에 내가 글로 쓴 것 중에서 많은 소재가 그들에게서 들은 이야기에서 비롯했다. 나는 여러 해 동안 한 젊은 영국인 직업군인과 친하게 지냈는데 그는 1914년에 샌드허스트[7]를 졸업하고 장교로 임관하자마자, 곧바로 벨기에 몽스로 전출되었으며 1918년에 전쟁이 끝날 때까지 거기서 복무했다.

4. 은밀한 즐거움

내가 신문사 특파원으로 유럽 여러 지역에 출장을 다니려면 남이 보기에 부끄럽지 않을 정도의 정장 한 벌, 신사화 한 켤레 정도는 있어야 했고, 이발소에도 자주 가야 했다. 그러나 그런 것들은 글 쓰는 데 방해가 되었다. 왜냐면 그런 것들 때문에 내 구역인 센 강의 좌안[8]을 떠나 사람들을 만나러 강의 우안[9]으로 가거나, 경마장에 가거나, 혹은 내 경제 수준으로 감당할 수 없어서 나중에 나를 곤경에 처하게 할 여러 가지 유혹에 넘어갈 수 있었기 때문이었다. 나는 센 강의 우안에서 돈을 탕진하거나, 최소한 위장병을 일으킬 유흥에 빠지지 않는 가장 좋은 방법은 머리를 깎지 않는 것임을 깨달았다. 에즈라와 가깝게 지내는 일본인 귀족 화가들과 같은 머리 모양으로는 센 강 우안으로 갈 수 없었다. 그것은 나를 센 강 좌안에 묶어 두어 글쓰기에 집중하게 하는 이상적인 방법이었다. 내가 머리를 그 정도로 길게 기를 만큼 오랫동안 특파원 일에서 벗어날 수는 없었지만, 두 달이면 마치 미국의 남북전쟁에서 간신히 살아 돌아온 사람처럼 행색이 꼴불견이 되었다. 그리고 석 달이 지나면 센 강 우안에 사는 친구들이 역겨워할 만큼, 에즈라의 일본인 친구들 머리 모양을 한번 시도해볼 정도가 되었다. 솔직히 말해 역겹게 보이려면 머리카락이 얼마나 길어야 하는지는 정확히 모르겠지만, 넉 달쯤 기르면 충분히 역겨운 모습이 될 것 같았다. 나는 센 강 우안 사람들에게 역겹게 보이는 것이 재미있었으며, 그것은 아내도 마찬가지였다.

나와 안면이 있는 외국 특파원들이 소위 '슬럼가'로 여기는 구역을 취재하다가 나와 마주칠 때가 있었다. 언젠가 그중 하나가 나를 조용한 곳으로 데려가더니 나를 위해 하는 말이라며 진지한 표정으로 이렇게 조언했다.

"자제력을 잃어서는 안 되네, 헴. 물론, 내가 상관할 바는 아니지만. 자네가 이런 식으로 슬럼가 원주민처럼 행동해서야 쓰겠나. 제발 정신 좀 차리고 최소한 이발이라도 하고 다니게."

그러다가 본사에서 어느 회의에 참석하라거나, 독일이나 근동 지역으로 출장을 가라는 지시가 떨어지면 나는 머리를 깎고 단벌 정장을 챙겨 입고 영국제 구두를 신어야 했다. 그런 차림으로 전에 내게 충고했던 그 친구와 마주치면 그는 이렇게 말했다.

"오! 자네 오늘은 아주 근사해 보이는군. 그 황당한 집시 스타일은 이제 그만두었나? 저녁에 중요한 약속이라도 있어? 탁심Taxim's 근처에 아주 근사한 레스토랑이 있는데, 거긴 정말 특별하지."

남의 삶에 간섭하는 사람들은 늘 상대방을 위한다는 구실을 내세운다. 나는 그들이 원하는 것이 그들과 똑같이 행동하고, 일반적으로 인정된 기준에서 절대로 벗어나지 않는 것임을 깨닫자, 그들이 권하는 한심하고 판에 박힌 외판사원식 처세술을 무시하기로 작정했다. 우리가 느끼는 즐거움을 전혀 이해하지 못하는 그들에게 역겹게 보이는 것이 얼마나 재미있는 일인지 그들은 손톱만큼도 알지 못했고, 앞으로도 알지 못할 것이며, 알 수도 없었다. 사랑에 빠질 때의 기쁨과도 같은 우리의 즐거움은 수학 공식만큼이나 간단하면서도 신비스럽고 복잡한 것이어서 그것은 지상의 모든 행복을 의미할 수도 있었고 세상의 종말을 의미할 수도 있었다. 그것은 우리가 함부로 건드려서는 안 되는 종류의 행복이지만, 거의 모든 사람이 그것을 통제하려 든다. 나는 굶어 죽어도 좋다고 생각하고 특파원 일을 그만두었다. 그리고 아내와 나는 마치 미개인처럼 우리만의 규칙을 지키고 우리만의 관습과 기준과 비밀과 금기와 기쁨을 따르며 살기로 작정하고 캐나다에서 파리로 돌아왔다.[10] 파리에서 우리는 자유를 찾았고, 나는 이제 일 때문에 출장을 다니지 않아도 되었다.

"나는 이제 머리를 기를 거야." 따뜻한 라클로즈리 데릴라의 실내 테이블에 자리를 잡고 앉아 아내와 이야기를 나누다가 내가 불쑥 말했다.

"원치 않으면 머리를 자르지 않아도 되죠, 타티."

"토론토를 떠나기 전부터 이미 기르기 시작했는걸."

"멋지네요. 벌써 한 달이 지났잖아요."

"6주가 지났지."

"우리, 샹베리 카시스로 건배해요."

나는 음료를 주문하고 나서 다시 아내에게 말했다. "당신도 내 긴 머리를 좋아할 거지?"

"네. 끔찍한 것들에서 자유로워지는 거잖아요. 그런데 머리를 기르면 어떤 모습이 되는 거죠?"

"에즈라네 집에서 본 일본인 화가 세 명 기억나?"

"아, 그럼요. 타티, 그 사람들 멋있었어요. 하지만 그 정도로 기르려면 오래 걸리겠네요."

"그게 바로 내가 늘 원하던 모습이야."

"우리 한번 해보죠. 머리카락은 금세 자라잖아요."

"내일부터 그런 식으로 기르기 시작할 거야."

"그런 식이란 게 따로 없어요, 타티. 그냥 자연스럽게 길도록 내버려 두는 거죠. 짐작하겠지만, 아주 오래 걸릴 거예요. 너무 오래 기다려야 한다는 게 유감이죠."[11]

"이런, 젠장."

"당신 머리카락을 한번 만져 볼게요."

"내 머리카락을?"

"아주 잘 자라고 있어요. 당신은 이제 참을성만 기르면 돼요."

"알았어. 잊어버리고 지내지, 뭐."

"잊어버리고 있으면 머리카락이 더 빨리 자랄지도 몰라요. 당신이 일찌감치 그런 생각을 해서 난 정말 기뻐요."

"그래, 당신 말이 맞아."

우리는 마주 보고 웃었고, 잠시 후 아내가 비밀스러운 아이디어를 하나 생각해 냈다.

"타티, 뭔가 재미있는 생각이 났어요."

"뭔데?"

"이걸 말해도 좋을지 모르겠어요."

"말해봐. 어서."

"당신 머리 모양을 나랑 똑같이 하면 어떨까요?"

"하지만 당신 머리카락은 계속 자라잖아."

"아니요, 난 그냥 다듬기만 하면서 당신 머리카락이 길 때까지 기다리는 거죠. 그러면 우리 둘 다 멋진 모습이 되지 않겠어요?"

"그렇겠군."

"당신 머리가 자랄 때까지 내가 기다리면 우리는 똑같은 머리 모양이 될 거예요."

"얼마나 걸릴까?"

"똑같이 되려면 아마도 넉 달은 걸리겠죠."

"정말?"

"정말!"

"넉 달이나 기다려야 해?"

"아마 그렇겠죠."

그렇게 우리는 카페에 앉아서 은밀하게 이야기를 주고받았다.

"다른 사람들이 우릴 보고 미쳤다고 할 거야."

"그렇게 말하는 사람들이 불쌍하고 불행한 거죠." 아내가 말했다. "우리는 이렇게 재미있는데, 타티."

"그런데 정말 그렇게 해도 당신 괜찮겠어?"

"그럼요, 아주 좋아요." 그녀가 말했다. "하지만 우리는 꾹 참고 기다려야 해요. 정원의 화초를 기를 때처럼."

"나도 참을성을 기를 거야. 어쨌든 한번 해볼 거야."

"다른 사람들도 이렇게 단순한 일에 우리처럼 즐거워할까요?"

"이것이 그리 단순한 일은 아닐 거야."

"글쎄요, 머리가 저절로 자라는 것보다 더 단순한 일이 있을까요?"

"복잡하든 단순하든 상관없어. 어쨌든 나는 이렇게 하는 게 좋아."

"나도 그래요. 우리는 정말 운이 좋아요, 그렇죠? 당신을 도와주고 싶지만, 어떻게 해야 머리카락이 빨리 자라게 할 수 있을지, 방법을 모르겠어요."

"우리가 머리를 똑같은 길이로 반듯하게 자르면 어떨까? 그러고 나서 머리를 똑같이 기르기 시작하면 될 텐데."

"당신만 좋다면 당신 머리는 내가 자를게요. 이발사에게 가는 것보다 그게 더 간단할 거예요. 그런 다음에 머리카락이 자라서 등 뒤로 늘어질 때까지 기다려야 해요, 타티. 우리가 원하는 모양이 되려면 아주 오래 걸릴 거예요."

"젠장, 그렇게 오래 기다려야 하나?"

"우리가 할 수 있는 일이 있는지 생각해 볼게요. 어쨌든, 당신은 벌써 6주 동안이나 머리를 길렀잖아요. 그리고 오늘 밤 우리가 앉아 있는 이 카페에서도 머리카락은 자라겠죠?"

"분명히 그러겠지."

"뭔가 방법을 생각해 볼게요."

이틀날 아내가 미용실에 갔다가 집으로 돌아왔을 때 그녀의 머리는 귀밑 높이로 짧게 잘려 뺨에서 찰랑거리고 있었다. 그녀가 돌아서자 뒷머리는 스웨터의 목선에서 약 2.5센티미터 정도 올라가 있었다. 그녀의 붉은빛이 도는 황금색 머리는 새로 세발한 상태였다.

"뒤쪽에서 만져 봐요." 그녀가 말했다.

나는 두 팔로 그녀를 감싸 안고 스웨터를 통해 전해지는 그녀의 심장 박동을 느꼈다. 그리고 오른손으로 그녀의 매끈한 뒷목과 내 손가락 밑에서 풍성하게 흔들리는 머리카락을 만져 보았다.

"세게 털어 봐요." 그녀가 말했다.

"알았어." 내가 말했다.

그녀가 다시 말했다. "이제 힘을 줘서 쓸어내리면서 만져 봐요."

나는 손에서 비단결 같은 머리카락의 부피감을 느끼며 뭉툭하게 잘린 머리와 대조되어 더욱 가냘파 보이는 아내의 목을 내려다보다가 무슨 말인가를 은밀하게 속삭였다. 그녀가 대답했다. "나중에요."

"당신은…" 내가 말했다. "당신은 언제나 '나중에'라고 하더라."

나중에 우리가 이야기를 나눌 때 그녀는 이렇게 말했다. "난 아이디어를 내서 실행에 옮겼어요, 타티. 머리를 2.5센티미터나 잘라 냈다고요. 안 보여요? 모르겠어요? 당신은 2.5센티미터를 번 거예요. 거의 한 달을 번 셈이죠."

나는 아무 말도 할 수 없었다.

"일주일 후에 2.5센티미터를 더 자를 거예요. 그래도 보기 싫진 않겠죠. 당신은 내 머리가 짧아진 걸 알아차리지도 못했잖아요, 그렇죠?"

"몰랐어. 당신 머리 정말 멋져."

"내가 얼마나 똑똑한지 이제 알겠죠? 그렇게 되면 당신은 두 달을 버는 거예요. 오늘 오후에라도 머리를 자르러 갈 수 있지만, 다시 세발하러 갈 때까지 기다리는 편이 더 나을 것 같아요."

"지금 머리 모양도 멋있어."

"내가 당신 머리카락도 나처럼 똑바로 잘라 줄게요."

"꼭 그래야 해?"

"물론이죠, 타티. 그렇게 하기로 한 것 아니었나요?"

"뭐랄까, 좀 웃기는 머리 모양이 될 것 같은데?"

"우리끼리 우습게 보이진 않을 거예요. 아무튼, 남들이 볼 것도 아니잖아요, 안 그래요?"

"하긴, 볼 사람도 없지."

내가 목에 수건을 걸고 식탁 의자에 앉자, 그녀는 내 머리카락을 자기 머리와 똑같은 길이로 일직선으로 자르고 나서 모두 귀 뒤쪽으로 빗어 넘겨서 붙였다. 그리고 눈에서 귀의 위쪽 끝으로 이어지는 선을 따라 머리카락을 다시 한 번 다듬었다. 그런 다음 그녀가 말했다. "넉 달 정도 걸릴 줄 알았는데, 내 짐작이 틀렸어요, 타티. 좀 더 오래 걸릴 것 같아요."

"그럴까? 지난번에 토론토에서 이발하고 나서 한 달 넘게 옆머리나 윗머리는 자르지 못하게 했거든. 6주 전에 뒷머리만 조금 다듬은 게 전부야."

"어떻게 그런 걸 모두 기억할 수 있죠?"

"왜냐면 그때 우리가 캐나다를 떠나기로 한 다음 날이었거든. 그런 날은 감옥에서 나온 날을 잊지 못하듯이 분명히 기억하게 마련이야."

"그렇다면 벌써 가을이긴 하지만, 아직 늦진 않았어요. 이제 됐어요, 타티. 내가 이쪽 머리카락을 자른 이유는 나중에 자라서 내 머리처럼 앞으로 내려와야 하기 때문이에요. 이걸 좀 볼래요?" 그녀는 자기 머리카락을 모아 귀 뒤쪽으로 쓸어 올렸다가 앞쪽으로 떨어뜨렸다. "여기서부터 시작하는 거예요. 당신 이쪽 머리는 숱이 많고 이미 많이 자랐어요. 한 달 후에는 머리카락을 귀 뒤쪽으로 넘길 수 있을 거예요. 왜, 겁나요?"

"그런 것 같아."

"나도 조금 겁나요. 그래도 우리는 예정대로 할 거죠?"

"물론."

"당신이 좋다면 나도 좋아요."

"우리 둘 다 진심으로 원하는 거잖아, 그렇지?"

"그런가요?"

"그렇지."

"그럼, 예정대로 해요."

"확실해?" 내가 말했다.

"네."

"누가 뭐래도 마음을 바꾸지 않을 거지?"

"물론이죠."

"그럼, 우리는 어제부터 시작한 거야."

"당신은 이미 토론토에서 시작했어요."

"아니야. 이건 그것과 다르지."

"우리는 무조건 예정대로 할 거예요. 그리고 아무 걱정도 하지 않고 행복하게 지내면 돼요. 뭔가를 우리 생각대로 시작하고, 또 실행에 옮겨서 당신 지금 행복하죠?"

"이런 걸 생각해낸 당신이 자랑스러워." 내가 말했다.

"이제 우리에겐 비밀이 또 하나 생겼어요. 누구에게도 말하지 마요."

"절대로 안 하지. 얼마 동안이나 그렇게 할까?"

"일 년이면 될까요?"

"아니, 여섯 달."

"두고 보자고요."

그것은 우리가 겨울을 보내려고 오스트리아로 갔던 어느 해의 일이었다. 쉬룬스에서는 우리가 어떤 옷차림을 하든 어떤 머리 모양을 하든 아무도 신경 쓰지 않았다. 우리가 파리에서 왔으므로 우리 차림새를 파리에서 유행하는 스타일로 짐작하는 사람들도 있었다. 한때 유행했던 스타일이 다시 유행할 수도 있는 법이다.

호텔 주인 넬스 씨는 나폴레옹 3세와 같은 황제 수염을 기르고, 한때 로렌 지방에 살았던 적이 있는 인물이었다. 그는 프로이센 사람들만 빼놓고 모두 머리를 길게 기르던 시절을 기억한다고 말했다. 그는 파리가 다시 그 시절 유행으로 돌아가서 기쁘다고도 했다. 내가 다니던 이발소의 이발사는 유행에 무척 민감한 사람이었는데, 그는 내 머리 모양에 대단히 큰 관심을 보였다. 그는 그런 머리 모양을 이탈리아 신문에 실린 삽화에서 본 적이 있다고 했다. 그런 모양은 아무나 소화할 수 없지만, 다시 유행하게 되어 기쁘다는 말도 했다. 그는 그 머리 모양이 전쟁에 대한 저항의 상징이므로 건전하고 유익한 것으로 간주하는 듯했다. 나중에 그는 마을의 몇몇 젊은이가 나와 똑같은 머리 모양을 하고 싶어 하는데, 내가 머리를 얼마나 오래 길렀는지 말해줄 수 있겠느냐고 했다.

"석 달쯤 됐죠."

"그러면 그 손님들은 한참 기다려야겠군요. 그 사람들은 하룻밤 사이에 머리가 귀밑까지 자라길 바란다고요."

"인내심이 필요하지요." 내가 말했다.

"그 스타일을 완성하려면 손님은 머리를 얼마나 더 길러야 하죠?"

"여섯 달쯤이면 될까요? 누가 그걸 정확하게 알겠어요?"

"저한테 머리카락이 잘 자라게 하는 허브 제품이 하나 있는데. 이게 효과가 아주 끝내줍니다. 한번 써보시겠습니까?"

"향이 어떤데요?"

"순수한 허브 향이에요. 기분 좋은 향이지요."

그렇게 나는 허브 향이 진하게 풍기는 토닉을 한 병 샀는데, 집으로 돌아가는 길에 와인 판매점에 들렀더니 새로 만들어서 조금 덜 숙성된 와인에서 똑같은 향이 났다.

"그래서 자네도 그 이발사에게서 토닉을 샀구먼. 나도 한 병 샀는데." 제재소에서 일하는 한스가 말했다.

"응. 그래, 효과는 좀 있던가?"

"이발사가 그렇다고 하던데. 자네도 병째로 샀나?"

"응."

"우리는 한심한 멍청이들이야." 한스가 말했다. "결국은 머리카락을 자를 거면서 머리가 잘 자라게 하는 데 돈을 다 쓰다니 바보짓 아닌가. 그런데 솔직히 말해 보게. 그게 정말 파리에서 유행하는 스타일인가?"

"아니."

"그거 다행이군. 그런데 자네는 왜 그런 식으로 머리를 잘랐나?"

"재미 삼아 이렇게 해봤어."

"좋아. 그럼 나도 그렇게 해야지. 이발사에겐 아무 말도 하지 말자고."

"다른 사람들에게도 비밀로 하세."

"그러자고. 그런데 자네 부인은 그런 스타일을 좋아하시나?"

"응."

"내 애인도 그래."

"자네 애인이 머리를 그렇게 하라고 하던가?"

"아니. 우리 둘이 의논해서 결정했지."

"그렇지만 시간이 아주 오래 걸린다네."

"인내심을 길러야지."

그렇게 우리는 그 겨울, 또 하나의 즐거움을 맛보았다.

5. 이상한 파이트 클럽

캐나다에서 아마추어 복서로 활동하다가 파리로 온 래리 게인즈는 키가 크고 흉터 하나 없이 잘생긴 얼굴에 매너도 좋고, 근육도 우람한 헤비급 흑인 복서였다. 파리에 정착한 래리는 누군가의 주선으로 권투 전문 체육관을 운영하는 '아나스타시'라는 매니저와 연결되었다. 이 매니저는 즉시 그를 캐나다 헤비급 복싱 챔피언이라고 홍보했다. 당시 캐나다의 진짜 헤비급 챔피언은 동작이 민첩하고 양손을 쓰는 '잭 르노'라는 이름의 노련한 프로 복서였는데, 실제로 래리 게인즈가 잭 르노와 링에서 붙는다면 얼마 버티지 못할 것이 분명했다.

아내와 함께 파리를 떠나 여행을 갔다가 카디날 르무안 거리의 끝자락에 있는 발 뮈제트 위층의 우리 아파트로 돌아온 나는 혹시 수표라도 도착했을까 싶어서 우편물을 훑어보다가 《토론토 스타》의 스포츠난 편집자인 루 마쉬에게서 온 편지봉투를 발견했다. 편지에는 래리를 잘 부탁한다는 내용과 함께 래리의 주소가 들어 있었다. 조간 스포츠 신문 《로토》에는 다음 토요일에 프랑스에서 데뷔전을 치르는 캐나다 헤비급 챔피언 래리 게인즈에 대한 기사가 실려 있었다. 그 데뷔전이 열릴 장소는 포르트 드 라 빌레트Pte de la Villette가 내려다보이는 도축장 구역 오른쪽에 있는 스타드 아나스타시Stade

Anastasie였다. 이 경기장은 파리에서 뷔트쇼몽Buttes Chaumont 공원 다음으로 지대가 높은 메닐몽탕Ménilmontant 언덕 위 펠포르 거리R. Pelleport에 있었다. 그곳에 도착하는 가장 쉬운 방법은 메닐몽탕 저수지 바로 앞에 있는 포르트 데릴라Pte des Lilas로 가는 지하철을 타고 종점 바로 전 역에서 내리는 것이었다. 그곳은 통신 시설은 잘되어 있었지만, 험악한 동네였으며 벨빌Belleville과 함께 파리에서 가장 위험한 세 지역 가운데 하나로 손꼽혔다. 그리고 페르 라 셰즈Père Lachaise[12] 공동묘지에서 가까웠으므로, 만일 그 묘지에 잠들어 있는 사람 중에 복싱팬이 있다면 경기를 관람하러 가기가 아주 수월했을 것이다.

나는 래리에게 속달우편을 보내서 이탈리엥 대로에 있는 카페 나폴리탱Café Napolitain에서 만나자고 했다. 그는 인상이 좋은 청년이었는데, 그와 함께 앉아 있으면서 그의 흉터 없이 말끔한 얼굴, 보통 체격, 그리고 훌륭한 매너 외에 유독 눈에 띈 것은 이상할 정도로 긴 손이었다. 나는 그처럼 손가락이 긴 복서를 본 적이 없었다. 일반적인 권투 글러브는 그의 긴 손에 맞지 않을 것 같았다. 그는 프랑스로 오는 도중에 영국에서 열린 무제한급 경기에서 '프랭크 무디'라는 미들급 복서와 시합한 적이 있다고 했다.

"그 녀석한테 졌답니다, 어니스트 씨." 래리가 말했다. "글러브가 너무 작았던 탓이에요. 글러브가 너무 꽉 조여서 주먹을 쓸 수가 있어야지요."

프랭크 무디는 좋은 선수였으며, 래리의 연습 경기 장면을 본 나는 설사 권투 글러브가 손에 잘 맞았다 하더라도 래리가 프랭크 무디에게 질 수밖에 없었던 여러 가지 이유를 짐작할 수 있었다. 나는 래리와 함께 지하철을 타고 벨포르 거리에 있는 언덕으로 올라가서 스타드 아나스타시에 도착했다. 그곳은 사방을 담으로 둘러친 넓은 빈터의 우거진 나무 사이에 세워진 댄스홀 레스토랑이었다. 그 레스토랑의 위층에는 방이 몇 개 있었다. 나무 밑에는 옥외 링이 설치되어 있어서 날씨 좋은 날이면 복서들이 거기서 훈련했다. 댄스홀 안에는 매트가 깔렸고, 크고 작은 샌드백이 여러 개 매달려 있었다. 날씨가 궂은 날에는 댄스홀 안에 링을 설치하기도 했다.

늦은 봄에서 여름, 그리고 초가을까지는 토요일 밤마다 옥외 링 주위에 번호를 매긴 의자들을 나란히 내놓고 권투 시합을 벌였다. 시합을 보러 오는 사람들은 먼저 레스토랑 안이나 댄스홀에 임시로 설치한 테이블에서 저녁 식사를 했으며 그들이 식사하는 동안 선수들이 음식을 날랐다. 선수들은 그 동네에서 사는 경우를 제외하고는 모두 그곳에서 숙식했다. 시합을 관람하려면 입구에서 번호가 매겨진 좌석표를 사거나 입장권을 사야 했다. 입장권을 산 고객은 안으로 들어가 레스토랑에서 음료를 곁들인 식사를 마치고 나서 선 채로 시합을 관람했다. 가격도 저렴했고 음식도 훌륭했다.

내가 이 모든 것을 스타드 아나스타시를 방문한 첫날 알게 된 것은 아니었다. 이런저런 이야기를 그저 말로만 들었을 뿐이었다. 그날 내가 발견한 것은 그곳이 늦은 봄에서 초가을까지 파리 시민이 거주하기도 하고 운동을 즐길 수도 있는 건전한 장소라는 사실이었다. 그리고 내가 보기에 래리는 헤비급 선수치고 체구가 길기만 했다. 그는 골격이 크고 근육도 훌륭했지만, 다부진 구석이 없었으며 경험도 부족하고 몸집만 큰 소년 같았다. 래리는 리치가 길고, 레프트 잽도 좋고, 라이트 스트레이트 역시 훌륭하고, 풋워크도 가볍고, 동작도 민첩하고, 다리 근육도 잘 발달한 선수였다. 그는 내가 아는 어떤 헤비급 선수보다도 빠르고 많이 움직였지만, 그 움직임은 실속이 없었다. 그는 진짜 아마추어였다. 어느 헤비급 선수와 스파링하는 래리를 지켜보니 공격은 하지 않고 이리저리 움직이는 상대를 따라다니며 춤추듯 현란한 풋워크만 하고 있었다. 스파링이 끝나자, 아나스타시의 트레이너는 미들급으로 체급을 전환하는 중이던 마르세유 출신 웰터급 선수를 링에 올려 래리와 붙게 했다. 이 선수는 계속 빗나가기만 하는 래리의 잽을 기민하게 피하면서 파고들더니 그의 몸통을 가격하기 시작했고, 래리는 계속 상대 선수를 끌어안았다. 한심한 경기였다. 갑자기 래리의 팔이 너무 길어 보였고, 그가 현란하게 풋워크를 구사할 공간이 사라진 반면, 상대는 자유자재로 래리에게 파고들어 레프트와 라이트를 가리지 않고 몸통 공격에 성공하고 있었다. 결국, 래리는 상대를 붙잡을 수밖에 다른 도리가 없었다.

"토요일에 래리와 싸울 선수는 누구지요?" 내가 트레이너에게 물었다.

"걱정 마슈." 그가 대답했다.

"어떤 헤비급 선수와 붙어도 래리는 결딴날 것 같은데요?"

"그렇게는 안 될 거요."

"아무래도 링 밖으로 끌어내는 게 좋겠어요."

"래리에게 자신감을 되찾게 해주지요." 말을 마친 트레이너는 스파링을 멈추게 하고는 레스토랑 쪽에서 막 건너온 한 헤비급 선수에게 손짓했다.

래리는 심호흡을 하며 링 주위를 천천히 돌고 있었다. 웰터급 선수가 글러브를 벗고 턱을 가슴에 바짝 붙인 자세로 씩씩대며 링 주위에서 섀도복싱을 시작했다. 여전히 숨을 깊이 몰아쉬면서 링 주위를 돌던 래리가 그에게 경계의 시선을 보냈다. 루 마쉬는 내게 래리를 돌봐 주세요, 라고 쓴 편지를 보냈다. 이런, 우라지게 성가신 일이네. 그를 돌봐 주라니.

"접근전에서 방어하는 방법을 래리에게 가르쳐 줘야 하는 것 아닙니까?" 내가 트레이너에게 물었다. "게다가 토요일에 시합이 있잖습니까?"

"너무 늦었수다." 트레이너가 말했다. "저 친구 복싱 스타일을 망가뜨릴 순 없잖소."

"복싱 스타일이라니요?"

"래리에게는 환상적인 풋워크가 있어요." 그가 프랑스어로 말했다. "몰랐소?"

그는 래리의 환상적인 풋워크를 망가뜨리는 모험을 할 수 없다고 주장하고 있었다.

새로 래리와 스파링하게 된 헤비급 선수는 도축장에서 식용으로 도축된 가축 사체를 운반하는 일을 하다가 사고를 당해 사고력에 이상이 생긴 동네 청년이었다.

"저 아이는 자기 힘이 얼마나 좋은지 몰라요." 트레이너가 내게 말했다. "복싱에 대해선 가장 기본적인 개념밖에 모르지만, 말은 아주 잘 듣죠."

트레이너는 그가 링 위로 올라가기 전에 무언가를 주문했지만, 그가 알아듣기에는 너무 복잡한 것 같았다. 그러나 그 주문은 아주 간단한 것이었다. "가드를 올려라."

그 가축 사체 운반자는 고개를 끄덕이고 나서 정신을 집중하느라 아랫입술을 깨물었다. 그가 무사히 링 위로 올라가자 트레이너가 주문을 반복했다. "가드를 올려, 가드를 올리라니까." 트레이너가 다시 주문을 추가했다. "아랫입술을 깨물지 마." 그 사체 운반자가 다시 고개를 끄덕였고, 트레이너는 스파링을 시작하게 했다.

사체 운반자는 글러브가 서로 거의 닿을 정도로 양손을 붙여 얼굴을 가리고 있었다. 양쪽 팔꿈치는 옆구리에 붙이고, 최대한 웅크린 왼쪽 어깨로 가슴을 보호하면서 턱도 가슴 쪽으로 바싹 끌어당기고 있었다. 그런 자세로 그는 래리를 향해 천천히 왼발을 앞쪽으로 내민 다음 오른발을 끌어다 붙였다.

래리는 레프트 잽을 연거푸 두 번 날려 그의 동작을 중단시키고, 라이트

스트레이트를 그의 이마에 명중시켰다. 그는 한동안 멍한 상태로 서 있더니 왼발을 조심스럽게 뒤로 빼고는 오른발을 천천히, 그러나 정확하게 움직여 왼발에 가져다 붙이면서 뒤로 물러나기 시작했다. 래리는 갑자기 자신의 멋진 풋워크를 되찾고 레프트 잽을 날리며 라이트 스트레이트로 균형을 잡으면서 날뛰는 퓨마처럼 그를 공격했다.

"레프트를 써!" 트레이너가 사체 운반자에게 소리쳤다. "레프트 잽을 날리라고!"

사체 운반자가 왼쪽 글러브를 머리에서 떼어내 래리를 향해 힘차게 뻗었지만, 이미 환상적인 풋워크 실력을 뽐내고 있던 래리의 라이트 공격이 그의 입에 작렬했다.

"저 아이가 어깨로 턱을 어떻게 방어하는지 보셨소?" 트레이너가 내게 물었다.

"배는요?"

"래리는 배를 공격하지 않소." 트레이너가 말했다.

나는 빨리 끝내는 편이 낫겠다고 생각했다.

"배에 훅을 날려, 래리." 내가 말했다. "가드를 내리게 하라고."

래리는 춤추듯 멋지게 움직이다가 슬며시 왼손을 내렸다. 그것은 라이트 펀치가 강한 상대에게 걸리면 결딴날 행동이었고, 이 세상에 라이트 펀치가 세지 않은 헤비급 선수는 없을 터였다. 그러다가 래리가 느닷없이 레프트 훅을 사체 운반자의 배에 명중시키자 상대는 여전히 가드를 올린 상태에서 털썩 주저앉았다.

"어떻게 하길 바라시오?" 트레이너가 내게 물었다. "아직도 래리의 권투 스타일을 바꾸고 싶소?"

"제기랄." 내가 프랑스어로 말했다.

"래리는 토요일에 시합이 있어요. 댁은 래리가 저 아이 팔꿈치를 때리다가 손이라도 부러뜨리길 바라시오? 그를 망치고 싶소? 그를 책임지고 있는 사람은 나지, 당신이 아니잖소? 그러니 입 좀 닥쳐요."

나는 입을 다물고 래리의 동작을 지켜보았다. 래리는 춤추듯 움직여 상대가 가드를 올리고 있는 양손 글러브 사이의 좁은 틈을 공격하면서 빙빙 돌다가 라이트 스트레이트를 상대의 귀와 이마에 번갈아 날렸다. 그리고 상대가 트레이너의 주문에 따라 잽을 날리는 순간, 그의 입에 멋진 라이트 스트레이트를 명중시켰다. 래리는 적어도 스트레이트 펀치는 잘 날리는 편이었고 링 위를 이리저리 민첩하게 움직이고 있었지만, 나는 여전히 캐나다의 진짜 헤비급 챔피언 잭 르노를 계속 머릿속에 떠올리며 래리가 배워야 할 여러 가지 테크닉을 생각하고 있었다.

래리가 파리에서 처음으로 상대한 선수는 가축 사체 운반자보다 별반 나을 것이 없는 청년이었다. 아무튼, 그 시합을 원했던 그 선수는 방어에 취약했다. 래리는 그에게 연거푸 잽을 날렸다. 래리의 강력한 잽을 많이 얻어맞은 상대는 처음에는 아파하다가 결국 부상당하면서 경기가 끝났다. 또 한 명의 헤비급 선수는 군대에서 막 제대한 청년으로 배고파 보이는 얼굴이었는데, 래리는 그에게 연거푸 잽을 날리며 대단히 기민한 동작으로 그의 주위를 맴돌아서 관객들을 열광시켰다. 래리는 정말 멋진 라이트 펀치를 그 선수에게 명중시켰다. 그가 비틀거리며 뒤로 피하려 하자, 래리는 로프 밖으로 미끄러져 나가 캔버스가 깔린 바닥에 거꾸로 떨어질 때까지 멈추지 않고 정신없이 양팔을 휘둘렀다.

시합이 끝나고 나서 래리가 말했다.

"죄송해요. 부인께도 죄송하다고 전해 주세요. 제 모습이 보기에 좋지 않았다는 건 저도 알아요. 하지만 다음번엔 더 잘할 거예요."

"자네는 아주 잘했어. 관객들이 열광하고 있잖아."

"아, 그렇군요." 래리가 말했다. "시합 이야기나 나누었으면 하는데, 월요일쯤 만나 뵐 수 있을까요?"

"물론이지. 저번처럼 카페 나폴리탱에서 정오에 보자고."

스타드 아나스타시는 알고 보니 아주 이상한 파이트 클럽이었다.

6. 매캐한 거짓말 냄새

포드. 그는 어떤 고래가 분출하는 숨결보다도 더 불결한 입김을 내뿜으면서 숨을 헐떡이는 거대한 물고기처럼 꼿꼿이 앉아 있었다.

많은 사람이 포드를 좋아했다. 물론, 그중 대부분은 여자였다. 그러나 그에 대해 알고 난 후에 그를 좋아하는 남자도 더러 있었고, 평생 그에게 공정하게 대하려고 노력한 남자도 많았다. 그들은 H. G. 웰스[13]처럼 포드가 하는 일이 잘되어 가고 있다는 것을 아는 사람들이거나, 그가 부당하게도 좋지 못한 평판을 받고 있다고 생각하는 사람들이었다.

그가 설립한《트랜스애틀랜틱 리뷰》에 대한 평은 당시뿐 아니라 그 후에도 꾸준히 좋았지만, 나는 그가 잘해 내고 있다는 것을 전혀 몰랐다. 사실, 거의 모든 사람이 거짓말을 하며, 거짓말한다는 것이 그리 대단한 일은 아니다. 거짓말 덕분에 사랑받는 사람도 있다. 그럴 때 사람들은 상대에게서 최고의 거짓말을 기대하고, 기다리기도 한다. 하지만 포드는 남의 마음에 상처를 주는 거짓말을 했다. 그는 사람이 살아가는 데 매우 중요한 돈이나 그와 비슷한 것을 약속하고는 그 약속을 지키지 않았다. 이따금 경제 상황이 나빠지면, 그는 형편이 어렵다는 이야기를 늘어놓으며 돈 갚을 날짜를 미루는 등 궁색하게 굴었지만, 일단 돈이 생기거나 운이 좀 트이면 언제 그랬느냐는 듯이 태도가 돌변했다. 나는 그에게 공정하게 대하려고 애썼고, 냉대하거나 심판하지 않고 그와 잘 지내려고 했지만, 그에 대한 엄정하고 정확한 생각이나 글은 결국 어떤 심판보다도 더 가혹한 것이 되어 버렸다.

생후 6개월 된 아이를 데리고 캐나다에서 돌아온 아내와 나는 에즈라가 사는 거리에 있는 제재소 건물 위층의 아파트를 구했다. 엄동설한에 그 집에 입주하고 나서 에즈라의 아파트에서 포드를 처음 만났을 때 에즈라는 내게 포드에게 잘 대해 주라며 그의 거짓말을 마음에 두지 말라고 당부했다.

"그는 피곤할 때 늘 거짓말을 한다네, 헴." 에즈라가 내게 말했다. "오늘 밤에 그가 늘어놓은 거짓말은 평소보다 정도가 심한 편은 아닐세. 자네는 그가 피곤할 때 하는 거짓말을 이해해 줘야 해. 어느 날 밤엔가는 그가 아주 피곤해하면서 예전에 퓨마와 함께 미국 남서부 지역을 횡단했던 이야기를 아주 장황하게 늘어놓았던 적도 있지."

"그가 미국 남서부 지역에 가본 적이 있긴 한가요?"

"물론 없지. 중요한 건 그게 아닐세, 헴. 문제는 그가 그때 무척 피곤했다는 거지."

에즈라는 그의 이름이 포드 매독스 휴에퍼Hueffer였던 시절에 그의 첫 부인이 이혼에 합의해 주지 않아서 친척들이 있는 독일로 갔던 사연을 들려주었다. 그는 독일 시민 자격으로 독일 법률에 따라 적법한 이혼 절차를 마칠 때까지 그곳에 머물렀다고 한다. 하지만, 그가 영국으로 돌아왔을 때 그의 부인은 그 이혼의 정당성을 인정하지 않았고, 그는 주변 사람들이 자신에 대해 심하게 비난하고, 친구들도 자신을 쩨쩨한 놈으로 취급하고 있다는 사실을 알게 되었다. 에즈라에게서 전해 들은 것보다 훨씬 더 많은 사건이 있었고,

사정은 더 복잡했으며, 이제 조금 시들해졌지만, 많은 유명인이 그 일에 연루되었다고 했다. 아무튼, 어렵게 이혼에 도달했다고 굳게 믿고 있다가 그 때문에 박해를 당한 사람이라면 누구나 어느 정도 동정받을 만하다고 생각한 나는 에즈라에게 그 일이 벌어지는 동안 그가 피곤했는지 묻고 싶었지만, 물을 필요조차 없이 그가 당연히 피곤했으리라는 확신이 들어 그만두었다.

"그 일 때문에 이름을 휴에퍼에서 포드로 바꿨나요?" 내가 물었다.

"여러 가지 이유가 있었지. 이름은 전쟁이 끝나고 나서 바꿨다네."

포드는 《트랜스애틀랜틱 리뷰》를 창간한 인물이다. 그는 전쟁 전에 아직 집안 문제가 불거지지 않았을 때 《잉글리쉬 리뷰》도 창간했는데, 에즈라는 그것이 정말 좋은 문예 평론지였으며 포드는 더없이 훌륭한 편집자였다고 말했다. 이제 그는 '휴에퍼'라는 이름을 버리고, '포드'라는 새로운 이름으로 새 출발 하고 있었다. 그리고 그에게는 새 부인이 있었다. '스텔라 보웬'이라는 이름의 그 여인은 오스트레일리아 출신으로 피부가 가무잡잡한 젊고 상냥하고 성실한 화가였다. 두 사람 사이에는 몸집이 크고 피부가 희며 무척 예의 바른 딸 줄리가 있었다. 줄리는 예쁘게 생긴 아이였는데, 포드는 생김새나 피부색을 보면 그 나이 때 자기 모습을 쏙 빼닮았다고 말하곤 했다.

나는 포드에 대해 단순히 그의 입냄새뿐 아니라 그의 몸 전체에서 나는 악취 때문에 지나칠 정도로 거부감이 들었다. 그래서 그와 함께 있을 때면 늘 바람을 등지고 앉거나 서서 그 괴로움에서 조금이나마 벗어나려고 했다. 그는 구취와는 또 다른 악취를 풍겨서 나는 그와 함께 밀폐된 공간에 있기가 몹시 괴로웠다. 그 달착지근하고 매캐한 냄새는 그가 거짓말을 할 때면 더 심하게 풍기곤 했다. 아마도 그것은 그가 피곤할 때 발산하는 냄새였을 것이다. 나는 언제나 될 수 있으면 실내를 벗어난 공간에서 그를 만나려고 했고, 그가 편집하는 원고를 읽어 주기 위해 그의 사무실이 있는 생 루이 섬 앙주 강변로 Quai d'Anjou에 있는 빌 버드[14]의 수동식 인쇄소에 가면, 원고를 가지고 밖으로 나와 강변로의 벽을 따라 늘어선 나무 그늘에 앉아서 읽곤 했다. 강변로는 쾌적했고 햇볕이 좋았으므로 그렇지 않아도 그곳에 나와 앉아서 원고를 읽었겠지만, 포드가 사무실에 있을 때면 늘 서둘러 밖으로 나가야 했다.

7. 범비 군의 교육

첫아들 범비가 어렸을 적, 우리가 제재소 위에 있는 아파트에서 살았을 때 그 아이는 내가 글을 쓰는 카페에서 나와 함께 많은 시간을 보냈다. 겨울철에 아내와 내가 포알베르크의 쉬룬스에 갈 때에도 범비는 늘 우리와 함께 있었지만, 여름철에 우리가 에스파냐에서 머물던 몇 달 동안은 '마리 코코트'라고 부르던 가정부와 그녀의 남편 투통과 함께 고블랭 가Av. de Gobelins 10번지에 있는 그들의 아파트에서 지내거나, 그들 부부를 따라 롤바흐 씨의 여름 별장이 있는 뮈르 드 브르타뉴로 갔다. 직업 군인인 롤바흐 씨는 프랑스군 기병대 상사 출신으로 이제 은퇴할 때가 되어 그다지 중요하지 않은 직책을 맡아 생활하면서 마리에게 봉급을 주고 있었으며 은퇴하면 그곳에서 노후를 보낼 계획을 세우고 있었다.

투통은 어린 범비의 인격 형성에 지대한 영향을 미친 인물이었다. 라클로즈리 데릴라가 너무 혼잡해서 글을 쓸 수 없거나 범비에게 기분 전환이 필요하다고 생각될 때면, 나는 범비를 유모차에 태우고 (그 아이가 조금 더 자랐을 때에는 함께 걸어서) 생 미셸 광장에 있는 카페로 갔고, 거기서 내가 크림커피 한 잔을 앞에 놓고 글을 쓰는 동안 범비는 사람들을 구경하거나 수많은 인파로 북적거리는 그 동네 풍경을 관찰하곤 했다. 글 쓰는 사람은 대부분 그 구역에 단골 카페를 정해 놓고 그곳에서는 절대로 사람들을 만나지 않고 혼자 앉아서 글을 쓰거나 책을 읽었고, 그 카페 주소로 우편물을 받기도 했다. 애인과 밀회하는 장소로 이용하는 카페를 따로 정해 놓고, 사람들과 만날 때 이용하는 중립 카페 역시 따로 정해 놓기도 했는데, 어떤 사람들은 그곳에 자기 애인을 데려와 다른 사람들에게 자랑하기도 했다. 그리고 사람들이 식사하러 가는 중립 지대의 비싸지 않고 편안한 단골 식당도 많이 있었다. 그 근방에는 몽파르나스 구역의 카페 돔, 카페 로통드, 카페 셀렉트가 있었지만, 초기의 파리에 관한 책에 자주 등장하는 레스토랑 쿠폴Coupole이나 딩고 바 같은 번듯한 업소는 없었다.

범비는 조금 더 자라자 프랑스어를 훌륭하게 구사했으며, 내가 글을 쓰는 동안에는 조용하게 주변을 구경하도록 훈련을 받았지만, 내가 글쓰기를 마친 것을 확인하면 이따금 투통에게서 배운 것들을 내게 들려주곤 했다.

"있잖아, 아빠, 여자들은 아이들이 오줌 누는 것처럼 눈물을 흘린다면서?" 범비가 프랑스어로 내게 물었다.

"투통 아저씨가 그렇게 말하던?"

"응, 남자는 그걸 잊어버리면 안 된댔어."

언젠가는 이런 말을 하기도 했다. "아빠, 아빠가 일하는 동안 괜찮은 영계 넷이 지나갔어."

"네가 영계에 대해 뭘 아는데?"

"아무것도 몰라. 그냥 바라보는 거지. 그 사람들은 그냥 바라보기만 하는 거래."

"투통 아저씨는 그 '영계'라는 여자들에 대해 뭐라고 하던?"

"그런 여자들을 심각하게 생각해선 안 된대."

"그럼, 뭘 심각하게 생각해야 하는데?"

"프랑스와 감자튀김 만세." 범비가 프랑스어로 대답했다.

"투통 아저씨는 대단한 사람이로구나." 내가 말했다.

"그리고 위대한 군인이야." 범비가 말했다. "나한테 아주 많은 걸 가르쳐줘."

"대단히 존경스러운 분이군." 내가 말했다.

"그 아저씨도 아빠를 존경해. 아빠는 아주 힘든 일을 하고 있댔어. 아빠, 글 쓰는 거 힘들어?"

"가끔."

"투통 아저씨는 그게 아주 힘든 일이래. 그래서 내가 언제나 아빠가 하는 일을 존중해야 한대."

"넌 이미 아빠 일을 존중하고 있잖아."

"아빠는 아메리카 인디언들하고 살아 봤어?"

"잠시." 내가 대답했다.

"집에 갈 때 실버 비치 아줌마 책방에 들를 거야?"

"응. 넌 그 아줌마가 좋으냐?"

"그 아줌마는 언제나 나한테 친절해."

"나한테도 그렇단다."

"그 아줌마 이름은 참 예뻐. 은색 해변."

"그 책방에 들렀다가 점심 먹기 전에 집에 데려다 줄게. 아빠는 어떤 사람들하고 점심 약속이 있거든."

"재미있는 사람들이야?"

"음, 보통 사람들이야." 내가 대답했다.

시간이 일러서 뤽상부르 공원에서는 아직 보트를 띄우지 않았으므로 우리는 멈추지 않고 곧바로 집으로 향했고, 집에 도착한 나는 아내와 무슨 문제인가로 말다툼했는데, 아내가 옳았고 내가 아주 심각한 잘못을 저질렀다.

"엄마가 나빴어. 아빠가 엄마를 야단쳤어야지." 여전히 투통의 영향에서 벗어나지 못한 범비는 프랑스어로 아주 당당하게 말했다.

스콧이 술 취한 상태로 자주 나타나기 시작한 어느 날 아침 생 미셸 광장에 있는 카페에서 내가 일을 마치자, 범비가 아주 진지한 표정으로 물었다.

"아빠, 피츠제럴드 씨는 아파?"

"그 아저씨는 술을 너무 많이 마시고 일을 못해서 아픈 거야."

"그 아저씨는 자기 일을 존중하지 않아?"

"그 아저씨 부인이 아저씨 일을 존중하지 않고 샘내고 있거든."

"그럼, 아저씨가 아줌마를 야단쳐야지."

"그게 그렇게 간단한 일이 아니란다."

"우리 오늘 그 아저씨 만날 거야?"

"응. 그럴 것 같아."

"그 아저씨가 그렇게 술을 많이 마셔?"

"아니. 그 아저씨는 인제 술 안 마신댔어."

"내가 시범을 보일게."

그날 오후 범비와 내가 스콧을 중립 카페에서 만났을 때 스콧은 멀쩡한 상태였고, 우리는 각자 광천수를 한 병씩 주문했다.

"나는 맥주 한 잔(demi blonde) 주세요." 범비가 말했다.

"자넨 저 아이가 맥주를 마시게 그냥 놔두나?" 스콧이 물었다.

"투통 아저씨는 내 나이 또래 아이들이 맥주를 조금 마시는 건 해롭지 않댔어요." 범비가 말했다. "그럼, 발롱ballon으로 주세요." 발롱은 맥주 반 잔을 뜻했다.

"그 투통이라는 사람이 대체 누군가?" 스콧이 내게 물었다. 나는 만약 네 원수가 회고록을 썼다면 틀림없이 언급했을 만한 인물이며, 여러 차례 무너졌지만, 여전히 남아 있는 프랑스 군대의 전통을 아직도 고수하고 있는 인물이라고 설명해 주었다. 나는 스콧이 잘 모르는 나폴레옹의 군사작전과 1870년 전쟁에 대해 설명해 주었고, 슈맹 데 담Chemin des Dames 능선의 니벨르 공격[13] 이후 프랑스군 내부에서 일어났던 폭동에 직접 가담했던 사람들에게서 들은 당시의 이야기도 들려주었다. 이런저런 이야기 끝에 투통 같은 사람이야말로 시대착오적인 인물이 아니라, 정말 건실한 인물이라고 말했다. 스콧은 1914~18년 전쟁에 대해 관심을 보였는데, 내 주변에는 그 전쟁에서 직접 싸웠던 친구가 많았다. 그중에는 끔찍한 참상을 직접 목격하고 아주 상세히 기억하는 친구도 있었다. 내가 스콧에게 들려준 전쟁의 참상에 관한 이야기는 그 자체로 그에게 충격적이었다. 이런 이야기들은 어린 범비가 이해하기에 너무 어려웠지만, 그 아이는 주의 깊게 귀를 기울이고 있었다. 이런저런 다른 이야기를 마치고 나서 스콧은 광천수를 다 마시고 글을 열심히 쓰겠다는 결의에 차서 돌아갔다.

나는 범비에게 조금 전에 왜 맥주를 주문했는지 물었다.

"투통 아저씨는 남자가 제일 먼저 자신을 다스리는 법을 배워야 한댔어." 범비가 말했다. "그래서 내가 시범을 보이려고 한 거지."

"그게 그렇게 간단한 일이 아니야." 내가 범비에게 설명했다.

"전쟁도 간단한 일이 아니지, 아빠?"

"그럼. 아주 복잡하지. 지금은 네가 투통 아저씨 말을 그대로 믿고 있잖니. 하지만 나중엔 너 스스로 많은 것들을 알게 될 거야."

"피츠제럴드 씨는 전쟁 때문에 정신적으로 망가졌어? 투통 아저씨는 사람들이 그렇게 말한다고 하던데."

"아니, 그런 건 아니야."

"다행이네." 범비가 말했다. "그럼, 피츠제럴드 씨는 곧 병이 나을 거야."

"설령 그 사람이 전쟁 때문에 정신적으로 망가졌다고 해도 그게 수치스러운 일은 아니란다." 내가 말했다. "내 친구 중에도 그런 사람이 많지. 나중에 회복되어서 좋은 일을 한 사람도 있어. 우리 친구인 화가 앙드레 마송[16] 아저씨처럼."

"투통 아저씨도 정신적으로 망가지는 게 부끄러운 일은 아니랬어. 전쟁 때 포병대엔 그런 사람이 아주 많았대. 그리고 장군들도 전부 '지겨운 사람들'이라고 하던걸."

"그건 아주 복잡한 일이야." 내가 말했다. "언젠가 너 스스로 그런 걸 알게 될 거야."

"그때까진 우리한테 그런 문제가 없으면 됐지, 뭐. 심각한 문제 말이야. 아빤 오늘 일이 잘됐어?"

"응, 잘됐어."

"나도 기뻐, 아빠." 범비가 말했다. "내가 도와줄 일은 없어?"

"넌 오늘 나를 아주 많이 도와줬단다."

"불쌍한 피츠제럴드 씨." 범비가 말했다. "그 아저씨가 오늘은 정신이 말짱해서 아빠를 괴롭히지 않고 착하게 굴었어. 그 아저씨 병은 나을까?"

"그랬으면 좋겠어." 내가 말했다. "하지만 그 아저씨한테는 아주 심각한 문제가 있지. 내가 보기에 그 아저씨에겐 작가로서 이겨 내기 어려운 여러 가지 문제가 있어."

"난 그 아저씨가 잘 이겨낼 거라고 믿어." 범비가 말했다. "그 아저씬 오늘 아주 착했고 아주 얌전하게 굴었잖아."

8. 스콧과 그의 프랑스인 운전기사

1928년 가을, 스콧과 젤다, 헨리 마이크 스트래터, 그리고 내 아내 폴린과 나는 프린스턴 팀의 미식축구 경기가 끝나고 경기장에서 몰려나온 사람들로 혼잡한 기차를 타고 필라델피아로 향했다. 우리는 필라델피아에서 뷰익 차를 몰고 오는 스콧의 프랑스인 운전기사와 만나 그 차로 델라웨어 주 윌밍턴 외곽 강가에 있는 그의 집 엘러슬리 맨션에 가기로 되어 있었다. 스콧과 마이크 스트래터는 프린스턴 대학 동창이었으며, 마이크와 나는 1922년 파리에서 처음 만난 이래 좋은 친구로 지내고 있었다.

스콧은 축구를 무척 중요시하는 사람이어서 경기가 끝날 때까지는 술을 그다지 많이 마시지 않았다. 그런데 기차 안에서 낯선 사람들에게 말을 걸기 시작하더니 이런저런 질문을 퍼부으며 집적거렸다. 참다못한 여자 몇 명이 스콧에게 짜증을 냈다. 마이크와 나는 번갈아 가면서 그녀들과 함께 있던 남자들과 이야기를 나누며 분위기를 무마하면서 스콧이 말썽을 부리지 못하게 했다. 우리는 그를 여러 차례 자리에 앉혔지만, 그는 다른 객차 칸을 돌아다니려 했다. 나는 그가 온종일 이성적이고 품위 있게 행동했으므로, 우리 말을 듣고 정신을 차려서 심각한 문제를 일으키지 않으리라 믿었다. 사실, 우리는 그를 돌봐줄 수밖에 다른 도리가 없었다. 그는 말썽을 일으키면 곧바로 저지당한다는 것을 깨닫고는 작전을 바꾸어 상대에게 지나칠 정도로 예의를 차리다가 느닷없이 터무니없는 질문을 퍼붓곤 했으므로, 우리 둘 중 한 사람이 그를 쫓아다니고, 나머지 한 사람은 사과하느라 바빴다.

그러던 중 스콧은 열심히 의학 서적을 읽고 있는 프린스턴 팀 응원자 한 사람을 발견하고는 아주 정중하게 "책을 잠깐 빌려도 될까요?"라고 말하며 그가 읽던 책을 빼앗아 들었다. 그리고 그 자리에 서서 잠시 훑어 보더니, 깍듯하게 절을 하고 돌려주었다. 그러고는 객차 안에 있는 사람들에게 모두 들릴 만큼 큰 소리로 외쳤다.

"어니스트, 여기 이 의사 선생은 전공이 성병이래!"

그 사람은 스콧을 무시하며 책에서 눈을 떼지 않았다.

"당신, 성병 전문의 맞죠?" 스콧이 그에게 물었다.

"이런! 스콧. 그만둬!" 내가 말했다. 마이크는 고개를 설레설레 저었다.

"큰 소리로 말씀하시오, 선생." 스콧이 말했다. "의사가 성병을 전문적으로 치료한다는 게 부끄러운 일은 아니니까."

나는 스콧을 데리고 그 자리를 피하려고 했고, 마이크는 스콧 대신 그 사람에게 사과했다. 그는 소동에 휘말리지 않고 계속 책에 몰두하려고 애쓰고 있었다.

"저 의사는 성병 전문의라고." 스콧이 말했다. "의사들은 자기 성병도 직접 치료한대."

우리는 스콧이 그 의사를 괴롭히지 못하게 간신히 떼어 놓았고, 기차가 필라델피아 역에 도착할 때까지 스콧이 아무한테도 얻어맞지 않게 하는 데 성공했다. 젤다는 모처럼 완벽하게 귀부인다운 모습으로 스콧이 어떤 행동을 하든 전혀 개의치 않고 폴린과 함께 조용히 자리에 앉아 있었다.

스콧의 차를 몰고 역으로 마중 나온 사람은 전에 파리에서 택시를 운전했다고 했다. 그는 영어를 전혀 말하지도, 알아듣지도 못했다. 스콧은 어느 날 밤 파리에서 강도를 만났는데, 택시를 몰던 그가 구해 주었다고 했다. 그래서 그를 미국으로 데려와 운전기사로 채용했다고 했다.

어둠이 깔린 필라델피아에서 출발하여 윌밍턴으로 가는 차 안에서 우리는 술을 마시기 시작했다. 그때 갑자기 운전기사가 차의 엔진이 너무 과열되었다며 걱정했다.

"냉각수를 보충하지 않았군요." 내가 프랑스어로 말했다.

"아닙니다, 선생님. 그런 게 아니에요. 우리 선생님께선 엔진 오일을 보충하지 못하게 하십니다."

"그건 왜요?"

"윤활유를 보충해야 한다고 말씀드리면 화를 내시면서 쓸모없는 프랑스 차에나 윤활유를 보충하지, 미국 차에는 그런 게 필요 없다고 하십니다."

"그럼, 부인에게 말하지 그랬소?"

"사모님께선 더 성질을 부리십니다."

"차를 멈추고 지금 윤활유를 좀 넣지 않겠소?"

"그러면 끔찍한 난리가 날 겁니다."

"지금 차를 세우고 윤활유를 넣어요!"

"안 됩니다, 선생님. 그동안 얼마나 난리가 났는지, 선생님이 모르셔서 하시는 말씀입니다."

"지금, 엔진이 펄펄 끓는데 냉각수라도 넣어야 하지 않겠소?"

"주유소에서 휘발유를 넣고 냉각수를 채우려면 차의 시동을 꺼야 합니다. 시동을 끄지 않으면 휘발유를 넣어 주지 않아요. 그런데 그때 엔진에 갑자기 찬 냉각수를 넣으면, 실린더 블록에 금이 갑니다. 냉각수는 충분합니다, 선생님. 이 차는 냉각장치가 아주 크거든요."

"아, 정말, 차를 멈추고 시동을 켠 채로 냉각수를 넣으라니까요."

"안 됩니다, 우리 선생님께서 절대로 허락하시지 않는다고 말씀드렸잖습니까. 이 차에 대해선 제가 잘 압니다. 저택까진 별문제 없이 갈 겁니다. 이게 처음 있는 일도 아니거든요. 선생님께서 원하신다면 내일 저와 함께 정비 공장으로 가셔도 좋습니다. 따님을 교회에 모셔다 드릴 때 가면 됩니다."

"그럼, 그렇게 합시다." 내가 말했다.

"윤활유를 교환할 겁니다." 그가 말했다. "그리고 윤활유 깡통을 몇 개 더 사서 감춰 뒀다가 조금씩 넣어야겠어요."

"자네, 또 윤활유에 대해 씨부렁거리고 있는 건가?" 스콧이 끼어들었다.

"필립은 저번에 우리가 리옹에서 몰고 갔던 그 웃기는 르노 자동차처럼 이 차에도 윤활유를 자주 넣어야 한다는 고정관념에 사로잡혔어." 스콧이 내게 말하고 나서 프랑스어로 필립에게 말했다. "필립, 미국 차엔 윤활유를 보충할 필요가 없다니까."

"네, 선생님." 운전기사가 말했다.

"이 친구는 시도 때도 없이 그 말도 안 되는 윤활유 이야기를 끄집어내서 젤다를 불안하게 한다네." 스콧이 말했다. "성격도 좋고 충성스럽지만, 미국 차에 대해선 아무것도 몰라."

그것은 악몽 같은 드라이브였다. 운전기사가 마침내 스콧의 집으로 가는 지선도로로 접어들려고 하자 젤다가 막았다. 그녀와 스콧은 그 길이 아니라고 주장했다. 젤다는 훨씬 더 멀리 가야 그 길이 나온다고 우겼고, 스콧은 이미 지나왔다고 했다. 그 일로 스콧과 젤다가 옥신각신하다가 젤다가 스르르 잠들었고, 그런 중에도 운전기사는 아무 말 없이 천천히 차를 몰았다. 젤다가 잠들자 스콧은 차를 돌리라고 했고, 차를 돌려서 오던 길을 가다가 스콧 역시 슬며시 잠이 든 사이에 운전기사는 재빨리 지선도로를 찾아 들어갔다.

9. 파일럿 피시와 부자들

 포알베르크에서 보낸 첫해는 순수한 해였다. 두 번째 해에는 눈사태로 그곳에서 많은 사람이 죽었다. 그해에 나는 그곳 주민과 지형에 대해 잘 알게 되었다. 몇몇 사람에 대해서는 지나칠 정도로 잘 알게 되었고, 그곳의 지형에 대해서는 더 재미있게 스키를 타기 위해서뿐 아니라, 산사태에서 살아남기 위해서라도 잘 알아야 했다. 그리고 마지막 해는 세상에서 가장 즐거운 해였으며, 그와 동시에 가장된 악몽 같은, 아주 힘든 해였다. 바로 그해에 부자들이 나타났다.
 부자들은 늘 파일럿 피시[17]를 앞세우고 등장한다. 파일럿 피시는 귀가 약간 어둡거나 눈이 약간 어둡지만, 붙임성 있는 태도로 머뭇거리며 이런 식으로 말을 꺼낸다. "글쎄, 나도 그 사람들을 잘 몰라. 물론, 특별한 관계가 있는 것도 아니야. 그런데 분명한 사실은 그들이 상당히 괜찮은 사람들이라는 거지. 아, 나도 좋아하지. 정말이야, 헴. 진심으로 좋아한다고. 자네 말이 무슨 뜻인지 잘 알지만(이쯤에서 그는 피식! 웃는다), 난 그들을 정말 좋아해. 특히, 그 여자에겐 놀랄 만큼 좋은 무언가가 있어.(그는 그녀의 이름을 또박또박 발음하여 들려준다)" "이봐, 헴. 바보같이 까칠하게 굴지 마. 정말 괜찮은 사람들이야. 내가 보증하지. 그 친구(그의 어릴 적 애칭으로 부른다)에 대해 알게 되면 자네도 틀림없이 좋아하게 될 걸세. 난 그 두 사람 모두 진심으로 좋아해."

바로 그렇게 부자들이 내 앞에 나타났고, 이후로는 모든 것이 예전 같지 않았다. 물론, 파일럿 피시는 떠났다. 그는 홀연히 사라지기도 하고 나타나기도 하지만, 오래 머물지는 않는다. 그는 어릴 적에 알았던 사람들의 삶을 드나들고, 시골 마을에 잠시 들렀다가 떠나는 것처럼 정계나 연극계에 발을 들여놓았다가 떠나기도 한다. 아무도 그를 잡아둘 수 없으며, 특히 부자들은 그를 손아귀에 넣을 수 없다. 아무도 그를 잡아 죽이지 않으며, 잡혀서 죽임을 당하는 쪽은 그를 믿는 사람들뿐이다. 그는 어려서부터 하찮은 사람이 이 세상에서 살아남기 위해 반드시 알아 둬야 할 모든 것을 배우고, 그가 하는 일이 돈 때문이 아니라고 늘 부인하지만, 겉으로 드러나지 않는 돈 욕심도 있다. 그는 자기가 벌어들인 돈을 한 푼도 허투루 쓰지 않고 열심히 모아서 결국 부자가 된다. 그는 수줍음을 잘 타고, 재미있는 성격인 데다가, 비록 속마음을 알 수 없어도 겉으로는 믿을 만한 사람처럼 보이므로 부자들은 그를 사랑하고 신임하며, 그가 평소에 한 치의 실수도 하지 않는 파일럿 피시이기에 부자들은 혹시 그가 실수를 저질러도 그것이 단지 일시적인 과오일 뿐이며 그도 당시에는 몰랐겠지만, 자신을 위해 뭔가를 하다가 그렇게 된 것이라며 감싸 주기도 한다.

서로 사랑하는 부부가 늘 행복하고 즐거운 분위기에 싸여 있고, 어느 한 쪽 혹은 양쪽이 모두 자기 몫을 잘해 내고 있으면, 마치 한밤중에 철새들이 강한 신호등 불빛에 이끌려 날아오듯이 사람들이 그들 부부 주위에 몰려든다. 만약 그 부부가 신호등처럼 온갖 풍파를 헤치고 나온 사람들이거나, 서로 견고하게 결속되어 있다면, 새들은 피해를 볼지 몰라도 그 부부에게 피해는 없다. 자신의 행복이나 행동으로 다른 사람들을 끌어들이는 부부는 대체로 경험이 없게 마련이지만, 그들은 지나친 행동을 하지 않고, 피해를 교묘히 피하는 방법을 상당히 빠르게 파악한다. 하지만 그 부부가 미리 파악하여 경계하지 못했던 대상은 선량하고, 매력적이고, 세련되고, 누구에게나 호감을 주고, 너그럽고, 이해심 많은 부자들이었다. 결점이라고는 찾아볼 수 없는 그 부자들은 날마다 축제 분위기를 연출하며 사람의 혼을 빼놓지만, 자기에게 필요한 양분을 흡수하고 나면 모든 것이 아틸라[18]의 말발굽에 짓밟힌 풀뿌리보다도 더 처참하게 말라 비틀어지게 하는 사람들이었다.

그해에 그 부자들이 파일럿 피시를 앞세우고 나타났다. 한 해 전만 해도 그들은 절대로 그곳에 오지 않았을 것이다. 그때에는 아무것도 확실하지 않았다. 일도 잘 풀렸고, 우리는 더할 나위 없이 행복했지만, 내게는 여전히 완성한 소설이 없었으므로 부자들은 아무것도 확신할 수 없었다. 그들은 확실하지 않은 대상에 시간이나 매력을 허비하지 않는다. 그들이 왜 그런 낭비를 하겠는가? 그들은 그림을 잘 모르면서도 피카소에 대해서는 확신이 있었다. 그리고 다른 화가들에 대해서도 대단한 확신이 있었다. 그러나 문학은 그들이 처음 대하는 분야였다. 읽는 사람의 마음에 드는 작품이 좋은 작품이고, 그것을 모르는 바보는 없었다. 어쨌든, 그해에 그들은 내 작품의 가치를 확신했고, 그들과 함께 나타난 파일럿 피시의 말도 있었으므로 우리는 그들이 문학에 문외한이라는 점과 내가 어수룩하다는 점에 주목하지 못했다. 물론, 그 파일럿 피시는 우리의 친구였다.

그때의 일을 회상하면 지금도 두려움이 몰려온다. 말하자면, 당시에 나는 수로 측량국에서 발행한 〈수정본 지중해 항해도〉나 〈브라운 항해 연감〉을 믿는 것만큼이나 파일럿 피시를 신뢰했다. 부자들의 마법에 걸린 나는 마치 총을 든 사냥꾼을 따라나설 준비가 되어 있는 사냥개나 마침내 자신만을 사랑하고 인정해 주는 사람을 만난 서커스단의 돼지처럼 남을 믿었고 어리석게 처신했다. 하루하루가 축제일 수 있다는 것은 내게 놀라운 발견이었다. 나는 신이 나서 수정을 마친 내 소설의 몇 구절을 큰 소리로 읽어 주기까지 했다. 그것은 작가로서 추락할 수 있는 가장 밑바닥까지 추락한 행동이었고, 겨울에 눈이 많이 내려서 크레바스가 충분히 덮이기도 전에 로프도 없이 빙하 스키를 타는 것보다 더 위험한 짓이었다.

그들이 "훌륭합니다, 어니스트. 정말 훌륭해요. 당신은 이 작품이 얼마나 훌륭한지 잘 모를 거예요."라고 말했을 때, 나는 기쁨에 겨워 꼬리를 흔들었고, '이 한심한 인간들이 이 작품을 좋아한다면, 뭔가 잘못된 게 아닐까?'라고 생각하기보다는 '혹시 무슨 좋은 일이라도 생기지 않을까.' 하고 기대하며 날마다 벌어지는 축제의 소용돌이 속으로 빠져들었다. 노련한 작가였다면 그들에게 자신의 원고를 읽어 주는 짓 따위는 결코 하지 않았을 것이다. 그리고 설사 읽어 주었다 해도 마땅히 그렇게 생각했을 것이다.

그해 겨울은 정말 끔찍했다. 이들 부자가 몰고 온 회오리바람이 그 조용한 마을에 불어닥쳤다. 모든 것이 세상에서 가장 오래된 운명의 장난 탓이었다. 결혼한 젊은 여성의 절친한 친구가 되어 잠시 그 젊은 부부와 함께 살게 된 미혼 여성이 순진하게도 자기도 모르는 사이에 친구의 남편에게 끌려 그와 결혼하기에 이르는 잔인한 상황이 벌어졌던 것이다. 작가 남편이 글을 쓰는 고된 작업에 매달리느라 하루 중 많은 시간을 아내와 함께 보내지 못할 때 그런 상황은 아무도 의식하지 못하는 사이에 한동안 계속되었다. 마침내 작업을 마친 남편은 자기 주위에 매력적인 여성이 둘이나 있음을 깨닫게 되었다. 그중 한 명은 미지의 새로운 여성이므로 운이 나쁜 남편은 두 여성을 다

사랑하는 황당한 일을 저질렀다. 그럴 때에는 집요한 쪽이 이기게 마련이다.

우스꽝스러운 말처럼 들릴지 모르지만, 문제의 미혼 여성이 결혼을 원한다면, 동시에 두 여성을 진심으로 사랑한다는 것은 남자에게 일어날 수 있는 가장 파괴적이고 무서운 일이다. 아무것도 눈치채지 못한 아내는 남편을 철석같이 믿었다. 부부가 정말 힘든 시기를 함께 견뎌 왔고 그런 시간을 함께 하며 서로 사랑해 왔으므로 아내는 남편을 진심으로, 그리고 완벽하게 사랑하고 있었다. 그러나 새로운 여성은 만일 그가 아내도 똑같이 사랑한다면 진심으로 자신을 사랑하는 것이 아니라고 주장했다. 처음부터 그녀가 그렇게 말했던 것은 아니다. 그런 상황은 나중에 살인과도 같은 끔찍한 일이 벌어지고 난 후에야 찾아온다. 남편이 주변의 모든 사람을 속이고, 자신이 두 여성을 진심으로 사랑한다는 사실밖에 모를 때 그런 상황이 벌어졌다. 남편이 한 여성과 함께 있을 때에는 그 여성을 사랑하고, 다른 여성과 함께 있을 때에는 그 여성을 사랑하고, 두 여성과 함께 있을 때에는 그들을 모두 사랑하는 어처구니없는 시간이 계속되었다. 그래서 남편은 약속을 지키지 않았고, 절대로 하지 말아야 하며 절대로 하고 싶지 않다고 생각했던 일을 저질렀다. 그런 상황에서는 집요한 쪽이 이긴다. 그러나 결국에는 지는 사람이 이기는 것이며, 그것은 그때까지 내게 일어났던 모든 일 중에서 가장 다행스러운 일이었다. 마지막 겨울은 그런 겨울이었다. 이런 일들이 내가 그 겨울에 대해 기억하고 있는 것들이다.

해들리와 나는 모든 것을 공유해 왔고, 함께 있을 때면 절대로 심심하지 않았으며, 아무도 파괴할 수 없는 무언가를 가지고 있었다. 우리는 아이를 끔찍이 사랑했고, 파리, 에스파냐, 스위스의 산간 지역, 이탈리아의 돌로미테스,

그리고 오스트리아의 포알베르크를 사랑했다. 우리는 우리의 일을 사랑했고 해들리는 나의 일을 위해 자신의 일을 희생하고도 단 한 번도 그에 대해 언급하지 않았다.

그러다가 우리 둘과 아이만이 있던 집에 제삼자가 함께 있게 되었다. 처음에는 그것이 아주 신나고 재미있었으며, 우리는 그런 상태로 잠시 지냈다. 정말 사악한 모든 일은 천진난만함에서 시작된다. 그렇게 하루가 가고 이틀이 가는 사이에 나는 내게 주어진 삶을 즐기며 아무 걱정도 하지 않았다. 두 사람을 사랑하게 된 나는 어느새 거짓말을 밥 먹듯이 하고 있었고, 그런 상황을 증오했고, 그것이 나를 갉아먹는 바람에 나날이 상황은 위험해졌으며, 그런 상황을 잊으려고 일에 더 열심히 몰두했지만, 일에서 벗어나면 내가 말도 안 되는 상황에 놓여 있다는 생각에 절망하며 전쟁 때처럼 하루하루를 고통스럽게 보냈다. 다른 두 사람은 여전히 행복했지만, 나는 한밤중에 눈을 뜨면 무서운 절망감에 시달리곤 했다. 두 여자를 동시에 사랑하는 나 자신이 정말 몹쓸 인간이라는 생각이 들었다. 내 안의 모든 것이 둘로 갈라져서 한 사람 대신 두 사람을 사랑하고 있었다.

한 사람과 함께 있을 때에는 그 사람을 사랑하고 다른 사람은 내게서 멀어졌다. 다른 사람과 있을 때에는 그 사람을 사랑하고 또 한 사람은 내게서 멀어졌다. 두 사람과 함께 있을 때면 두 사람을 모두 사랑했다. 끔찍했던 것은 그럼에도 내가 행복하다는 사실이었다. 하지만 이런 상황이 계속되자 새 여자가 행복해하지 않았다. 내가 두 사람을 똑같이 사랑한다는 것을 알고 있는 그녀는 그것만으로도 만족한다고 했지만 행복해하진 않았다. 그녀는 내가 그녀와 단둘이 있을 때 내가 자신을 사랑한다는 것을 알고 있었으나 사람이 누군가를 사랑하면 다른 어떤 사람도 사랑할 수 없다고 믿고 있었다. 나는

그녀와 함께 있을 때면 그녀를 돕기 위해, 그리고 나 자신을 돕기 위해 다른 사람에 대한 이야기는 한마디도 하지 않았다. 그녀가 언제 나와 결혼하겠다는 결심을 했는지는 알 수 없다. 아마 그녀 자신도 확실히는 모를 것이다. 하지만 그 겨울 어느 시점에선가 그렇게 결심한 그녀는 늘 천진난만한 표정으로 내 아내와의 우정도 깨지 않고 우리 집에 머무르는 손님이라는 이점도 유지하면서 내가 자신을 무척 보고 싶어 할 정도의 기간만 교묘히 떠나 있기도 하면서 꾸준히, 그리고 끈질기게 결혼을 향해 다가가고 있었다.

산사태가 일어났던 겨울은 그 끔찍했던 마지막 겨울에 비하면 어린 시절의 행복했던 겨울과도 같았다.

이제 나의 절반을 소유하게 된 그 미지의 새로운 여성은 결혼하기로 마음을 굳혔지만, 나는 이혼을 쉽게 결정할 수 없었다. 그것은 결혼의 종말이 아니라, 또 다른 결혼을 위해 필요한 절차였을 뿐이며 머릿속으로는 건너뛰거나 피하고 싶은 유감스러운 단계였기 때문이었다. 이 대목에서 그녀는 한 가지 중대한 실수를 저질렀다. 그녀는 회한의 힘을 과소평가했던 것이다.

첫 단편집 출간에 관해 뉴욕의 출판업자들과 상의할 일이 있어서 나는 잠시 쉬룬스를 떠나야 했다. 북대서양의 겨울은 매섭게 추웠고 뉴욕에는 무릎까지 빠지는 눈이 쌓여 있었다. 일을 마치고 파리에 돌아온 나는 오스트리아로 가기 위해 아침에 동역 Gare de l'Est에서 출발하는 첫차를 타야 했다. 나와 사랑에 빠진 그 여자는 당시에 파리에 머물면서 여전히 내 아내와 편지를 주고받고 있었다. 우리가 파리의 이곳저곳을 다니고 여러 가지로 재미있는 시간을 보내는 동안 나는 한편으로 고통스러우면서도 다른 한편으로 믿을 수 없을 만큼 행복했다. 이기심과 배신의 대가로 얻은 그 저항할 수 없는 행복의 끝에서 나는 깊이 후회했고, 내가 저지른 죄에 대한 증오나 회개가 아니라, 무서운 회한을 느꼈다.

기차가 쉬룬스의 역 안에 쌓아둔 통나무 더미를 지나면서 선로 옆에 서서 나를 기다리고 있는 아내를 보았을 때 나는 그녀가 아닌 다른 여자를 사랑하기 전에 죽어 버렸기를 바랐다. 아내는 웃고 있었고, 햇볕과 눈에 그을린 그녀의 아름다운 얼굴과 겨우내 자란 그녀의 적갈색 머리카락이 햇살 속에서 눈이 부시도록 아름다워 보였다. 그녀의 옆에는 겨울 날씨에 통통한 뺨이 발갛게 터서 포알베르크 시골 마을의 개구쟁이처럼 보이는 금발의 범비 군이 서 있었다.

"오, 타티." 내가 그녀를 품에 안자 그녀가 말했다. "성공적인 여행을 마치고 드디어 돌아왔군요. 사랑해요. 우리는 당신이 무척 보고 싶었어요."

그녀와 단둘이 있는 동안 나는 그녀를 사랑할 뿐, 다른 누구도 사랑하지 않았으며 우리는 사랑 속에서 마법 같은 시간을 보냈다.

늦은 봄 산에서 내려와 파리로 돌아오고 나서 또 다른 사건이 벌어지기까지 우리는 일도 잘 풀렸고, 둘이서 멋진 여행을 다니기도 했다. 회한이란 달콤하고 유익한 것이었다. 약간의 운이 따르고 내가 조금 더 나은 사람이었다면, 그 회한이 그 후 삼 년간 끊임없이 나를 따라다니며 괴롭혔던 더 나쁜 일로부터 나를 구해 주었을 것이다.

부자들도 멋지고 좋은 사람들이고, 파일럿 피시도 진정한 친구였을지도 모른다. 부자들은 분명히 자신의 목적만을 위해 무슨 일인가를 하지는 않았을 것이다. 당시에 그들은 그림을 수집하거나 혈통 좋은 명마를 사들이듯이 사람을 수집했을 뿐이며, 내가 내리는 무자비하고 지독한 결정들을 수용했을 뿐인지도 모른다. 당시로서는 내가 내린 모든 결정이 불가피하고 논리

적이고 훌륭하다고 생각했지만, 결과적으로 나는 사기꾼에게 놀아난 셈이 되었다. 그것은 내가 잘못 내린 결정이었고, 결과도 좋지 않았지만, 그 결정 자체가 잘못되었던 것은 아니다. 어떤 일에 대해 누군가에게 거짓말하고 사기를 친 사람은 나중에 또다시 그런 짓을 저지르게 된다. 누군가에게 그런 일을 당하면 다른 사람에게 또다시 그런 일을 당하게 된다. 내가 나쁜 짓을 할 때 부자들이 나를 지원하고 부추겼기에 나는 그들을 증오했다. 그러나 전반적인 상황을 파악하지 못한 그들은 그것이 잘못된 일이고 결과가 좋지 않으리라는 것을 알 수 없었을 것이다. 그것은 그들 잘못이 아니었다. 그들의 유일한 잘못은 남의 인생에 끼어들었다는 것이었다. 그들은 남에게 악운을 가져다준 셈이지만, 자신에게는 더 가혹한 악운을 불러왔으며, 결국 그 악운이 다할 때까지 그것을 짊어지고 가야 했다.

    친구를 속인 여성은 끔찍한 짓을 한 셈이지만, 그것을 막지 못한 것은 내 잘못이었으며 내 어리석음 탓이었다. 그 일에 휘말리고 그녀와 사랑에 빠짐으로써 나는 그 일에 대한 모든 책임을 걸머지게 되었으며 한동안 무서운 회한 속에서 살아야 했다. 그 회한은 아내가 나보다 훨씬 더 좋은 남자와 결혼할 때까지 밤이고 낮이고 내게서 떠나지 않았으며, 그녀가 다시 행복을 찾았다는 것을 알고 나서야 나는 마음이 조금 가벼워졌다.

    하지만, 그해 겨울 내가 다시 나쁜 짓을 하러 파리로 돌아가기까지 해들리와 나는 쉬룬스에서 정말 좋은 시간을 보냈다. 그때 나는 그 산속에 다시 봄이 돌아올 것을 믿었고, 아내와 내가 얼마나 서로 사랑하고 신뢰하는지 실감하고 있었으며, 부자들이 떠나면 우리가 다시 어떤 일에도 상처받지 않고 안전하고 행복하게 살 수 있으리라 믿었다. 그러나 결국 우리는 안전하지 않았고, 우리가 파리에서 보낸 삶의 첫 장은 그렇게 끝났다. 그곳은 언제나 파리였지만, 내게 파리는 두 번 다시 예전 같지 않았으며, 파리가 변함에 따라 나도 변했다. 우리는 다시 포알베르크로 돌아가지 않았고, 부자들도 마찬가지였다. 파일럿 피시도 다시는 그곳에 가지 않았을 것이다. 그에게는 부자들을 인도할 다른 곳이 많이 있었으며 마침내 그도 부자가 되었다. 하지만, 그에게는 자신이 걸머져야 할 악운이 있었고 그 악운은 다른 어떤 사람의 것보다도 가혹했다.

요즘은 아무도 스키를 신은 채 산을 오르지 않고, 스키를 타다가 다리를 부러뜨리는 사람도 많다. 지금은 모든 것이 부러지는 시대이고, 지나고 보면 부러졌다 다시 붙은 자리가 더욱 단단해진다고들 하지만, 따지고 보면 가슴이 찢어지는 것보다는 다리가 부러지는 편이 훨씬 나을 것이다. 요즘은 어떤지 모르겠지만, 몹시 가난했고 무척 행복했던 우리 젊은 날의 파리에서는 그랬다.

10. 나다 이 뿌에스 나다

　이것은 해들리와 내가 어떤 일에도 상처받지 않고 안전하게 살 수 있다고 믿던 시절에 우리가 만났던 사람들과 우리가 갔던 장소들에 관한 이야기다. 하지만, 결국 우리는 안전하지 않았고, 우리가 파리에서 보낸 삶의 첫 장은 끝났다. 그것으로 좋았다.
　요즘은 아무도 바닥에 물개 가죽을 붙인 스키를 신고 산에 오르지 않는다. 그럴 필요가 없다. 좋은 것이든 나쁜 것이든 여러 종류의 스키 바인딩이 있으며, 따지고 보면 가슴이 찢어지는 것보다는 다리가 부러지는 편이 더 나을지도 모른다. 어떤 사람들은 다리가 부러지든 가슴이 찢어지든 나중에 보면 부러지거나 찢어졌다가 회복한 부위가 이전보다 더 강해지는 경우가 흔하다고 말한다. 지금 당장은 그 말을 실감하지 못하지만, 나는 누가 그런 말을 했는지 알고 있으며 그의 말에 동의한다.
　요즘은 스키 교육법이 더 좋아져서 사람들이 우리 때보다 대체로 스키를 더 잘 타며, 스키를 잘 타는 사람들은 아름답다고 할 정도의 스키 실력을 뽐낸다. 그들은 마치 다양한 비행술을 아는 이상한 새처럼 곤두박질치듯이 엄청나게 빠른 속도로 활강한다. 인파로 북적대는 활강로를 질주하는 사람들을 더욱 위험에 빠뜨리는 것은 새로 내려서 두껍게 쌓인 눈뿐이다.

우리가 로프도 없이 빙하 위에서 스키를 타고, 패트롤카를 타고 다니는 구조대원도 없던 시절에 스키 타는 여러 가지 비결을 알고 있었듯이, 그들도 요즘 유행하는 여러 가지 비결을 알고 있다. 그들은 우리보다 더 능란한 스키어들이므로 리프트를 이용할 수 없는 고산 스키 역시 잘 탈 수 있을 것이다. 고산 스키야말로 그들이 도전해야 할 종목이다. 그러나 여기에는 또 다른 문제가 있다.

만약 그들이 충분히 일찍 출발하고, 새로운 방법을 잘 알고 있으며, 재능이 있다면, 올해 선 밸리[19]에서 발생한 사고처럼 경주 중에 다리가 부러지거나 인명이 희생되는 일은 없었을 것이다. 그러나 요즘 산악 지대에는 여러 가지 인위적인 위험이 도사리고 있다. 사람들은 심지어 인위적으로 눈사태를 일으키기 위해 대포나 박격포를 쏘기도 한다. 그래서 요즘 다리를 부러뜨리는 사고는 절대로 발생하지 않는다고 아무도 장담하지 못한다.

가슴이 찢어지는 것은 또 다른 문제이다. 그런 일은 절대로 일어나지 않는다고 말하는 사람도 더러 있다. 가슴이 없는 사람은 당연히 가슴 찢어질 일도 없을 것이다. 그러나 가슴이 있는 사람에게 가슴이 찢어지는 일이 벌어지는 데에는 여러 가지 요소가 복합적으로 작용한다. 물론, 가슴속에 아무것도 없을 수도 있다. '나다.'[20] 그것을 믿어도 좋고, 믿지 않아도 좋다. 그리고 그것이 진짜일 수도 있고, 아닐 수도 있다. 그것을 아주 잘 설명한 철학자들도 있다.

글을 쓰는 데에도 역시 여러 가지 비결이 있다. 글을 쓰다가 어떤 부분을 생략할 때, 그 순간에는 어떻게 보일지 모르지만, 생략해서 잃어버리는 것은 아무것도 없으며 생략된 부분은 언제나 남아 있는 부분을 더욱 강력하게 해준다. 어떤 이는 작가가 글을 완성해서 넘겨야만 그 글을 소유하는 셈이며,

시간에 쫓겨 글을 쓰다 보면 그 글을 버려야 하는 경우가 생길 수도 있다고 말한다. 내가 파리에서 단편을 쓰던 젊은 시절보다 훨씬 뒤에 나도 장편 소설을 탈고한 후에야 그 글을 소유할 수 있었고, 소유한 후에야 비로소 버릴 수도 있고 다시 잃어버릴 수도 있었다. 사람들은 그 밖의 다른 문제에 대해서도 이야기는 하지만, 거기에 큰 관심을 보이지는 않는다. 그 다른 문제란 작가 각자의 타고난 재능에 바탕을 둔, 자기만의 글 쓰는 비결이다. 그러나 정작 그런 비결이나 재능을 잘 모르는 사람들이 더 많은 글을 썼다. 요즘은 글을 잘 쓰는 작가보다는 글로 설명하려는 사람들이 훨씬 더 많다.

글을 잘 쓰려면 물론 다른 것도 많이 필요하겠지만, 많은 행운이 필요하다. 그러나 모든 작가에게 늘 행운이 따라 주지는 않는다. 유감스러운 일이지만, 불평할 것도 없다. 작가는 어떤 글을 어떻게, 그리고 왜 써야 하는지를 자신에게 설명하려 드는 사람들의 말에 동의하지 않더라도, 그들에게 불평할 필요는 없다. 그들이 원하는 대로 설명하게 내버려 두면 된다. 하지만 작가가 알고 있는, 가슴속에 아무것도 남아 있지 않은 자신과 다른 사람들이 생각하는 자신 사이에서 조화를 찾는 것이 어려운 일임은 분명하다. 작가에게 행운을 빌어 주는 사람도 있고 그렇지 않은 사람도 있다. 좋은 글은 쉽게 파괴되지 않지만, 비웃음을 당하지 않도록 늘 조심해야 한다.

췌장암에 걸려서 복수를 빼내고 있던 에반이 마지막으로 나를 만나러 쿠바로 왔던 때가 기억난다. 투병 중에도《텔레그래프》를 위해 걸프스트림 파크에서 벌어지는 경마 경기를 취재하고 있던 그가 서둘러 일을 끝내고 쿠바로 날아왔던 것이다. 쿠바에서는 모르핀을 쉽게 구할 수 있으리라는 주위 사람들의 말만 믿고 그에게 꼭 필요한 모르핀 처방전도 가져오지도 않았다.

그러나 쿠바에서 그것을 구하기가 쉽지 않았다. 하필 바로 얼마 전에 일제 단속이 있었기 때문이었다. 그는 내게 작별 인사를 하러 왔지만, 물론 그것을 입에 올리지는 않았다. 그에게서는 복수를 빼낼 때 나는 냄새가 풍겼다.

"틀림없이 의사가 곧 가져올 거야." 그가 말했다. "무슨 일이 생겨서 지체되나 봐. 이렇게 고통에 시달리는 모습을 보이다니, 정말 미안하군, 헴. 일이 성가셔졌어."

"지금쯤 도착해야 하는 것 아닌가?"

"기다리는 동안. 우리 그리운 시절의 재미있었던 일이랑 정말 좋았던 사람들 이야기나 해보자고. 데스노스[21] 생각나? 그 친구가 자네에게 멋진 책을 한 권 보내 주었지?"

"자네가 부상해서 휴가를 얻어 요양 중일 때 에스파냐 무르시아의 어느 병원에 있다가 눈 오는 날 알파르카타[22]를 신은 채 마드리드에 나타났던 일 기억나? 아마 자네는 침대 발치에서 시트 커버를 덮고 자고, 존 차나카스는 바닥에서 잤지? 존이 우리를 위해 요리를 해주었고."

"착한 존. 그 친구가 목동이었을 때 늑대를 봤다고 말했던 것 기억나? 나는 기침을 자주 했는데, 그때마다 남의 시선을 의식했지. 그런데 정작 기침을 해서 피를 토했을 땐 그게 아무 의미도 없더라고. 하지만 당황스럽긴 했지. 파리 시절은 행복했고, 키웨스트도 아주 좋았지. 그래도 에스파냐가 정말 최고였어."

"그리고 또 한 차례 전쟁이 있었지. 그런데 자네는 어떻게 해서 참전하게 되었나?"

"정말 참전하고 싶은 사람은 누구든 받아 주더군. 난 전쟁을 아주 진지하게 생각했어. 그래서 군대에서 상사가 되었지. 에스파냐에서 참전했을 때 나중에는 아주 수월했어. 마치 학창 시절로 돌아간 것 같았어. 경마와 아주 비슷했지. 뭐랄까, 전투는 일종의 흥미로운 문제 같았어."

"난 자네 시를 모두 감춰 뒀다네."

우리가 과거에 재미있었던 일과 정말 좋은 사람들을 하나하나 회상하는 동안, 그의 고통은 점점 더 심해졌다.

"그건 정말 사려 깊은 행동이었어, 헴. 시가 꼭 발표되어야 하는 건 아니야. 하지만 지금은 그 시들이 존재한다는 것이 중요하다고 생각해. 우리는 둘 다 여태까지 꽤 존재감이 있는 사람들이었지, 그렇지 않나, 헴? 그리고 자네는 소위 '나다'에 대해 아주 좋은 글을 썼지."

"나다 이 뿌에스 나다."[23] 내가 말했다. 나는 이미 멕시코 만류와 바다와 그 밖의 여러 가지 일을 떠올리고 있었다.

"내 병이 심하다고 속상해하지 말게, 헴. 이렇게 자네와 그리운 파리에서 지냈던 옛 이야기를 나누니 정말 좋아. 우리가 멋진 여행에서 만났던 더닝 씨, 오두막 안에 있던 미친 사람, 갑자기 사라졌던 보스퍼 씨, 웨이터 앙드레와 장, 그리고 앙드레 마송과 후앙 미로[24]에게 일어났던 일도 감회가 새롭군. 참, 자네가 은행에서 돈을 찾아서 내게 용돈을 줬는데, 내가 그 돈으로 그림을 샀던 일 기억나나? 자네는 계속 글을 써야 해. 자네는 우리 모두를 위해 글을 쓰잖아."

"우리 모두가 대체 누군데?"

"까칠하게 굴지 말게나. 젊은 시절의 우리 말일세. 좋을 때도 있었고, 나쁠 때도 있었고, 에스파냐 전쟁 시절도 있었지. 그리고 그 뒤에도 여러 가지 일이 있었고, 지금도 있지. 그 재미있는 일들을 글로 쓰게나. 낯선 시기에 낯선 장소에 있었던 일 중에서 우리가 체험으로 알고 있는 것들만 쓰라고. 그런

일들을 다시 생각하기 싫더라도 자네는 그것들을 글로 써야 해. 그리고 지금 일어나는 일에 대해서도 쓰라고. 나는 경마를 취재하러 다니느라 너무 바빠서 요즘 무슨 일이 벌어지는지 전혀 몰라. 내가 아는 것은 오로지 현재의 나에 대한 것뿐일세."

"의사가 모르핀을 빨리 가져오지 않아서 큰일이네, 에반. 지금 이 순간 우리의 현재가 바로 이것일세."

"이건 단지 고통에 불과한 거지." 그가 말했다. "의사가 늦어지는 데에는 그럴 만한 이유가 있을 거야."

"우리가 들어가서 좀 찾아보기로 하지. 자네 암도 수술로 완치될 수 있지 않은가, 에반?"

"아니. 물론, 수술을 받았지. 우리 건강에 대해선 이미 이야기하지 않았나. 자네 검사 결과가 괜찮아서 정말 다행이야. 잘됐어, 헴. 자네 글에 대해 너무 심각하게 이야기해서 미안하네. 난 그저 내 시에 대해 내가 했던 짓을 자네만은 하지 않기를 바랄 뿐이야. 왜 그런지는 자네도 잘 알 거야. 우린 늘 서로 설명이 필요 없는 사이였잖아. 나는 나의 현재에 대해 쓰고 있어. 그건 경마에 대한 거지. 자네의 현재는 아주 흥미롭잖아. 그리고 자네는 나를 여러 곳에 데려갔고, 여러 사람과 만나게 해줬지."

"안에 들어가서 좀 찾아보자고, 에반. 내가 배에서 쓰던 게 통째로 남아 있었는데, 그게 내 주변에서 돌아다니는 게 싫어서 다 태워 버린 것 같아."

"의사하고 길이 어긋나서 못 만날지도 모르잖아."

"그럼, 다른 의사를 부르면 되지, 뭐. 이렇게 참을 수 없이 아픈데 기다리기만 하는 건 바보짓이야."

"그럴 필요 없어. 내가 여기 올 때 가져왔어야 하는데. 틀림없이 그 의사가 올 거야. 괜찮다면 잠시 들어가서 누워야겠어. 헴, 글 쓰는 것, 잊지 않을 거지?"

"물론이지." 내가 대답했다. "내가 글 쓰는 걸 잊을 리가 있나."

나는 전화를 걸려고 밖으로 나갔다. 물론이지, 하고 생각했다. 글 쓰는 걸 절대로 잊지 않을 거야. 나는 글을 쓰려고 세상에 태어났고, 여태까지 글을 써왔으며, 앞으로도 다시 글을 쓸 거야. 장편이든 단편이든 내 글에 대해 사람들이 하는 말, 누가 쓴 글이냐는 등의 말에 나는 전혀 개의치 않을 거야.

하지만 내게는 에반 쉬프맨의 발표되지 않은 시들, 여기저기 메모가 남아 있는 지도, 심지어 시간이 없어서 당국에 반납하지 못한 총 따위의 개인 소지품이 들어 있는 자물쇠 달린 트렁크나 더플백 같은 것들을 쌓아둘 창고가 있으며, 이 책에는 그런 내 기억과 가슴속 창고에서 찾아낸 것들이 담겨 있다. 비록 그중에는 누군가가 훔쳐간 것도 있고, 잃어버린 것도 있지만.

譯註

1) 다음 줄부터 235쪽 첫째 줄 "그는 결국 평론가가 되지 못했다."까지가 첫 번째 버전이고 같은 쪽 셋째 줄 "나는 그가 다시 나타나리라고는 생각지 않았다."에서부터 마지막 줄까지가 또 다른 버전이다.

2) Thomas Stearns Eliot, 1888~1965: 영국의 시인 겸 극작가이자 문학평론가. 미국에서 태어나 철학을  전공하고 프랑스 문학을 공부하면서 상징시에 깊은 관심을 보였다. 1915년에 처음으로 시를 발표했으며, 1차 세계대전이 발발했을 때 영국에 머물며 은행원으로 근무하는 한편 시작에 몰두하여 1917년 처녀시집 《프루프록 및 그 밖의 관찰(Prufrock and Other Observations)》을 발표했는데 그를 유명하게 한 작품은 1922년에 그가 편집, 창간한 문화평론지 《크라이티어리언(The Criterion)》에 발표한 〈황무지(The Waste Land)〉이다. 이 작품은 종래의 미온적인 낭만주의가 자취를 감추게 했고, 20세기 시단의 가장 중요한 작품의 하나로 꼽히게 되었다. 이후 1930년에는 종교적 색채가 짙은 시집 《재의 수요일(Ash Wednesday)》을 발표했고, 《사원의 살인(Murder in the Cathedral)》이나 《가족의 재회(The Family Reunion)》와 같은 시극을 쓰기도 했던 그는 문예비평에서 문명비평으로 옮겨 〈시의 효용과 비평의 효용(The Use of Poetry and the Use of Criticism)〉, 〈문화의 정의에 대한 노트(Notes Towards the Definition of Culture)〉 등의 평론을 발표했으며, 1948년에는 노벨문학상을 받았다.

3) Natalie Clifford Barney, 1876~1972: 미국의 극작가 겸 시인이자 여류 소설가. 파리에 주로 살았던 그녀는 많은 예술가를 후원하며 그들과 친교를 나누었으며 또한 공개적인 레즈비언이기도 하여 프랑스의 여류 시인 르네 비비앵(Renée Vivien)과의 사랑으로 유명하다.

4) Rémy de Gourmont, 1858~1915: 프랑스의 시인 겸 소설가이자 문학평론가. 26세 때 결핵의 일종인  낭창에 걸려 얼굴이 추해지자 문 밖 출입을 하지 않고 고독한 생애를 보냈다. 시(詩)에서는 지성과 관능의 미묘한 융합으로 독자적인 시의 경지를 이루었으며, 소설과 희곡도 발표했으나 그의 참다운 면모는 상징주의 이론의 전개에 있다. 문예지 《메르퀴르 드 프랑스(Mercure de France)》에 평론을 발표하여 넓은 학식과 섬세한 분석력을 높이 평가받았다. 대표작으로는 전 세계적으로 널리 애송되는 시 〈낙엽(La Feuille)〉이 수록된 시집 《시몬(La Simone)》이 있고 그 외에도 《가면집(Livres des Masques)》, 《문학적 산보(Promenades Littraires)》, 《철학적 산보(Promenades Philosophiques)》 등이 있으며, 특히 《프랑스어의 미학(Esthtique de la Langue Française)》은 지금도 그 권위를 인정받고 있다.

5) Major Clifford Hugh Douglas, 1879~1952: 스코틀랜드 엔지니어 출신 경제학자. 제1차 세계대전 중 공군 소령으로 항공기 생산 공장의 회계 감사 일을 하다가 가격과 소득 사이, 생산과 소비 사이에 터무니없는 간극이 있음을 발견하고 연구를 거듭하여 사회신용론을 정립했다. 그는 이를 바탕으로 기본소득에 관한 철저한 이론적, 경제적 근거를 사용하여 논리화했다. 경제학자들은 그를 기인 취급하며 상대도 하지 않으나 1929년 대공황이 발생하면서 그는 '경제사상의 아인슈타인'이라는 평을 받았다. 그의 사회신용론은 문학계에도 환영을 받아 T. S. 엘리엇이나 에즈라 파운드가 그 신봉자가 되었다.

6) 《크라이터리언(Criterion)》: 제1차와 제2차 세계대전 사이에 영국의 문학에 크게 공헌했던 문화평론 계간지. 1922년 10월 이 잡지를 창간한 T. S. 엘리엇은 유럽은 동일한 문화적 기반에 있다는 신념으

로 각국 문필가나 사상가의 새로운 사고방식이나 표현을 소개하여 각자의 문화 향상에 이바지했으나, 정치적 상황이 급변하여 사상적 국경선이 폐쇄적으로 변하여 이 잡지는 1939년 1월호를 마지막으로 폐간되었다.

7) Sandhurst: 영국 육군사관학교(Royal Military Academy)의 소재지.

8) Rive gauche: 사고가 진보적이고 자유분방한 좌파 성향의 지식인, 예술가, 학생 등의 계층의 모여 사는 센 강 좌안 지역.

9) Rive droite: 사고가 보수적이고 전통적인 우파 성향의 사업가, 정치인, 은행가 등의 계층이 모여 사는 센 강 우안 지역.

10) 헤밍웨이가 쓴 원고에 다음 단락은 삭제되어 있었다고 한다. "아내와 나는 두 가지로 무장하고 있었다. 첫째로 단편 두 편과 시 몇 수를 제외하고 그전 4년 동안 내가 쓴 글을 모두 잃어버렸다. 당시 나는 캐나다의 일간지《토론토 스타》(The Toronto Star)와 미국의 두 통신사 인터내셔널(The International)과 유니버설(The Universal)의 특파원 자격으로 스위스 로잔에서 열리는 한 회의에 참석하고 있었다. 크리스마스 전에 나는 나를 대신해서 통신사 일을 해줄 사람을 구해 놓고 해들리에게 크리스마스 연휴에 스키를 타러 가자는 편지를 썼다. 그 회의는 아주 재미있었고, 나는 두 통신사의 24시간 보도 시스템에 맞추려고 무척 열심히 일했다. 나는 두 이름으로 기사를 썼다. 하나는 내 실제 이름이고 다른 하나는 유럽 정치에 정통한 중년의 기자를 가장하며 '존 해들리(John Hadley)'라는 가명이었다. 나는 그날의 마지막 기사를 보통 새벽 3시 조금 전에 송고했는데, 자러 가면서 완성한 기사를 호텔의 통신 담당 직원 책상에 놓고 가곤 했다.
해들리가 오기로 되어 있던 날 아침, 내가 기차가 도착하는 시간에 맞춰 마중을 나가려고 일찌감치 아래층으로 내려가자 통신 담당 직원이 내게 전보를 한 장 건네주었다. 그녀가 다음 기차로 도착한다는 내용이었다."

11) 여기도 다음 단락이 삭제되어 있었다고 한다. "겨울철에 아내와 내가 오스트리아에서 지낼 때 우리는 서로의 머리카락을 잘라 주면서 똑같은 길이의 머리 모양을 했다. 한 사람은 검은색, 다른 한 사람은 어두운 붉은빛이 도는 황금색 머리카락이었다. 캄캄한 밤에는 침대에 누운 채 한 사람이 손을 뻗어 어둠 속에서 차가워진 다른 사람의 입술을 스치고 풍성한 검은색 머리 혹은 붉은빛이 도는 황금색의 부드럽고 풍성한 머리카락을 흩어 놓으며 다른 한 사람을 깨우곤 했다. 달빛이 흘러 들어올 때면 입김이 나오는 것을 볼 수 있었다."

12) Cimetière Père Lachaise: 파리 동쪽에 있는 가장 큰 공동묘지로 몰리에르, 쇼팽, 알퐁스 도데, 발자크, 오스카 와일드 등 많은 저명인사가 이곳에 잠들어 있다.

13) Herbert George Wells, 1866~1946: 잉글랜드 켄트 브럼리 출생으로 교사를 거쳐 문필생활에 뜻을 두고, 100권이 넘는 책을 저술했다. 처음에는 자연과학적인 교양과 상상력을 결합,《타임 머신》(The Time Machine),《투명인간》(The Invisible Man)과 같은 공상 과학 소설을 썼고, 이어 원자폭탄을 예언한《우주전쟁》(The War of the Worlds)을 썼다. 제1차 세계대전을 계기로 그는 세계의 운명에 관심을 집중하여 '단일 세계국가'를 구상했으며 역저《세계사 대계》(The Outline of History)를 출간했다. 속편인《생명의 과학》(The Science of Life)과《인류의 노동과 부와 행복》(The Work, Wealth and Happiness of Mankind)에서는 미래 인간의 기초 지식으로서의 방향을 제시했다.《다가올 세계》(The Shape of Things to Come)는 예언 소설로서 세계 국가가 설립되는 21세기를 공상하고 있으나 2차 대전의 발발로 그의 진보주의적 꿈은 무너졌고,《사람의 운명》(Fate of Homo Sapiens)에서 시작되는 문명비평의 태도는 점차 비관적으로 변해《정신의 한계》(Mind at the End of It's Tether)에서는 낙관주의적 인간관·세계관을 부정하고 있다.

14) Bill Bird(William Augustus Bird), 1888~1963: 미국의 저널리스트. 그는 1920년대에 파리에서 취미로

운영했던 소규모 인쇄소로 더 잘 알려졌다. 그가 파리에서 운영하던 인쇄소 안의 한 공간을 당시《트랜스애틀랜틱 리뷰》의 편집자로 일하던 포드 매독스 포드가 빌려 쓰기도 했다.

15) Nivelle offensive: 제1차 세계대전이 한창이던 1917년 4월 16일과 5월 9일 사이에 벌어진 전투에서 프랑스의 신임 참모총장 니벨르의 전면공격 작전에 따라 프랑스 제5, 6군 19개 사단이 독일군의 참호선을 공격했지만 패배하고 이어서 제4군도 독일에 격퇴당했다. 결국 이 전투에서 프랑스군은 5월 5일 슈맹 데 담 능선의 4킬로미터 구간만 간신히 점령했다. 당시 프랑스군 사상자는 18만 7천 명에 달했으며, 이후 프랑스군 내부에도 문제가 생기고 프랑스 국민이 들고일어나 니벨르 장군은 해임되었다.

16) André Masson, 1896~1987: 프랑스의 화가. 초기에는 입체파의 영향을 받았지만 1923년 이후 앙토넹 아르토, 미셸 레리스, 후앙 미로, 루이 아라공, 앙드레 브르통 등과 친교를 맺으며 초현실주의 화가로 활약했다.

17) pilot fish: 원래 키우려는 어종을 수족관에 넣기 전에 그 어종이 이전에 살던 환경과 유사한 생물학적 환경을 만들기 위해 투입하는 물고기로서 대부분은 임무를 완수하면 죽어 버린다. 그래서 통상적으로 죽어도 아깝지 않은 값이 싸고 흔한 물고기를 사용한다.

18) Attila: 5세기 전반에 동양에서 유럽에 침입한 훈족(Huns)의 왕.

19) Sun Valley: 미국 아이다호 주 케첨(Ketchum) 근처에 있는 계곡. 1939년에 처음으로 이곳을 여행한 헤밍웨이는 그 후 정기적으로 이곳에 들러 낚시와 사냥을 하다가 1959년에는 아예 이곳에 집을 한 채 사기도 했다.

20) Nada: 무(無), '없다'는 뜻. 영어로 'nothing'을 의미하는 에스파냐어.

21) Robert Desnos, 1900~1945: 프랑스의 시인. 앙드레 브르통(André Breton)과 함께 초현실주의 시 운동에 참여했고 최면 능력으로 초현실주의의 기수가 되었다. 그는 황홀한 최면 상태에서 자신의 꿈을 낭송하고 글을 쓰고 그림을 그릴 수 있었다. 2차 대전이 일어나자 인도주의에 공감을 느끼고 그것을 표현하기 위해 초현실주의의 기괴한 실험을 포기하고 좀 더 전통적이고 고전적인 시형식을 채택했다. 전쟁 중에 침략군 독일에 저항하여 레지스탕스 운동에 가담했다가 체포되어 수용소에서 사망했다. 대표작으로《상(喪)을 위한 상(Deuil pour deuil)》,《각성 상태(État de veille)》,《운명(Fortunes)》등이 있다.

22) alpargata: 14세기 프랑스 남부와 에스파냐의 접경지역인 바스크에서 탄생된 이 신발은 황마 짚을 엮어 만든 로프를 바닥으로 그 위에 천을 꿰매 만들어진 것으로 에스파냐에서는 노동자와 군인들을 위한 신발로 많이 제작되었고, 프랑스와 에스파냐 이민자들에 의해 남미에 전파되어 에스빠드류(espadrille)라 불렸으며, 짚의 통기성과 가벼운 천 소재의 편한 착화감으로 남미에서는 남녀를 불문하고 농부와 노동자들의 생활필수품으로 정착되었다.

23) Nada y pues Nada: '아무것도 아냐. 그리고 어, 아냐, 아무것도'라는 의미의 에스파냐어.

24) Juan Miro i Ferra, 1893~1983: 에스파냐의 화가이자 조각가 겸 도예가. 초현실주의를 표방하는 그는 에스파냐인 특유의 강렬한 꿈과 시정이 감도는 화풍으로 유명하다. 그의 작품들은 바르셀로나, 파리, 뉴욕 등에 분산되어 세계인들의 관심을 불러 모으고 있다.

어니스트 헤밍웨이 연대기

어니스트 헤밍웨이Ernest Miller Hemingway, 1899.7.21~1961.7.2는 시카고 교외의 오크파크에서 사냥과 스포츠를 좋아하는 의사 아버지와 예술을 사랑하고 신앙심이 돈독한 성악가 어머니 사이의 맏아들로 태어났다. 이렇게 상반되는 부모의 기질과 취미가 그의 인생과 문학에 미묘한 영향을 주었다.

고교 시절에는 풋볼 선수였으나, 그때 이미 시와 단편 소설을 쓰기 시작했고, 그중 몇 편은 상당히 좋은 평가를 받았다. 후일 그가 쓴 여러 단편 소설이 보여 주듯 그의 어린 시절에서 가장 중요했던 부분은 미시간 북부의 왈룬 호수에서 가족과 함께 보낸 여름이었다고 한다. 1917년 고교 졸업 후에는 대학에 진학하지 않고 시카고로 가서 캔자스시티 스타Kansas City Star 신문사의 기자가 되었다. 이 시기에 저널리즘 특유의 건조하고 간결한 문체로 기사를 신속하게 작성한 경험은 훗날 이른바 '헤밍웨이 문체'로 일컬어지는 독특한 글쓰기의 밑거름이 되었다.

제1차 세계대전이 발발하자 모험심에 불타던 19세 청년 헤밍웨이는 전쟁 영웅이 되기를 꿈꾸었으나, 눈에 결함이 있어 계속 입대를 거절당하다가 1918년에 가까스로 미국 적십자사의 야전병원 구급차 운전 요원으로 참전했다. 그러나 그는 비전투원이었기에 총을 지급받지도 못했고 제복도 달랐다. 이탈리아 북부 스키오의 전선에 배치된 헤밍웨이는 1918년 7월 8일 임무 수행 중에 적군의 포격으로 다리에 부상을 입었다. 그는 다른 부상자를 도운

공으로 훈장을 받았고, 치료를 위해 밀라노 육군병원에 입원했다. 그곳에서 그는 젊은 미국인 간호사를 만나 짝사랑에 빠졌고, 이때의 경험은 훗날 그의 대표작 《무기여 잘 있거라 A Farewell to Arms》(1929)에 상당 부분 반영되었다.

전쟁이 끝나고 휴전이 되어 1919년 귀국한 그는 건강을 되찾고 시카고에서 다시 집필을 시작했고 이 무렵에 해들리 리처드슨을 만나 결혼했다. 그와 가깝게 지내던 소설가 셔우드 앤더슨은 그에게 프랑스 파리에 가서 본격적으로 문학 수업을 받으라고 권유했고, 그 충고를 받아들인 그는 1921년 12월 22일 갓 결혼한 아내 해들리와 함께 《토론토 데일리 스타 Toronto Daily Star》의 해외 통신원 자격으로 프랑스 파리에 도착했다.

그는 파리에 살면서 거트루드 스타인, 실비아 비치, 제임스 조이스, 에즈라 파운드, 포드 매독스 포드, 스콧 피츠제럴드 등 당대의 저명한 작가, 출판인들과 어울리며 습작에 열중했다. 물론, 그의 본업은 파리 주재 언론사 특파원이었기에 무솔리니 Benito Mussolini, 1883~1945를 인터뷰하거나 그리스-터키 전쟁을 취재하는 등 유럽 전역을 돌아다녀야 했다.

그는 친구와 동료 작가들의 충고와 격려에 힘입어 문학 작품을 출간하기 시작했다. 1923년에 데뷔작인 《세 편의 단편과 열 편의 시 Three Stories and Ten Poems》를 출간했고, 1924년에는 주로 청소년기의 체험을 바탕으로 한 단편집 《우리 시대에 In Our Time》를 발표했다. 다음 작품 《봄의 격류 The Torrents of Spring》(1926)에 이어 발표된 《태양은 또다시 떠오른다 The Sun Also Rises》(1926)는 그에게 명성을 안겨 주었다. 비관적이지만 활기 넘치는 이 소설은 프랑스와 에스파냐를 무대로 찰나적·향락적인 생활을 하고 있는 목적 없는 망명자들, 즉 헤밍웨이 때문에 유명해졌지만 그 자신은 경멸했던 표현인 전후의 '잃어버린 세대'를 다룬 작품이다.

그는 전후 몇 해 동안 집필에 전념했다. 그사이 첫아들 존을 얻은 그는 1927년 첫 번째 부인과 이혼했고, 같은 해에 유명 잡지《보그Vogue》의 편집자인 폴린 파이퍼와 재혼하여 재력가의 딸인 그녀 덕분에 경제적으로 안정된 상태에서 창작에 전념할 수 있었다. 그는 그녀와의 사이에 두 아들, 패트릭과 그레고리를 두었다. 이듬해에 헤밍웨이는 파리를 떠나 휴양지로 유명한 미국의 최남단 마이애미 주 키웨스트로 갔으며, 이후 12년간 이곳에 살면서 중기의 대표작을 발표했다. 그러나 1928년 말에 우울증에 시달리던 헤밍웨이의 아버지가 권총으로 자살해서 가족에게 큰 충격을 주었다.

1929년 그는 전쟁의 허무함과 고전적인 비련을 주제로 한《무기여 잘 있거라》를 완성했다. 이 작품은 전쟁문학의 걸작으로 국외에서도 큰 반향을 불러일으켰다. 그 후 에스파냐의 투우를 다룬《오후의 죽음Death in the Afternoon》(1932), 아프리카에서의 맹수 사냥에 문학론과 인생론을 접목한 에세이집《아프리카의 푸른 언덕Green Hills of Africa》(1935)을 발표했다. 밀수(密輸)에 연루된 어선의 선장이 주인공으로 등장하는 다음 장편《가진 자와 못 가진 자To Have and Have Not》(1937)는 당시 유행하던 사회소설을 지향했지만, 그가 본질적으로 이 장르에 맞지 않는다는 사실을 보여준 작품이다.

한때 최고의 인기를 누리던 작가 스콧 피츠제럴드가 몰락하면서, 헤밍웨이는 미국 최고의 중견 작가라는 명성을 얻었다. 그러나 그는 자신의 명성에 걸맞은 작품을 내놓지 못하고 있었다. 그때 마침 1936년부터 에스파냐에서 내전이 시작되어 전 세계의 관심을 끌고 있었다. 헤밍웨이는 1937년부터 1938년까지 특파원 자격으로 네 차례에 걸쳐 에스파냐를 방문했다. 그는 이 체험을 바탕으로 스파이 활동을 다룬 희곡《제5열The Fifth Column》(1938)을 완성했으며 1940년에는 에스파냐 내란을 배경으로 미국 청년 로버트 조단이 주인공으로 등장하는 걸작《누구를 위하여 종은 울리나For Whom the Bell Tolls》를 발표하여《무기여 잘 있거라》이상의 반향을 불러일으켰다.

아울러 그는 에스파냐에서 함께 전장을 누비던 미국 출신 여성 특파원 마사 겔혼Martha Gellhorn, 1908~1998과 사랑에 빠져 폴린과 헤어졌고 두 사람은 1940년 결혼했다. 그들은 쿠바로 건너가서 아바나의 '핀카 비히아'라는 작은 농장에 정착하여 쿠바의 유명 인사가 되었다.

제2차 세계대전 후 10년간의 침묵을 깨고 발표한《강 건너 숲 속으로 Across the River and into the Trees》(1950)는 예전의 소설의 재판(再版)이라 해서 좋지 못한 평을 얻었지만, 다음 작품《노인과 바다The Old Man and the Sea》(1952)는 대어(大魚)를 낚으려고 분투하는 늙은 어부의 불굴의 정신과 고상한 모습을 간결하고 힘찬 문체로 묘사한 단편으로서 1953년 퓰리처상을 받고, 1954년 노벨문학상을 받았다. 사실, 평론가 중에는 헤밍웨이를 장편보다는 단편 작가로서 높이 평가하는 사람이 많다. 1924년 발표한 초기 작품《우리 시대에》외에 그는《여자 없는 세계Men Without Women》(1927)《승자는 아무것도 얻지 못한다Winner Take Nothing》(1932) 등을 발표했고, 나중에 다른 작품들을 포함하여 한 권으로 출간했는데, 그중에는 하드보일드hardboiled풍의 걸작〈살인청부업자The Killers〉(1927), 표현기술의 정수를 구사한〈킬리만자로의 눈The Snow of Kilimanjaro〉(1936) 등 미국 문학의 고전으로 간주되는 명작들이 포함되었다.

마사 겔혼과 쿠바에 거주하던 시절에도 그는 자주 여행을 떠났다. 1953년 아프리카 여행 중에는 두 차례나 비행기 사고를 당해 중상을 입기도 했다. 1960년경 쿠바에서 피델 카스트로Fidel Alejandro Castro Ruz가 이끄는 혁명이 일어나자 그는 핀카에서 쫓겨났고, 아이다호 주의 케첨에 집을 구입하여 그곳에서 예전처럼 작품을 쓰려고 노력했다. 잠깐 성공을 거두었으나 그는 다시 불안과 우울증에 시달리다가 미네소타 주 로체스터에 있는 메이요 클리닉에 두 차례나 입원하여 전기 쇼크 치료를 받았다. 그리고 케첨에 있는 집으로 돌아온 지 이틀 뒤인 1961년 7월 2일 엽총 오발 사고로 사망했는데, 사람들은 사인을 자살로 추측하고 있다.

사후에 《움직이는 축제 A Moveable Feast》(1964), 《만류灣流 속의 섬들 Islands in the Stream》(1970) 등의 유고(遺稿)가 출판되었다. 그는 지성과 문명의 세계를 속임수로 보고, 가혹한 현실에 감연히 맞섰다가 패배하는 인간의 비극적인 모습을 간결한 문체로 힘차게 묘사한 20세기의 대표적인 작가의 한 사람이다.

사진으로 보는 어니스트 헤밍웨이

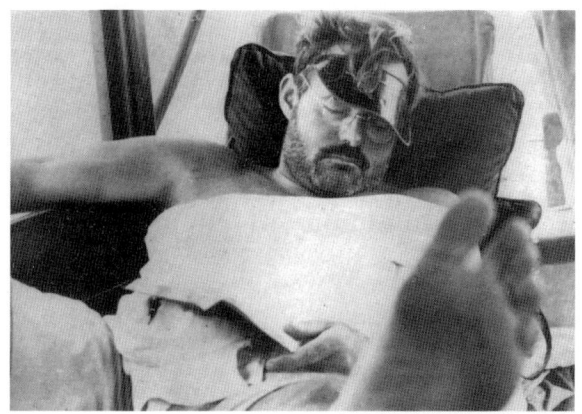

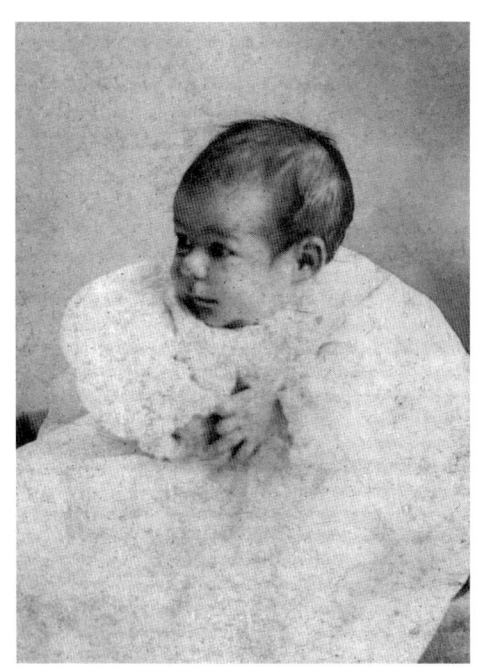

'어니스트 밀러 헤밍웨이'는 외할아버지와 외삼촌의 이름에서 따온 것이다. 출생 당시 어니스트는 체중 4.3킬로그램, 신장 58.4센티미터의 우량아였고 푸른 눈에 검은 머리였다. 생후 4주 때 찍은 이 사진에 대해 그의 어머니는 그가 '아주 만족스러워' 보인다고 했는데, 이는 아마도 두 번째 아이이자 첫아들인 어니스트가 원할 때마다 어머니가 충분히 젖을 먹였기 때문인 듯싶다.

두 살 때의 어니스트. 빅토리아 시대에는 남자 아기도 걸음마를 할 수 있을 때까지 드레스를 입혀서 사진을 찍는 것이 관례였다. 하지만, 어니스트의 어머니 그레이스 헤밍웨이는 아들이 세 살이 될 때까지도 누나 마셀린과 똑같은 옷을 입혔으며, 두 아이가 쌍둥이처럼 보이는 것을 무척 좋아하여 이후에도 두 아이의 머리 모양을 똑같이 '보이 스타일'로 만들어 주곤 했다. 또한, 그녀는 마셀린을 한 학년 늦추어 학교에 보내 남매가 함께 고등학교에 입학하게 했다. 파티에서 마셀린에게 춤을 청하는 남학생이 없으면 어니스트가 누나를 떠맡아야 했다.

헤밍웨이 가족이 살던 오크파크는 시카고에서 14.5킬로미터밖에 떨어지지 않았으나 매우 보수적인 마을이었다. 이웃 사람들과 함께 찍은 이 사진에서 의사였던 어니스트의 아버지 헤밍웨이 박사는 왼쪽에 서 있고 어니스트(왼쪽)와 마셀린이 그 앞에 있는 작은 수레에 타고 있다.

일리노이 주 오크파크 거리 439번지에 있는 생가의 뒷마당에서 누나 마셀린, 인형, 개와 함께 놀고 있는 어니스트(왼쪽). 성인이 되었을 때 어니스트는 고지식한 마을 사람들에 대해 불만을 터뜨리곤 했다. 그가 자란 마을은 몹시 보수적이어서 1973년 법률이 개정되어 레스토랑 영업이 허용될 때까지 주류 판매도 금지되었다.

어니스트의 어머니 그레이스 헤밍웨이는 예술적 감각이 있었기에 아이들을 데리고 시카고 미술관에 가거나, 아이들에게 악기를 하나씩 골라 주고 배우게 했다. 어니스트는 첼로를 배웠다. 그레이스는 남편 못지않게 월룬 호수를 좋아했다. 1904년 여름에 찍은 이 사진에서 그녀가 들고 있는 커다란 강창꼬치 물고기를 그녀의 세 아이, 어니스트, 어슐러, 마셀린이 들여다보고 있다.

1907년 메모리얼 데이에 자랑스러운 표정으로 외손주들과 함께 사진을 찍은 앤슨 헤밍웨이. 왼쪽으로부터 마들레인, 어슐러, 어니스트, 마셀린, 그리고 어니스트의 두 사촌 동생이다. 앤슨 헤밍웨이는 남북전쟁 당시 북부군 참전 용사였다. 어니스트는 머리에 포탄을 맞은 이야기를 비롯하여 외할아버지가 즐겨 들려주던 과장된 무용담을 들으며 성장했다.

1912년 10월 1일, 헤밍웨이 부부의 열여섯 번째 결혼 기념일에 촬영한 가족사진. 캐롤이 헤밍웨이 박사의 무릎에 앉아 있고 어니스트는 그 뒤에 서 있으며 마셀린이 그 옆에, 그리고 마들레인과 어슐러가 헤밍웨이 부인의 양옆에 서 있다.

대학교 1학년 때까지 어니스트는 키가 163센티미터도 되지 않았으나 그 후에 갑자기 성장하여 친구들보다 머리 하나는 더 컸다. 사진은 1915년 6월, 미시간 호의 페토스키행 증기선 미주리 호 뱃머리에 서 있는 어니스트.

어니스트는 월룬 호수에서 약 4.8킬로미터 상류 쪽에 있는 호튼 크릭을 속속들이 잘 알고 있었다. 그 개울은 어니스트의 단편 〈무언가의 끝〉에도 배경으로 등장한다. 이 작품에서 어니스트의 분신인 주인공 십 대 소년 닉 애덤스는 여자 친구와 헤어져야 한다는 데 죄책감을 느낀다. 낚시 도중 잠시 쉬면서 그녀와 무언가에 대해 이야기한 그는 나중에 절친한 친구 빌에게 그녀와 결별했다는 사실을 털어놓는다.

1916년 여름, '윈더미어'라 불리는 가족 별장 근처 바닷가에 서 있는 어니스트. 그해 그가 처음으로 쓴 기사 〈성공 콘서트〉가 학교 신문 《트래피즈》에 실렸고 첫 단편 〈혼령의 심판〉이 문예지 《태블리》에 발표되었다. 잭 런던은 그가 쓴 이 단편에 영향을 받아 자신의 문학 세계를 펼치게 되었다.

어니스트가 캔자스시티의 《스타》에서 일한 기간은 채 일곱 달이 되지 않고, 그동안 그는 고작 열 편 남짓한 글을 썼지만, 그 경험은 두 가지 면에서 대단히 중요했다. 《스타》에서 사용하는 〈철자법 편람〉은 그에게 문장을 짧게 쓰는 것이 매우 중요하다는 점과 글은 반드시 서두에서 독자의 흥미를 끌어야 한다는 점을 가르쳐 주었다. 또한, 《스타》에서 사귄 친구 테드 브럼벡은 어니스트에게 어머니를 닮아 한쪽 눈의 시력이 좋지 않은 그와 같은 사람도 적십자 부대에서 구급차를 운전할 수 있다는 사실을 알려 주었다. 두 사람은 함께 입대했고, 1918년에 이탈리아에서 찍은 이 사진에서 어니스트는 제4지구대 소속 구급차에 앉아 있다.

최전방 근무를 자원한 지 2주일이 조금 지난 1918년 7월 8일, 어니스트가 이탈리아 포살타 근방에서 자전거를 타고 병사들에게 초콜릿과 담배를 나눠 주고 있을 때 근처에서 적의 포탄이 터지는 바람에 한 명이 사망하고 나머지는 중상을 입는 사건이 발생했다. 어니스트도 다리와 발바닥에 227개가 넘는 파편이 박히는 부상을 당했지만, 중상을 입은 다른 병사를 둘러업고 비틀거리며 야전 응급 치료소로 향했다.

부상한 군인들이 가장 좋아하는 여가 활동은 산 시로 경기장에 가는 것이었다. 적십자 자원봉사자들은 무료로 입장할 수 있었다. 간호사 대 환자의 비율은 1 : 3이었다. 그중에서도 뉴욕 출신의 독일계 미녀 간호사 애그니스 폰 커로우스키는 어니스트의 마음을 사로잡았다. 사진에서 헤밍웨이 왼쪽에 서서 수줍은 듯 내숭을 떨며 밑을 내려다보는 여인이 애그니스이다.

헤밍웨이보다 여덟 살이 더 많은 애그니스 폰 커로우스키는 환자 병사들에게 매우 다정하게 대했고 그중 여러 명과 데이트도 했다. 전기 작가들은 어니스트가 미시간에서 이미 성적 경험을 했지만, 그의 진정한 첫사랑은 애그니스였다고 주장한다. 그러나 어니스트는 그녀와 깊은 관계에 이르지는 못했다고 추정한다. 애그니스는 후일 《무기여 잘 있거라》의 여주인공 캐서린 바클리의 모델이 되었다.

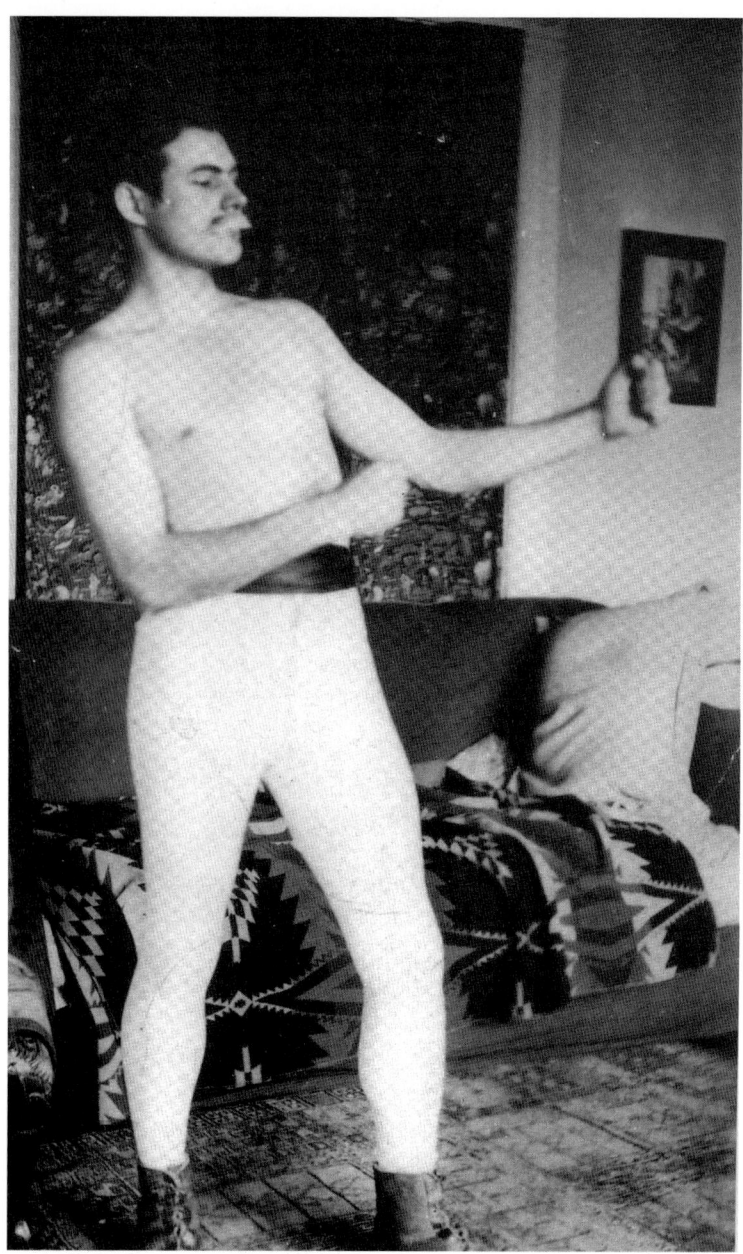

미시간 북부에서 지내던 어니스트는 친구 빌과 그의 형 Y. K. 스미스의 아파트에서 함께 살게 되었다. 1921년 1월경에 찍은 이 사진에서 어니스트는 가짜 콧수염을 달고 당시에 이름을 떨치던 헤비급 복싱 챔피언 존 설리번의 흉내를 내고 있다. 이 아파트에서 만난 셔우드 앤더슨은 어니스트에게 파리로 가라고 조언하면서 그를 거트루드 스타인에게 소개하는 편지를 써주었다.

스미스가 주선한 파티에서 어니스트는 애그니스처럼 여덟 살 연상의 해들리 리처드슨을 만났다. 세인트루이스에서 여행 온 해들리는 어니스트와 마음이 맞아 스미스의 아파트에 3주간 머무르며 함께 지냈다. 그녀가 집으로 돌아가자, 이번에는 어니스트가 세인트루이스에 있는 그녀의 집을 방문했다. 이 사진은 1921년 3월에 케이츠 거리에 있는 해들리의 집 뒷마당에서 찍은 것이다.

어니스트와 해들리는 서로 사랑했고, 두 사람 모두 결혼을 전제로 연애할 만큼 성숙했다. 해들리의 아버지는 그녀가 열네 살 때 자살했고 어머니도 막 세상을 떠난 뒤였다. 그리고 어니스트는 애그니스에게 실연당한 아픔에서 회복되는 중이었다. 그의 친구들은 이 결혼에 반대했지만, 그의 어머니는 이를 그가 성숙했다는 증거로 받아들였으며, 헤밍웨이 집안의 친인척이 모두 그의 결혼식에 기꺼이 참석했다.

파리에 정착한 헤밍웨이 부부는 1922년 1월 샹비 쉬르 몽트로로 뒤늦은 신혼여행을 떠났다. 파리에서 어니스트는 '진솔한 문장 한 줄'을 쓰는 것이 자기 인생의 목표라고 말하곤 했다. 그해 그는 〈나의 아버지〉를 탈고했지만, 12월에 먼저 스위스에 가 있던 어니스트와 합류하려고 뒤따라오던 해들리가 그동안 쓴 그의 원고가 들어 있는 가방을 잃어버리는 바람에 두 사람의 결혼 생활이 위기를 맞기도 했다.

1924년 2월. 헤밍웨이는 파리가 마음에 들었다. 글도 잘 풀려 그의 《우리 시대에》가 출간되자 대중에게서 좋은 반응을 얻었다. 그는 파리에 거주하는 미국 작가들, 예를 들어 거트루드 스타인, 그녀와 함께 살며 비서 역할을 했던 앨리스 B. 토클러스, 에즈라 파운드, 스콧 피츠제럴드, 실비아 비치, 제임스 조이스 등과 어깨를 겨루는 유명인이 되었다. 이 사진은 그가 해들리와 함께 입주한 노트르담 데샹 113번지 제재소 위층에 있는 집에서 촬영한 것이다.

어니스트가 '범비'라는 별명을 붙여준 아들 존. 당시 〈무언가의 끝〉과 〈빗속의 고양이〉를 막 탈고한 그의 집필 작업은 순조로웠다. 아래층 제재소의 소음이 너무 시끄러워지면 어니스트는 집 근처에 있는 카페 라클로즈리 데릴라의 깨끗하고 밝은 실내에서 글쓰기에 몰두했고, 그사이 해들리는 범비를 데리고 뤽상부르 공원으로 산책하곤 했다. 파리에서 어니스트가 좋아하던 지역은 몽파르나스와 5, 6구였다.

거트루드 스타인과 앨리스 B. 토클러스는 1924년 봄에 범비가 세례를 받을 때 대모가 되어 주었다. 사진에서 어린 범비를 돌보는 이 당당한 풍채의 여인이 바로 동시대의 뛰어난 화가와 작가들을 자신의 살롱으로 불러 모아 그들의 대모 노릇을 하고, 전후 젊은 작가들을 경멸적인 뜻에서 '잃어버린 세대'라고 불렀던 거트루드 스타인이다.

스페인의 도시 팜플로나의 매력을 어니스트에게 처음 알려준 사람은 거트루드 스타인이었다. 어니스트는 곧바로 이 축제의 도시에 매료되었다. 1925년 7월, 산 페르민 투우 축제에 세 번째 참가한 어니스트는 《태양은 또다시 떠오른다》에 이 축제 장면을 등장시켰다. 어니스트 헤밍웨이(왼쪽), 레이디 더프 튜이즌(《태양은 또다시 떠오른다》에 등장하는 브렛 애쉴리의 모델), 해들리, 팻 거트리(마이크 캠벨의 모델)가 옥외 카페에 나란히 앉아 있는 모습이 보인다.

어니스트와 범비. 나중에 어니스트는 주위에 아이들이 있으면 마음이 편하지 않다고 고백했다. 이는 가족 별장 윈더미어에서 멀리 떨어진 호수 건너편에 홀로 쉴 수 있는 오두막집을 따로 지어 놓았던 어머니에게서 물려받은 성향이었다. 어니스트의 아버지는 집안일과 아이들 뒤치다꺼리를 도맡아 했지만, 어니스트는 자신이 모험을 찾아 여행을 떠날 때면 아이들을 남에게 맡기곤 했다. 적어도 아이들이 자라서 스스로 총을 어깨에 멜 정도가 될 때까지는.

1925년 호텔 발코니에 앉아 있는 어니스트. 이 무렵 어니스트는 셔우드 앤더슨을 패러디한 소설을 완성했고, 두 사람의 작품을 모두 출판하던 보니 앤 리버라이트 출판사는 어니스트의 원고를 거부하거나, 그들의 최고 필자인 앤더슨을 모욕하는 위험을 감수해야 하는 처지에 놓였다. 이 일로 보니 앤 리버라이트 출판사와 결별한 어니스트는 스콧 피츠제럴드의 권유로 스크리브너 출판사와 관계를 맺게 되었다. 이 시기에 그는 출판사와 결별했을 뿐 아니라, 개인적으로 가장 가슴 아픈 결별을 경험하게 되었다.

1925~26년 겨울 오스트리아 쉬른스에서 휴가를 보내는 헤밍웨이 가족. 이들의 모습은 행복해 보이지만, 당시 두 사람의 결혼 생활은 이미 파국을 맞고 있었다. 어니스트는 친구 집에서 처음 만난 패션 잡지 《보그》의 편집자 폴린 파이퍼에게 스키를 가르쳐 주겠다며 그녀를 쉬른스로 초대했다. 폴린은 크리스마스에 맞춰 쉬른스에 도착했다. 그때까지 그런 사실을 전혀 몰랐던 해들리에게 그녀의 방문은 반가운 크리스마스 선물이 될 수 없었다. 어니스트와 폴린은 곧바로 사랑에 빠졌다.

1926년 어니스트는 해들리와 결혼한 상태에 있으면서도 폴린과 함께 지내곤 했다. 스콧은 어니스트가 대작을 쓸 때마다 새로운 여성이 필요하다는 점을 인정했으며, 그것은 사실인 듯했다. 어니스트는 《태양은 또다시 떠오른다》를 쓰기 시작할 무렵 해들리와 사랑에 빠졌고, 《무기여 잘 있거라》를 쓰기 시작할 무렵 폴린과 사랑에 빠졌다. 1926년에 스크리브너 출판사는 어니스트의 〈봄의 격류〉와 《태양은 또다시 떠오른다》를 출간했고, 어니스트는 자신의 최고 걸작 단편으로 꼽히는 〈살인자〉를 썼다.

팜플로나 없는 여름은 여름이라 할 수 없었다. 이 무렵 헤밍웨이 부부는 두 사람이 있는 곳이면 어디에나 함께 있던 폴린, 그리고 어니스트의 삶에 새로운 여성이 등장하는 것을 인정하고 심지어 부추기기까지 했던 제럴드와 사라 머피 부부와 함께 1926년 산 페르민 축제에 참가했다. 이 사진에는 어니스트가 마치 심판이라도 되는 것처럼 폴린과 해들리 사이에 앉아 있으며, 앞일을 암시하듯 해들리의 모습은 일부 잘려 나갔다.

1927년 7월, 《태양은 또다시 떠오른다》에 묘사된 스페인 산세바스티안 해변에서 휴가를 즐기는 폴린과 어니스트. 같은 해 5월 10일 파리에서 결혼식을 올린 두 사람은 파리와 해들리에게서 멀리 떨어진 이곳에서 휴식을 취했다.

1927년 여름, 황소의 뿔을 잡고 있는 어니스트. 투우장에서는 울타리에 갇혀 있다가 매일 투우장으로 달려가야 하는 (거세하지 않은) 황소들과 함께 그 황소들이 서로 뿔로 들이받지 않게 하고자 (거세한) 수소들을 풀어 놓곤 했는데, 어니스트는 《태양은 또다시 떠오른다》에서 이 점을 메타포로 사용했다. 처음 몇 해 동안 산 페르민 축제에 참가했던 경험 덕분에 어니스트는 평생 투우에 깊은 관심을 보이게 되었으며, 그것을 토대로 그가 스포츠라기보다는 무대에서 상연되는 '비극'이라 부른 투우에 대한 논픽션 논문이자 묵상록과도 같은 《오후의 죽음》을 썼다.

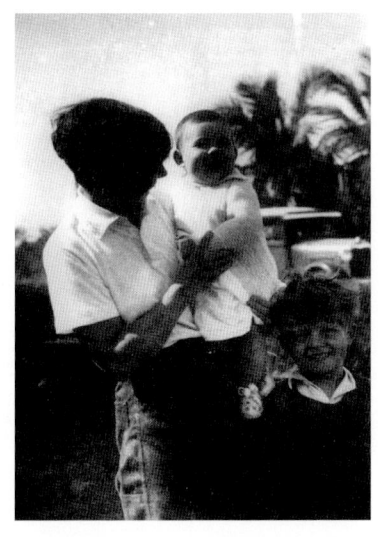

1928년 12월, 어니스트는 아들을 키웨스트로 데려가려고 뉴욕으로 떠났다. 하지만, 아버지가 자살했다는 소식을 들은 그는 짐꾼에게 100달러를 주고 당시 다섯 살이었던 아들을 키웨스트로 데려다 달라고 부탁한 다음, 오크파크에서 치러진 아버지의 장례식에 참석했다. 그는 어머니에게 외할아버지가 남북전쟁 당시 사용하던 리볼버-아버지가 자살할 때 사용하여 경찰에 압수되었다-를 찾아서 보내 달라고 부탁했다. 사진은 범비가 키웨스트에 도착한 뒤 자기 아들과 함께 포즈를 취한 폴린.

1928년 3월, 오데옹 거리 12번지에 있는 실비아 비치의 서점, 셰익스피어 & 컴퍼니 앞에서 그녀와 그녀의 친구들과 함께 포즈를 취한 어니스트. 이 서점은 1919년 개점해서 1941년 폐점할 때까지 센 강 좌안의 작가와 화가들이 모이던 장소였다. 실비아 비치는 책을 팔기도 했지만 대여해 주기도 했는데, 어니스트도 여기서 자주 책을 빌렸다. 그는 엄청난 독서광이었다.

어니스트 헤밍웨이에게는 평생 사고가 따라다녔다. 1928년 3월, 파리의 아파트에서 천장에 난 채광창을 고치던 그의 머리 위로 채광창이 통째로 무너져 내렸다. 결국, 그는 상처를 아홉 바늘이나 꿰맸다. 첫 번째 아내의 결혼식 들러리였던 헬렌 피어스 브레이커에게 초상화 모델이 되어 주기로 약속했던 그는 붕대도 감지 않고 포즈를 취했다.

낚시를 무척 좋아했던 어니스트는 친구들을 불러 함께 낚시를 즐기곤 했다. 1929년 3월 그는 존 도스 패소스를 초대했다. 이 사진에서 어니스트와 도스는 키웨스트 근처에서 잡은 한 쌍의 타폰(북미 남해산 잉어류) 옆에 서 있다. 같은 해에 어니스트는 타폰을 다섯 마리 잡았는데 그중 가장 큰 것은 무게가 32킬로그램이나 되었다. 어니스트와 그의 친구들은 떼를 지어 낚시질이나 수영을 하고, 술을 마시고 소란을 피우기도 하여 동네 사람들은 그들을 '헤밍웨이의 패거리'라고 불렀다.

경제공황의 여파가 키웨스트를 강타했지만 폴린의 삼촌 거스는 헤밍웨이 부부에게 스페인 식민지 시대 건축 양식의 멋진 저택을 사주었다. 사진에서 두 사람은 현재 개인 소유의 박물관으로 운영되는 화이트헤드 907번지 자기 집에서 활짝 웃고 있다. 1931년 11월 12일에 캔자스시티에서 아들 그레고리가 태어났고, 그로부터 한 달 후에 두 사람은 그 저택에 입주했다. 그 후 키웨스트와 본토를 연결하는 고속도로가 완성되어 관광객들이 쏟아져 들어오기 시작할 때까지 8년 동안 키웨스트는 어니스트의 본거지가 되었다.

1934년 2월 쿠두(아프리카산 영양)와 오릭스(큰 몸집에 뿔이 곧고 긴 영양) 트로피와 함께 포즈를 취한 사냥꾼들. 후일 어니스트는 《아프리카의 푸른 언덕》과 두 단편, 〈프랜시스 매코머의 짧고 행복한 생애〉와 〈킬리만자로의 눈〉에서 이 사파리와 사냥꾼들을 묘사했다.

1934년 5월. 어니스트는 특별히 주문 제작한 낚싯배를 인수하고 이름을 '필라'라고 붙였다. 에스파냐의 사라고사에 있는 필라르 성당의 성모를 기리는 이름이었다. 어니스트는 75마력의 최고급 크라이슬러 엔진을 장착하고, 낚시를 위해 갑판에 고정한 의자가 있는 이 배의 대금을 앞으로 《에스콰이어》에 열 편의 글을 게재하기로 계약하고 받은 선금으로 일부 지급했다. 이 배에는 여섯 명이 탑승할 수 있었고, 장기간 여행할 수 있게 400갤런의 연료를 적재할 수 있었다.

어니스트는 다른 남자의 아내와 친하게 지내는 일이 흔했다. 대부분 악의 없는 장난에 그쳤지만, 제인 메이슨(사진에서 체크무늬 치마를 입은 여성)과의 관계는 그리 단순하지 않았다. 팬아메리칸 항공 쿠바 지점장 그랜트의 부인이었던 그녀와 어니스트 사이는 친구 이상의 관계로 발전했다. 1934년 폴린이 키웨스트에 머물고 그랜트도 쿠바를 떠나 있는 동안 제인은 어니스트와 배를 타고 4개월 동안 함께 여행했다.

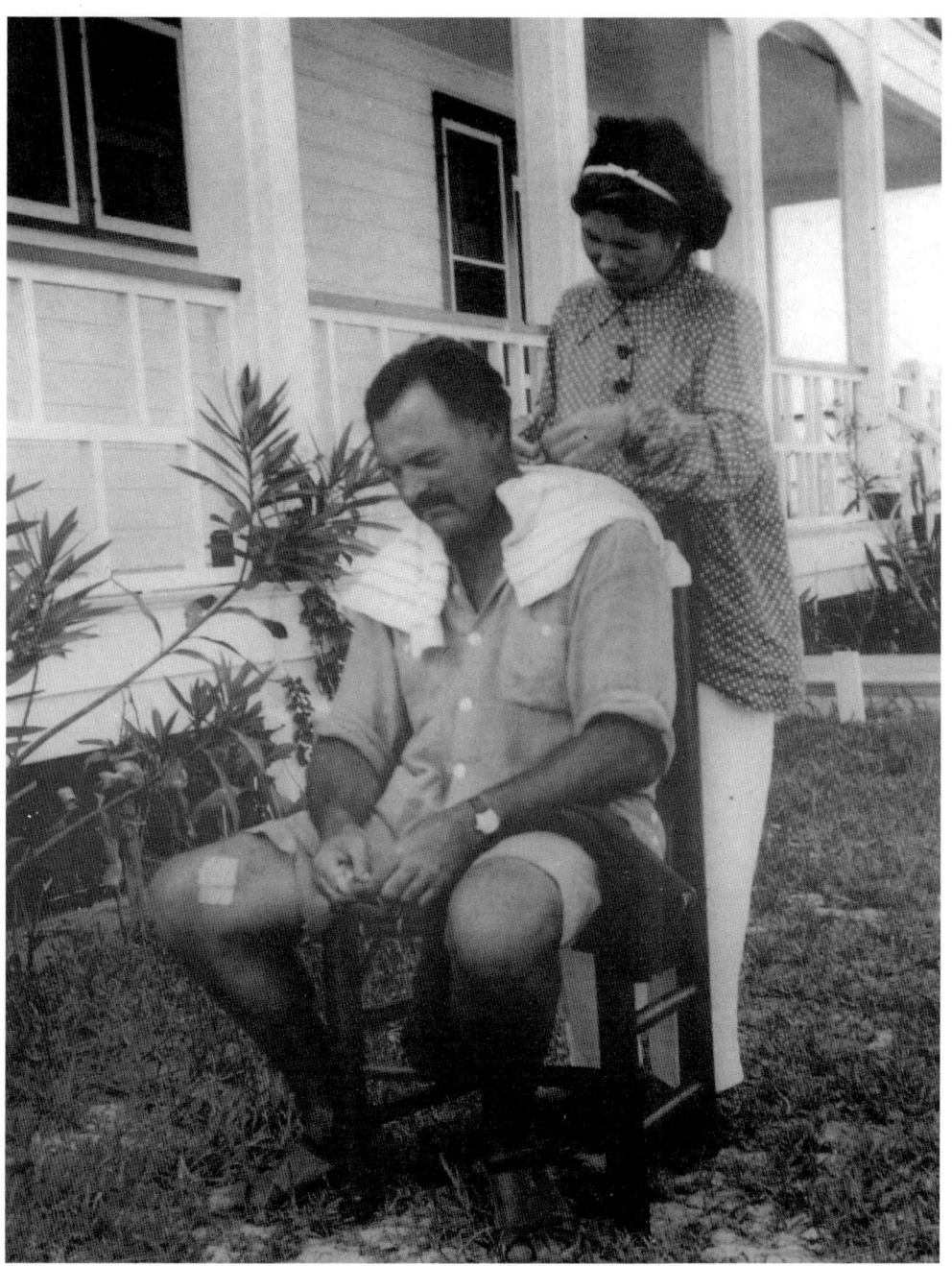

비미니의 컴플릿 앵글러 호텔에서 어니스트의 머리카락을 잘라 주는 폴린. 이 무렵 폴린은 남편이 제인 메이슨과 어울려 다닌다는 사실을 알고 있었다. 그녀는 젊은 쿠바 여성들이나 사랑스러운 제인 메이슨과 경쟁할 수 없기에 코를 고치거나 무사마귀를 제거해야겠다는 등 냉소적인 농담을 던지곤 했다.

싸움꾼으로 명성이 드높았기에 어니스트에게는 도전자가 끊임없이 찾아왔다. 도전을 피하기도 했고, 받아들이기도 했던 그는 비미니 부두에서 당시에 매우 유명한 권투 선수와 겨뤄서 이기기도 했다. 하지만, 바하마 사람들에게 아주 깊은 인상을 남겨 그들 사이에서 화제가 된 사건은 어니스트가 술 취한 도전자와 글러브를 끼지 않은 채 겨루다가 단 세 방의 펀치로 그를 때려눕힌 일이었다. 그 도전자는 출판업자인 조 냅으로 밝혀졌다. 어니스트는 그를 완전히 때려눕히고 나서 '싸움은 작가가 할 최고의 일은 아니다.'라는 우스갯소리를 남겼다.

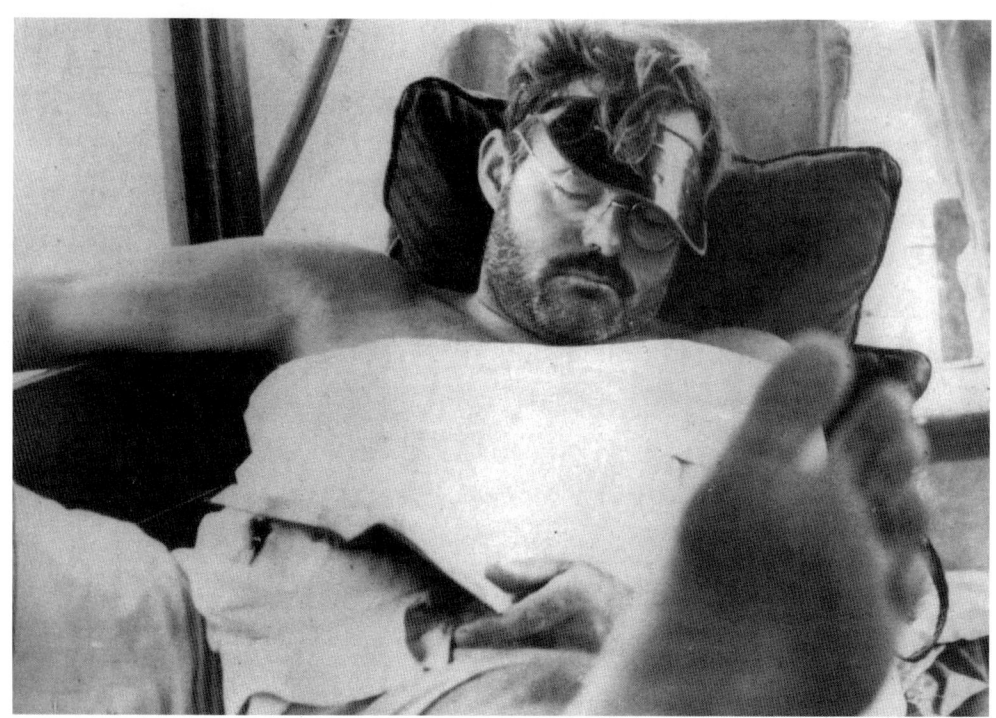

낮잠에 빠진 어니스트는 남에게 해를 입힐 사람처럼 보이지 않지만, 그는 언제라도 개차반이 될 수 있는 인물이었다. 그는 시인 월러스 스티븐스의 턱을 부숴 놓기도 했고, 언쟁 끝에 시인 아치볼드 매클리시를 버려진 외딴 섬에 가두기도 했으며, 수많은 작가와 편집자에게 패주겠다고 위협하기도 했고, 친선 권투 시합에서 시간 기록을 제대로 하지 않았다고 스콧 피츠제럴드에게 성질을 부리기도 했다.

1935년에 비미니에서 생긴 일 가운데 어니스트에게 가장 큰 사건은 톰슨식 신형 기관총을 손에 넣은 것일 듯하다. 어니스트가 참치를 낚아 올리려고 애쓰는 동안 가까이 정박해 있는 요트에서 백만장자 낚시꾼 빌 리즈는 상어에게 소형 기관총을 쏘곤 했다. 어니스트가 그 총을 보고 감탄하자, 리즈는 그 총을 그에게 선사했다.

어니스트는 자신의 낚싯배 필라에서 글을 쓰곤 했고, 배 안에는 늘 책이 여기저기 흩어져 있었다. 한편으로 거칠지만, 다른 한편으로 지성적인 그의 모습은 많은 여성에게 거부할 수 없는 매력으로 작용했다. 제인 메이슨과 헤어진 어니스트는 1936년 12월, 키웨스트의 단골 술집 슬로피 조스 바에서 젊고 매력적인 작가이자 저널리스트인 마사 겔혼을 만났다. 당시 마사는 어머니, 남자 형제와 함께 휴가 여행 중이었다. 어니스트의 몰골은 꾀죄죄했지만, 그녀는 그의 매력에 단숨에 빠져들었다.

1935년 노동절, 허리케인이 키웨스트를 훑고 지나간 다음 날, 어니스트는 제2차 세계대전 이래 한 장소에서 그처럼 많은 시신을 본 적이 없다고 말했다. 그러나 마드리드 근처 들판에 버려진 두 구의 시신은 그에 못지않은 충격을 주었다. 결국, 스페인 내란에 뛰어든 어니스트는 1937~38년 세 차례에 걸쳐 스페인에 머물면서 왕당파 병사들에게 사격을 가르치기도 하고, 31건의 보고서를 써 보내기도 했다. 또한, 어니스트는 스페인 내전의 경험에서 썩 훌륭하지는 못하지만, 희곡〈제5열〉을 썼고 아주 훌륭한 단편 여섯 편, 그리고 새 아내 마사 겔혼을 얻었다.

1939년에 수영장 가장자리에서 포즈를 취한 어니스트. 그가 즐겨 하던 운동은 권투와 수영이었다. 그가 쿠바에 살면서 '핀카 비히아(전망 좋은 목장이라는 뜻)'라고 이름 붙인 그의 저택에는 커다란 수영장이 있었다. 어니스트가 마사와 교제를 시작할 무렵 그에게 인상적이었던 것은 그녀가 그와 마찬가지로 거침없이 물속으로 뛰어들었다가 나오면 음료를 청한다는 점이었다. 후일 여배우 에바 가드너는 이곳에 오면 누드로 수영을 즐기곤 했다.

중국 국민당 정규군 병사들과 함께 앉아 있는 어니스트와 마사(왼쪽 끝). 버마(현재의 미얀마) 루트(버마 산악 지대를 거쳐 중국의 충칭에 이르는 전략 도로)에 대한 단독 취재를 마친 마사는 1941년 3월에 어니스트와 함께 당시 15만 명의 중국군 병사가 점령하고 있던 제7 교전 지역으로 들어갔다.

유니온 퍼시픽 철도회사 회장인 애버럴 해리먼의 아이디어로 설립된 썬 밸리 롯지는 미국 최초의 유럽식 스키 리조트였다. 관광객 유치를 위해 회사에서는 어니스트 헤밍웨이나 게리 쿠퍼와 같은 유명 인사들을 초청하여 무상으로 그곳에 체류하게 했다. 당시 어니스트는 여전히 폴린과 결혼한 상태였지만, 그와 마사는 스스로 '글래머 하우스'라 이름 붙인 본관 스위트 룸 206호실에 함께 투숙했다. 이 사진은 1939년 9월 19일에 어니스트의 허락을 받아 촬영한 것이며, 두 사람은 썬 밸리 롯지에서 테니스, 승마, 수영, 트랩 사격을 즐겼다.

1940년 7월, 마사의 어머니 에드너가 쿠바의 핀카를 방문하여 어니스트를 만났다. 《태양은 또다시 떠오른다》가 고작 5,090부, 그리고 《무기여 잘 있거라》가 3만 1,000부가 팔렸지만, 《누구를 위하여 종은 울리나》는 어니스트 생애 최고의 대작이 되어 36만 부가 팔렸고, 파라마운트 사와 15만 달러에 저작권을 계약했지만, 에드너는 딸 마사에게 자신은 어니스트 헤밍웨이를 '측은하게' 여긴다며 결혼하지 말라고 충고했다. 그러나 이 건장한 작가와 어머니가 너무도 친하게 지내는 바람에 마사는 혹시 어니스트가 자기 어머니를 더 좋아하는 것은 아닌지 의심하기 시작했다. 에드너의 충고가 역효과를 냈음은 두말할 나위도 없다.

자신에게 경의를 표하기 위해 열린 하와이식 파티에서 술에 취한 어니스트는 모욕적인 말을 한 어느 작가에게 싸움을 걸어 마사를 당황하게 했다. 나중에 쿠바로 돌아온 뒤 어니스트는 종군 특파원으로 '진짜' 전쟁에 참전하라는 마사의 간청을 물리치고 그 대신에 미국 정부의 인가를 받은 작전에 따라 필라 호에 전동 장치를 부착하고 수류탄으로 무장한 다음, 쿠바인 비정규군을 모집하여 카리브 해에서의 독일 잠수함을 추적했다.

《아프리카의 푸른 언덕》에서 어니스트는 폴린을 P. O. M.(Poor Old Mama: 불쌍한 늙은 엄마)이라 부르고 자신을 '파파'라고 부르며 다른 사람들에게도 그렇게 부르도록 종용했다. 어니스트는 별명을 붙이는 것을 대단히 좋아했다. 1940년 가을에 찍은 이 사진에서 그와 지지(어니스트는 아들 그레고리를 그렇게 불렀다)는 실버 크릭에서 오리 사냥을 하다가 휴식하고 있다. 후일 그레고리는 이렇게 술회했다. "그는 대단히 훌륭한 아버지였다. 단지, 옆에 있어 주지 않았을 뿐이다."

오리 사냥에 나선 헤밍웨이 가족. 왼쪽부터 그레고리, 존, 어니스트, 그와 새로 결혼한 아내 마사, 패트릭이다. 어니스트의 아들들은 모두 마사의 존재를 인정했고, 특히 아버지에게 대등한 태도를 보이는 새어머니에게 찬사를 보냈다. 당시 마사는 33세의 젊은 여인이었기에 아이들과 쉽게 소통했다. 후일 그레고리는 자신을 유모 애이다에게 늘 맡겼던 친엄마 폴린보다는 마사를 더 좋아했다고 고백했다.

1944년 봄, 런던의 돌체스터 호텔 객실에 있는 어니스트. 그는 마사가 쿠바에 머무르며 헤밍웨이 집안의 안주인이 되어 주기를 바랐으나, 그녀는 가난한 사람들을 취재하러 아이티로 가버리기도 하고 어니스트가 낚시하러 간 사이에 그의 수고양이들을 모두 거세시키기도 하여 화를 돋우었다. 마사가 콜리어 사 소속 종군 특파원으로 전황을 취재하러 유럽으로 떠나겠다고 선언하며 그에게도 그렇게 하라고 요구했을 때, 두 사람 사이의 긴장은 극도로 고조되었다. 화가 난 어니스트는 콜리어 사에 전화해서 자신이 마사 대신 종군 특파원으로 일하겠다고 제안하기도 했다.

돌체스터 호텔에 체류하던 유명 인사 어니스트에게는 방문객의 발길이 끊이지 않았다. 그는 그들을 늘 융숭하게 대접했다. 심지어 위스키를 곁들인 아침 식사조차 일종의 언론 인터뷰가 되곤 했다. 이 사진을 찍고 난 어니스트는 밤샘 파티를 끝내고 숙소로 돌아가는 길에 자동차 사고를 당해 또 한 번 뇌진탕을 일으켰다. 병원에 도착하여 자초지종을 듣게 된 마사는 그에게 전혀 동정심을 보이지 않았다. 당시 여행증명서도 없었던 그녀는 폭발물을 가득 실은 배의 유일한 승객이 되어 유럽에 도착했다.

런던에서 어니스트는 《타임》의 여기자 메리 웰시를 만나 교제하기 시작했다. 그는 곧 노르망디 상륙작전을 취재했고(그사이 마사는 병원선에 숨어 있다가 내리자마자 체포되어 미국으로 송환되었다), 이어서 제4 보병사단에 합류하여 프랑스 중북부의 랑부예에서 프랑스 비정규군을 지휘했다. 1944년 8월에 찍은 이 사진에서 어니스트는 파리-아니면 적어도 여행자 클럽과 리츠 호텔 바-를 '해방하러' 가는 길에 지도를 들여다보고 있다.

어니스트와 벅 랜햄 대령이 독일 서부 지크프리드선 어딘가에서 독일군에게서 포획한 88밀리미터 대공포와 대전차포 옆에 서 있다. 두 사람은 급격히 가까워져서 전쟁이 끝나고 랜햄은 헤밍웨이를 만나러 쿠바와 아이다호를 방문했고, 1959년에는 함께 투우 관람 여행을 떠나기도 했다.

마사가 자신을 버렸다며 이혼 소송을 제기한 어니스트는 1946년 3월 18일에 메리 웰시와 결혼식을 올렸다. 어니스트와 메리는 곧바로 아바나로 돌아와 핀카에서 자주 방문객과 어울리는 일상으로 복귀했다. 이 사진에서 두 사람은 어니스트가 사냥 클럽에서 알게 된 쿠바의 부유한 상속녀 글라시엘라 산체스, 명예의 전당에 오른 폴로 선수 윈스턴 게스트와 함께 담소하고 있다.

1947년 10월, 선 밸리에서 포즈를 취한 어니스트와 메리. 이 시기에 두 사람은 여러 가지로 힘든 일을 겪었다. 1946년 임신한 메리가 나팔관 파열로 응급수술을 받았을 때 어니스트는 그녀가 죽을지도 모른다고 생각했다. 1947년 여름에는 컬럼비아 훈련장에서 온 병사들이 반군을 수색한다며 핀카에 침입하여 어니스트의 개를 죽이는 바람에 두 사람은 쿠바를 떠나야 했다. 이 사건은 어니스트가 쿠바 혁명을 반기는 이유의 하나가 되었다.

343

어니스트의 진정한 사랑 필라 호에 타고 있는 두 사람. 그와 메리의 결혼 생활에는 사랑이 넘치는 순간 못지않게 싸움의 순간도 잦았다. 그들은 심지어 결혼식 당일에도 싸웠다. 후일 아들 잭은 어니스트가 메리를 떠나보내려는 의도에서 함부로 대했더라도 메리는 그런 술수에 넘어가지 않았으리라고 술회했다. 메리는 어니스트를 몹시 사랑했기에 고통과 소외감을 느끼면서도 어떡하든 그의 곁을 지키려 했다. 잭은 만일 어니스트가 메리에게 하듯이 다른 사람들을 함부로 대했다면 모두 그를 떠났으리라고 말했다.

어니스트와 당시 그의 마음을 사로잡았던 18세 이탈리아 귀족 여성 아드리아나 이반이츠(사진의 맨 오른쪽). 어니스트와 함께 사냥을 나갔을 때 흑발의 미녀 아드리아나는 머리가 마구 헝클어졌으나 빗이 없어 몹시 속상해했다. 그러자 어니스트는 신사답게 자신의 빗을 둘로 쪼개어 한쪽을 그녀에게 주었다. 아드리아나는 헤밍웨이의 사슴 같은 갈색 눈에 매력을 느꼈지만, 그녀의 어머니는 자신의 귀족 가문에 미국인의 돈이 흘러들어 오는 것도 나쁘지 않다고 판단했다. 아드리아나에게서 영감을 받아 그가 10년간의 침묵을 깨고 발표한《강 건너 숲 속으로》는 그가 이전에 썼던 소설을 재탕한 수준 낮은 멜로드라마 버전이라는 혹평을 받았다.

1950년 10월, 헤밍웨이 부부는 아드리아나와 그녀의 어머니를 핀카로 초청했다. 아드리아나 모녀는 1951년 2월 첫 주까지 아바나에 머물렀다. 그사이 어니스트는 자신이 아직 죽지 않았음을 비평가들에게 알린 소설 《노인과 바다》의 첫 번째 초고를 썼고 그 책의 표지 디자인을 아드리아나에게 맡겼다.

《노인과 바다》의 주인공 산티아고 노인은 꿈에서 사자들을 본다. 어니스트는 종종 신문이나 책을 읽다가 잠들곤 했는데, 그럴 때면 사람들은 그가 무슨 꿈을 꾸는지 궁금해했다. 이 사진은 그가 아드리아나에게 빠져 있던 시절에 찍은 것이다.

1950년대 초 핀카의 현관에 서 있는 어니스트. 매년 그는 부지런히 여행했지만, 쿠바에 있는 자기 집 핀카를 가장 편안하게 여겼다. 어니스트는 《누구를 위하여 종을 울리나》를 핀카에서 쓰기 시작했으며, 이 집에 사는 동안 《강 건너 숲 속으로》,《노인과 바다》,《움직이는 축제》,《만류 속의 섬들》,《위험한 여름》을 집필했다. 그는 《노인과 바다》를 1951년 2월에 탈고했고 《라이프》는 그 중편 소설 전문을 1952년 9월 1일 자에 실었다. 이 잡지는 이틀 동안 무려 5백만 부가 팔려 나갔다. 일주일 후 이 소설이 단행본으로 발간되었을 때 평론가들은 쿠바의 한 어부를 주인공으로 한 이 소설을 침이 마르게 칭찬했는데, 그것은 어니스트의 라이벌이었던 윌리엄 포크너도 마찬가지였다. 《노인과 바다》가 퓰리처상 수상작으로 선정되었다는 소식이 라디오에서 흘러나왔을 때 어니스트는 때마침 필라 호를 타고 있었다.

어니스트는 《노인과 바다》로 퓰리처상을 받고, 영화 판권을 15만 달러에 계약하는 횡재를 했다. 1953년 6월, 어니스트는 예전에 자신이 즐겨 찾던 곳을 다시 가보고 싶은 충동을 느꼈다. 스페인행 증기선 플랑드르 호에 타고 있는 어니스트와 메리. 당시 두 사람에 찾아온 좋은 일들이 그들의 관계에 긍정적인 영향을 미쳤음이 분명해 보인다. 이 사진을 찍은 지 얼마 지나지 않아 어니스트는 메리를 팜플로나로 데려가서 자신의 작품에 나오는 몇몇 장소를 그녀에게 보여 주었다.

1953년 7월, 스페인 부르고스 근방에서 《누구를 위하여 종은 울리나》에 묘사된 장소들을 둘러보는 어니스트와 운전 기사 아다모 시몬. 당시 그의 체중은 다시 줄었고, 지난 2년간 위험 수위까지 올라갔던 혈압도 정상으로 돌아왔다.

아프리카 물소와 어니스트. 이 물소는 마시이족의 관할 구역에서 사살되었으므로 어니스트는 나중에 15실링짜리 청구서를 받았다. 그 외에도 사자 두 마리, 오릭스 두 마리, 표범 한 마리, 그랜트가젤 두 마리, 작은 쿠두 한 마리, 윌더비스트 여섯 마리, 그랜트 얼룩말 여덟 마리, 톰슨가젤 열한 마리, 게레누크 두 마리, 임팔라 일곱 마리, 코크하티비스트 한 마리에 대한 청구서가 날아들었다. 마사이 구역 밖에서도 어니스트는 사냥총으로 코뿔소 한 마리를 잡았다.

사파리 여행에서 어니스트는 아프리카 토속 문화에 지나친 집착을 보였다. 그는 마사이족의 창으로 사냥하는 법을 배우고 마사이 고유의 색채로 옷을 물들이고, 심지어 바캄바족 소녀 데바와 '결혼'하여 메리를 대단히 곤혹스럽게 했다.

《뉴욕 헤럴드 트리뷴》과 런던의 《데일리 미러》는 어니스트 헤밍웨이의 사망 기사를 일 면에 실었다. 그러나 그 기사가 오보로 밝혀졌을 때 《포스트》는 어니스트를 '불사신 파파'라 불렀고 《뉴스위크》는 "당신은 파파를 죽일 수 없습니다!"라며 호들갑을 떨었다. 어니스트는 실제로 뇌진탕을 일으킨 적이 있었고, 장기 세 개가 파열된 적도 있었으며, 시력과 청력을 일부 잃었고, 척추뼈가 으스러지고, 화상을 입는 등 생명을 위협받는 중상을 자주 입었다. 1954년 1월 말경에 찍은 이 사진에서 볼 수 있듯이 그가 치료받던 케냐의 시모니 캠프는 국지전에 휘말리기도 했다.

어니스트는 나이로비에서 치료받는 동안에도 글을 썼고, 1954년 3월에는 계획했던 대로 배를 타고 베니스로 향했다. 어니스트는 동물을 무척 좋아하여 아프리카에서 메리와 함께 그랜트가젤 새끼를 입양하여 기르기도 했다. 이 사진에서 그는 베니스의 한 광장에서 편안한 모습으로 비둘기들과 놀고 있다. 아바나의 핀카에서도 헤밍웨이 부부는 수백 마리의 동물을 길렀다. 그가 사냥 중에 수많은 동물을 죽였음을 생각하면 대단한 아이러니다. 아무튼, 그는 모순투성이의 인물이었다.

1954년 10월 28일, 어니스트 헤밍웨이는 노벨문학상 수상자로 선정되었다. 스톡홀름에서 상을 받기에는 그의 몸이 너무 쇠약했기에, 같은 해 12월에 쿠바 주재 스웨덴 대사가 핀카에서 그에게 상을 전달했고 그의 수상 소감은 스웨덴 주재 미국 대사 존 C. 캐벗이 대신 낭독했다. 어니스트는 상금 3만 5,000달러를 받고, 금메달은 쿠바 민중에게 헌정하여 쿠바의 국민적 성인으로 추앙되던 비르힌 데 코브리에게 기증했다.

1950년대 후반 핀카의 서재에서 책을 뒤져 보는 어니스트. 그는 사파리 여행을 떠났을 때에도, 필라 호를 타고 항해하는 중에도 책을 손에서 놓지 않았다. 그는 평생토록 매일 책을 읽었다. 하루에 두 권을 읽기도 했고, 책장에 메모할 때가 잦았다. 그는 사진을 찍듯 상세히 기억하는 정확한 기억력과 속독으로 유명했다. 그는 핀카의 서재에 8천 권에 달하는 장서를 남겼다. 이 책들은 현재 박물관 소장품으로 보관되어 있다.

《누구를 위하여 종은 울리나》와 마찬가지로 《노인과 바다》를 영화화할 때 어니스트는 기술 고문에 위촉되었다. 영화 〈노인과 바다〉는 쿠바의 어촌 마을 코히마르, 아바나, 보카 데 하루코 등지에서 일부 촬영되었다. 1956년 초 영화 촬영장을 찾았던 어니스트는 나중에 이 사진을 보고 자신이 가난한 쿠바의 어부가 아니라 돈 많고 살진 백인 배우처럼 보인다고 불평했다.

1959년 1월, 로이드와 틸리 아놀드 부부의 집에서 게리, 로키 쿠퍼 부부와 함께 포즈를 취한 헤밍웨이 부부. 게리 쿠퍼는 유명 인사임에도 어니스트만큼이나 소탈해서 일반인과 어울리기를 좋아했고, 두 사람이 함께한 역사도 길었다. 게리는 어니스트의 소설을 영화화한 작품 두 편, 즉《무기여 잘 있거라》와《누구를 위하여 종은 울리나》에서 주연을 맡았으며 1940년 가을, 아이다호에서 함께 사냥한 이래 여러 차례 함께 사냥 여행을 떠났다. 두 사람은 몇 개월 간격으로 사망했다.

어니스트의 소설《가진 자와 못 가진 자》를 영화화한 작품에 험프리 보가트와 함께 주연을 맡았던 로렌 바콜(오른쪽)이 1959년 7월에 말라가의 한 카페에서 어니스트와 자신의 친구인 '날씬한' 낸시 헤이워드와 함께 오찬을 즐기고 있다.

이 사진에서 어니스트는 《태양은 또다시 떠오른다》에 등장하는 페드로 로메로의 모델로 삼았던 투우사의 아들 안토니오 오르도네스와 함께 투우장을 바라보고 있다. 어니스트는 투우사들이 착취당하는 현실을 기사로 써서 《라이프》에 보냈는데, 이 기사는 보완되어 25년 후인 1985년에 책으로 출간되었다.

1960년 5월 15일, 어니스트는 자신을 기념하는 낚시 대회에서 처음이자 마지막으로 피델 카스트로를 만났다. 어니스트가 사망하고 나서 메리는 그들의 저택 핀카 비히아를 쿠바 정부에 기증했다. 이 저택은 현재 어니스트 헤밍웨이 박물관으로 사용되고 있으며, 어니스트가 애지중지하던 낚싯배 필라 호도 그곳에 영구적으로 전시되고 있다. 핀카에 있는 모든 물건은 주인이 다시는 돌아오지 못하리라는 사실을 모르는 채 메리와 어니스트가 놓아 두고 떠난 상태 그대로 남아 있다.

쿠바에서 지내던 시절, 혁명을 지지하느냐는 기자들의 질문에 어니스트 헤밍웨이는 '나도 쿠바인'이라고 대답했다. 이는 민중에게 이로운 것을 지지한다는 의미였다. 1960년 1월부터 7월까지 메리와 함께 아바나에 머무르던 그는 하루하루 몸이 쇠약해졌지만, 《위험한 여름》의 집필에 매달렸다. 이 시기에 그는 고양이들에 둘러싸여 살았다. 그중 한 마리에게 '외톨이'라는 별명을 붙여 주고 술을 가르치기도 했다. 우유에 위스키를 넣어 주면 외톨이는 아주 좋아했다. 헤밍웨이는 글이 잘 풀리지 않았고, 심각한 우울증에 시달렸으며 건강도 몹시 나빠진 상태였다.

말년의 어니스트는 정신적·육체적 질환에 시달렸다. 그는 우울증에서 벗어나고자 메이요 클리닉에서 두 번에 걸친 전기 충격 요법으로 치료받았고 체중이 줄었으며 글을 쓸 수 없었다. 그리고 그의 아버지가 그랬듯이 마비 증세로 몸이 말을 듣지 않았다. 예순두 번째 생일 19일 전인 1961년 7월 2일, 그는 아이다호 주 케첨에 있는 자기 집 현관에서 엽총으로 목숨을 끊었다. 끝까지 그에게 충실했던 친구들은 그 엽총을 토막 내어 어딘가에 묻었다. 1961년 7월 5일, 어니스트 헤밍웨이는 케첨 공동묘지에 묻혔다.

옮긴이의 말

어니스트의 화양연화

"파리는 내게 언제나 영원한 도시로 기억되고 있습니다. 어떤 모습으로 변하든, 나는 평생 파리를 사랑했습니다. 파리의 겨울이 혹독하면서도 아름다울 수 있었던 것은 가난마저도 추억이 될 만큼 낭만적인 도시 분위기 덕분이 아니었을까요. 아직도 파리에 다녀오지 않은 분이 있다면 이렇게 조언하고 싶군요. 만약 당신에게 충분한 행운이 따라 주어서 젊은 시절 한때를 파리에서 보낼 수 있다면, 파리는 마치 '움직이는 축제'처럼 남은 일생에 당신이 어딜 가든 늘 당신 곁에 머무를 거라고. 바로 내게 그랬던 것처럼."

이것은 헤밍웨이가 1950년에 안면이 있는 한 기자와 인터뷰한 내용의 일부다. 솔직히 말해 누구나 일생에 한 번쯤은 짧게나마 배낭여행이라도 다녀온다는 그 유명한 파리에 나는 가본 적이 없다. 그래서 이 책을 처음 대했을 때 파리 시내의 지리나 지명에 익숙지 않은 내가 혹시라도 이 아름다운 글을 제대로 옮기지 못해 저자나 독자에게 누가 되지나 않을지 몹시 걱정스러웠다. 이런 내 걱정을 알게 된 한 지인이 고맙게도 파리를 소개하는 책자 한 권과 시내 지도를 사서 내게 보내 주었고, 그 덕분에 나는 번역하는 내내 저자의 동선을 지도에서 찾아 보며 그와 파리를 함께 여행했다. 물론, 지금은 사라진 건물도 있고 이름이 바뀐 장소도 있어서 그의 이동 경로를 머릿속에서 확연하게 재현할 수는 없었지만, 그렇게 애쓰다 보니 전쟁의 상흔이 미처 아물지 않은 1920년대 파리의 골목들을 누비고 다녔을, 가난하지만 더없이 행복했던 한 젊은 예술가의 모습이 손에 잡힐 듯 그려졌다. 그렇게 나는 당시에 저자가 느꼈을 미묘한 감정을 전달하려고 책과 씨름하는 사이에 마치 그와 나란히 파리의 거리를 산책이라도 하는 듯한 묘한 행복감에 젖었다.

이 책은 1957년 가을에서 1960년 봄 사이에 헤밍웨이가 자신의 젊은 시절인 1921년에서 1926년까지의 파리 생활을 회고하며 쓴 글을 모아 놓은 것이다. 이 회고록은 그의 사후 3년이 되던 해인 1964년에 《움직이는 축제 A Moveable Feast》라는 제목으로 처음 출간되었고, 2010년에는 1964년도 판에 헤밍웨이의 미완성, 미발표 원고를 추가한 증보판이 같은 제목으로 출간되었다. 헤밍웨이의 네 번째이자 마지막 부인인 메리 웰시가 편집한 1964년도 판에는 그의 첫 번째 부인 해들리 리처드슨이 시종일관 여주인공으로 등장하며, 두 번째 부인 폴린 파이퍼의 손자 숀 헤밍웨이Seán Hemingway가 편집한 2010년도 판에는 뒷부분에 폴린 파이퍼도 살짝 등장한다. 이 책, 《파리는 날마다 축제》는 바로 이 2010년도 판을 저본으로 삼았다. 2010년도 판에 추가된 원고 모음 〈파리 스케치〉를 보면 저자가 미처 마무리하지 못한 원고임을 드러내는 구석이 더러 눈에 띈다. 글을 쓰다가 결말을 이렇게도 써보고 저렇게도 써본 대목도 있고, 초고를 썼다가 삭제한 부분도 있다. 그중 한 가지만 선택할 수도 있었지만, 아무리 대가라도 글을 쓸 때에는 고심에 고심을 거듭한다는 사실을 보여 주는 흥미로운 흔적인 것 같아 원전을 그대로 옮겼다. 그리고 이 책의 마지막에 나오는 글 〈나다 이 뿌에스 나다Nada y Pues Nada〉는 말년에 육체와 정신 기능이 퇴행하는 고통에 시달리던 헤밍웨이가 1961년 7월 2일에 62세의 나이로 미국 아이다호 주 케첨의 자택에서 사냥총으로 자살하기 석 달 전, 3일 만에 쓴 글이라고 한다. 이 글의 제목으로 쓰인 에스파냐어 문구는 우리말로 '아무것도 아냐. 그리고… 어, 아냐, 아무것도.'라는 정도의 뜻이라는데, 이 문구는 잘 알려진 헤밍웨이의 단편 〈깨끗하고 불 밝은 곳A Clean, Well-Lighted Place〉에도 나온다. 이 글을 쓴 시점으로 봐서 이 문구는 헤밍웨이가 인생을 마감할 즈음의 심리 상태를 단적으로 표현한 듯싶다. 이 단편에는 밤늦게 카페에 앉아 술을 마시는 귀머거리 노인이 등장한다. 어서 일을 마치고 카페 문을 닫고 싶은 젊은 웨이터가 노인이 집으로 돌아가기를 바라자, 나이 지긋한 다른 웨이터는 이 노인이 깨끗하고 불 밝은 곳을 찾아다니는 이유를 젊은 후배에게 들려준다. 노인은 얼마 전에 자살을 시도했던 것이다. 그러나 젊은 웨이터는 그의 심정을 이해하지 못한다. 나이 든 웨이터는 가게 문을 닫고 나서 자기도 한잔해야겠다며 술집으로 향한다.

한 시대를 풍미했던 위대한 작가의 마지막 순간이 자살로 매듭지어졌다는 사실은 그의 작품을 사랑하는 많은 이의 마음을 아프게 하지만, 그래서 더욱 그가 가장 행복했던 젊은 날의 추억이 담긴 이 책은 맑은 햇빛을 받은 영롱한 아침 이슬처럼 찬란한 빛을 발한다. 젊은 어니스트가 파리에서 보낸 세월은 그의 인생에서 가장 아름다웠던 시절, 다시는 돌이킬 수 없는 그의 화양연화였음을, 이 책은 가슴 저리게 증언하고 있다.

헤밍웨이와 같은 대가의 추억을 우리말로 옮길 기회를 얻어 나는 무척 행복했다. 헤밍웨이와의 이별을 아쉬워하며 번역을 마친 지금, 나는 어떡하든 조만간 파리에 가서 그가 거닐던 공원, 그가 글을 쓰던 카페, 그가 책을 구하던 서점, 그가 산책하던 센 강변을 눈으로 직접 보고 싶은 마음이 간절하다. 이 책을 읽는 독자의 마음도 나와 별반 다르지 않으리라 믿는다.

늘 그렇듯이 저자의 글을 우리말로 옮기면서 온 정성을 쏟았다고 믿지만, 혹시라도 부족한 부분이 있다면 세상에 완벽한 번역이란 존재하지 않는다는 속설을 위안으로 삼으며, 독자 여러분이 넓은 마음으로 혜량해 주시기를 바랄 뿐이다.

2011년 초겨울

주순애

파리는 날마다 축제 A Moveable Feast

1판 1쇄 발행일 2012년 1월 20일
1판 6쇄 발행일 2023년 12월 1일
지은이 | 어니스트 헤밍웨이
옮긴이 | 주순애
펴낸이 | 김문영
펴낸곳 | 이숲
등록 | 제406-3010000251002008000086호
주소 | 경기도 파주시 책향기로 320, 2-206
전화 | 031-947-5580
팩스 | 02-6442-5581
홈페이지 | www.esoope.com
페이스북 | facebook.com/EsoopPublishing @esoope_publishing
Email | esoope@naver.com
ISBN | 978-89-94228-34-1 03840
ⓒ 이숲, 2012~2023, printed in Korea.